趙爾巽等撰

# 清史稿

第三八册

卷三六三至卷三九一（傳）

中華書局

# 清史稿卷三百六十三

## 列傳一百五十

曹振鏞　文孚　英和　王鼎　穆彰阿　潘世恩

曹振鏞，字儷笙，安徽歙縣人，尚書文埴子。乾隆四十六年進士，選庶吉士，授編修。大考三等，高宗以振鏞大臣子，才可用，特擢侍講。累遷侍讀學士。嘉慶三年，大考二等，遷少詹事。父憂歸，服闋，授通政使。歷內閣學士，工部、吏部侍郎。十一年，擢工部尚書。高宗實錄成，加太子少保。調戶部，兼翰林院掌院學士。十八年，調吏部尚書、協辦大學士。尋拜體仁閣大學士，管理工部，晉太子太保。二十五年，仁宗崩，樞臣撰遺詔，稱高宗誕生於避暑山莊，編修劉鳳誥知其誤，告振鏞，振鏞召對陳之，宣宗怒，譴罷樞臣。尋命振鏞爲軍機大臣。宣宗治尚恭儉，振鏞小心謹愼，一守文法，最被倚任。

道光元年，晉太子太傅、武英殿大學士。三年，萬壽節，幸萬壽山玉瀾堂，賜宴十五老臣，振鏞年齒居末，特命與宴繪像。四年，充上書房總師傅。六年，入直南書房。七年，回疆平，晉太子太師。八年，張格爾就擒，晉太傅，賜紫韁，圖形紫光閣，列功臣中。振鏞具疏固辭，詔凡軍機大臣別繪一圖，以遂讓功之心，而彰輔弼之效。御製贊曰：「親政之始，先進正人。密勿之地，心腹之臣。問學淵博，獻替精醇。克勤克慎，首掌絲綸。」親書以賜之。十一年，以萬壽慶典賜雙眼花翎。

十五年，卒，年八十有一。自繕遺疏，附摺至十餘事。上震悼，詔曰：「大學士曹振鏞，人品端方。自授軍機大臣以來，靖恭正直，歷久不渝。凡所陳奏，務得大體。前大學士劉統勳、朱珪，於乾隆、嘉慶中蒙皇祖、皇考鑒其品節，賜謚文正。曹振鏞實心任事，外貌訥然，而獻替不避嫌怨，朕深倚賴而人不知。揆諸謚法，足以當『正』字而無媿。其予謚文正。」入祀賢良祠。擢次子恩濙四品卿。

振鏞歷事三朝，凡爲學政者三，典鄉會試者各四。衡文惟遵功令，不取淹博才華之士。殿廷御試，必預校閱，嚴於疵累忌諱，遂成風氣。凡纂修會典、兩朝實錄、河工方略、明鑑、皇朝文穎、全唐文，皆爲總裁。駕謁諸陵及秋獮木蘭，每命留京辦事。臨雍視學，命充直講。恩眷之隆，時無與比。數請停罷不急工程，撙節糜費。世以鹽筴起家，及改行淮北票法，舊商受損，振鏞曰：「焉有餓死之宰相家？」卒贊成，世特以稱之。

文孚，字秋潭，博爾濟吉特氏，滿洲鑲黃旗人。由監生考授內閣中書，充軍機章京。嘉慶四年，從那彥成赴陝西治軍需。八年，隨扈秋獮，校射中四矢，賜花翎。十一年，以在直勤，擢四五品京堂，授內閣侍讀學士。歷鴻臚寺卿、通政司副使。命履勘綏遠城渾津、黑河蘇地改徵，及大青山牧廠餘地招墾事。十三年，予副都統銜，充西寧辦事大臣。疏言：「青海蒙、番，重利輕命。自來命盜諸案，一經罰服，怨仇消釋。若必按律懲辦，不第犯事之家仇隙相尋，被害者心反觖望，相習成風，不可化誨。溯蒙、番內附以來，雍正十一年大學士鄂爾泰等議纂番例頒行，聲明俟五年後始依內地律例辦理。乾隆年間疊經展限，茲復奉命詳議。臣以爲番、民糾結滋擾，或情同叛逆，或關繫邊陲大局，自應從嚴懲辦。若其自相殘殺及盜竊之案，向以罰服完結，相安已久。必繩以內地法律，轉恐愚昧野番，羣疑滋懼，非綏服邊氓之道。」疏入，下軍機大臣議行。

十六年，召回京，授鑲白旗滿洲副都統。偕內閣學士阮元勘議山西鹽務，疏請停止吉蘭泰鹽官運，改併潞商引額，以潞引之有餘，補吉課之不足，吉鹽許民撈販，限制水運至皇甫川而止，下部議行。尋授內閣學士，遷刑部侍郎。十八年，緣事降調，予二等侍衞，命赴山東治軍需。復授內閣學士，歷山海關副都統、馬蘭鎭總兵、錦州副都統。二十年，召授刑部侍郎。二十四年，命在軍機大臣上學習行走。偕侍郎帥承瀛赴山東鞫獄，並勘蘭儀決口，督濬引河。次年春，竣工，予議敍。調戶部，又調工部，擢左都御史。宣宗即位，以樞臣撰擬遺詔不慎，先後罷直，文孚獨留。道光二年，命往陝西按鞫渭南縣民柳全璧毆斃人命獄，論知縣徐潤受人囑託，疏脫正兇，事後得贓，枷號兩月，遣戍伊犂；升任西安知府鄧廷楨偏執枉縱，訊無貪酷，革職免發遣；巡撫朱勳失察，議革職，降四五品京堂。四年，仁宗實錄成，加太子太保。

南河阻運，詔責減黃蓄清；至十一月洪湖水多，啓壩而高堰、山盱石工潰決，命文孚偕尚書汪廷珍馳往按治，奏劾河督張文浩於禦黃壩應閉不閉，五壩應開不開，湖水過多，致石工掣塌萬餘丈，請遣戍伊犂；兩江總督孫玉庭徇隱迴護，交部嚴議。議於禦黃壩外添建三壩，鉗束黃流。壩內外及束清、運口各壩兩岸築縴道，多作土壩，挑濬長河，幫培隄身，以利漕行。速挑引河，引清入運；堵閉束清壩，杜黃入湖；又議覆侍郎朱士彥條陳五事，由河臣勘辦。疏上，並依議行。命文孚等回京，責嚴烺、魏元煜辦理，而引黃濟運仍不得要領，河、漕交困。

八年，回疆底定，首逆就擒，晉太子太傅，賜紫韁，繪像紫光閣，御製贊有「和而不同，公正以清」之褒。十一年，以吏部尚書協辦大學士。十四年，拜東閣大學士，管理吏部。十五年，轉文淵閣大學士。以疾請解職，優詔慰諭，許罷直軍機。十六年，致仕。二十一年，卒，贈太保，謚文敬。

英和，字煦齋，索綽絡氏，滿洲正白旗人，尚書德保子。少有雋才，和珅欲妻以女，德保不可。乾隆五十八年，成進士，選庶吉士，授編修，累遷侍讀。嘉慶三年，大考二等，擢侍讀學士。洎仁宗親政，知其拒婚事，嘉焉，遂嚮用。累遷內閣學士。五年，授禮部侍郎，兼副都統。六年，充內務府大臣，調戶部。以不到旗署爲儀親王所糾，罷副都統。七年，直南書房。扈蹕木蘭，射鹿以獻，賜黃馬褂。授翰林院掌院學士。九年，帝幸翰林院，賜一品服，加太子少保，命在軍機大臣上學習行走。時詔稽巡幸五臺典禮，英和疏言教匪甫平，民未蘇息，請俟數年後再議，上嘉納之。尋自請獨對，論大學士劉權之徇情欲保薦軍機章京袁煦，上不悅，兩斥之。遂罷直書房、軍機，降太僕寺卿。歷內閣學士，理藩院、工部侍郎。

數奉使出按事，河東鹽課歸入地丁，而蒙古鹽侵越內地，命偕內閣學士初彭齡往會巡撫察議。疏言：「非禁水運不能限制蒙鹽，非設官商不能杜絕私販。請阿拉善鹽祇由陸路行銷，河東鹽仍改商運。吉蘭泰鹽池所產亦招商運辦。」事詳鹽法志。兼左翼總兵，復爲內務府大臣。十二年，偕侍郎蔣予蒲查南河料物加價，議准增添，仍示限制，從之。復直南書房。

十三年，命暫在軍機大臣上行走，調戶部、武英殿。進高宗聖訓廟號有誤，坐降調內閣學士。尋遷禮部侍郎。十八年，隨扈熱河，會林清逆黨爲變，命先回京署步軍統領。擒林清於黃村西宋家莊，實授步軍統領、工部尙書。滑縣平，復太子少保。

十九年，將開捐例，廷議不一。偕大學士曹振鏞等覆議，獨上疏曰：「理財之道，不外開源節流。大捐爲權宜之計，本朝屢經舉行。但覩前事，卽知此次未必大效。竊以開捐不如節用，開捐暫時取給，節用歲有所餘。請嗣後謁陵，或三年五年一舉行，民力可紓。木蘭秋獮，爲我朝家法，然蒙古迥非昔比，亦請間歲一行，於外藩生計所全實大。各處工程奉旨停止，每歲可省數十萬至百餘萬不等。天下無名之費甚多，苟於國體無傷，不得任其糜費。卽如裁撤武職名糧，未必能禁武官不役兵丁，而驟增養廉百餘萬，應請敕下部臣詳查正項經費外，歷年增出各欵，可裁則裁，可減則減，積久行之，國計日裕。至開源之計，不得以事涉言利，概行斥駁。新疆歲支兵餉百數十萬，爲內地之累，其地金銀礦久經封閉，開之而礦苗旺盛，足敷兵餉；各省礦廠，亦應詳查興辦。又戶部入官地畝，請嚴催升科，於國用亦有裨益。」疏入，詔以名糧已飭覈辦，開礦流弊滋多，仍依衆議，豫工事例遂開。是歲調吏部，復命暫在軍機大臣上行走。

二十五年，宣宗卽位，命爲軍機大臣，調戶部。宣宗方銳意求治，英和竭誠獻替。面陳各省府、州、縣養廉不敷辦公，莫不取給陋規，請查明分別存革，示以限制。上採其言，下疆吏詳議，而中外臣工多言其不可，詔停其議，遂罷直軍機，專任部務。道光二年，以戶部尚書協辦大學士，兼翰林院掌院學士。四年，仁宗實錄成，加太子太保。五年，洪澤湖決，阻運道，河、漕交敝，詔籌海運，疆臣率拘牽成例，以爲不可。英和奏陳海運、折漕二事爲救時之計，越日復上疏，略謂：「河、漕不能兼顧，惟有暫停河運以治河，雇募海船以利運，而任事諸臣未敢議行者，一則慮商船到津，難以交卸；一則慮海運既行，漕運員弁、旗丁、水手難以安插。」因陳防弊處置之策甚悉。詔下各省妥議，仍多諉爲未便，惟江蘇巡撫陶澍力行之，撥蘇、松、常、鎮、太五屬漕米，以河船分次海運。六年八月，悉數抵天津，上大悅，詔嘉英和創議，予議敍，特賜紫韁以旌異之。

張格爾犯回疆，英和疏陳進兵方略，籌備軍需，並舉長齡、武隆阿可任事，多被採用。七年，奏商人請於易州開採銀礦，詔斥其冒昧。調理藩院，罷南書房、內務府大臣。未幾，坐家人增租擾累，出爲熱河都統。八年，命勘南河工程。回疆平，復太子少保。授寧夏將軍，以病請解職，允之。

初，營萬年吉地於寶華峪，命英和監修，嘗從容言漢文帝薄葬事，上稱善，議於舊制有所裁省，工竣，孝穆皇后奉安，優予獎敍。至是地宮浸水，譴責在事諸臣。詔以英和始終其事，責尤重，奪職，籍其家。逮訊，得開工時見有石母滴水，僅以土攔，議設龍鬚溝出水，英和未允狀，讞擬大辟，會太后爲上言不欲以家事誅大臣，乃解發黑龍江充當苦差，子孫並褫職。十一年，釋回，復予子孫官。二十年，卒，贈三品卿銜。

英和通達政體，遇事有爲，而數以罪黜。屢掌文衡，愛才好士。自其父及兩子一孫，皆以詞林起家，爲八旗士族之冠。子奎照，嘉慶十九年進士，歷官至禮部尚書、軍機大臣，緣事奪職，復起爲左都御史；奎耀，嘉慶十六年進士，官至通政使，後爲南河同知。奎照子錫祉，道光十五年進士，歷翰林院侍講學士，後官長蘆鹽運使。

王鼎，字定九，陝西蒲城人。少貧，力學，尙氣節。赴禮部試至京，大學士王杰與同族，欲致之，不就。杰曰：「觀子品概，他日名位必繼吾後。」嘉慶元年，成進士，選庶吉士。丁母憂，服除，授編修。兩以大考升擢，累遷內閣學士。十九年，授工部侍郎。仁宗諭曰：「朕向不知汝，亦無人保薦。因閱大考考差文字，知汝學問。屢次召見奏對，知汝品行。汝是朕特達之知。」調吏部，兼署戶部、刑部。二十三年，兼管順天府尹事，復諭曰：「朕初意授汝督撫，今管順天府尹，猶外任也。且留汝在京，以備差往各省查辦事件。」自是數奉使出按事鞫獄。二十四年，調刑部，又調戶部。

道光二年，河南儀工奏銷不實，解巡撫姚祖同任，命鼎偕侍郎玉麟往按，暫署巡撫。疏陳：「儀工用款至辦奏銷，與部例成規不符。乃以歷辦物料、土方價值，合之豫省成規，互相增減，於稭料、引河等款增銷一百三十萬，夫工、麻斤各款減銷一百三十萬，雖有通融，銀數仍歸實用。惟八子錢一款，以銀易錢，多於舊價，每兩提八十文充入經費，而於各員應繳之銀，一併扣算，實違定制。」疏入，命覈實報銷，而薄譴祖同。是年，擢左都御史，父憂歸。五年，服闋，以一品銜署戶部侍郎，授軍機大臣。

浙江德清徐倪氏因姦謀斃徐蔡氏獄三年不決，按察使王維詢因自盡，巡撫程含章與按察使祁墳鞫之，甫得情而犯婦在監自縊。宣宗特命鼎典鄉試，就治其獄，廉得徐故富家，以獄破其產，官吏多受賕，勾結朦庇，致獄情譸幻。悉發其覆，置之法，浙人稱頌焉。六年，授戶部尚書。八年，回疆平，以贊畫功，加太子太保，繪像紫光閣。

蘆鹽積疲，商累日重，命鼎偕侍郎敬徵察辦。議以：「鹽務首重年清年款，先將節年帶徵釐剔，現年正款不難按數清完。道光二年以前未完銀九百餘萬為舊欠，三年以後未完銀為新欠，緩舊徵新。請以堰工加價二文，半解部充公，半抵完商欠。新欠抵完，續抵舊欠。蘆商生息帑本內，直隸水利、趙北口兩項非經費歲需，請停利三年。限滿加一倍利，本息同徵。舊有拔繳水利帑本一百十七萬兩，請停徵三年。自道光十一年起，歲徵十萬兩，五萬完舊本，五萬完新本，以恤商力。近年商力疲乏，不能預買生鹽，存坨新鹽多滷耗。請每包加鹽十三斤，俾資貼補。從此款目既清，庶經久可行。」又請免繳嘉慶十七年加價交官半文未完銀一百八十四萬餘兩。疏入，並允行。十年，蘆商呈請調劑，復命鼎及侍郎寶興往按。鼎以前次清查，傳集各商詳詢定議，皆稱可免虧累積壓，雖因銀價漸昂，尚不致遽形虧折，遂議駁。時淮鹽尤敝，兩江總督陶澍疏陳積弊情形，命鼎偕寶興會同籌議。中外論鹽事者，多主就場徵稅。疏言：「詳覈淮綱全局，若改課歸場竈，尚多窒礙。惟有就舊章大加釐剔，使射利者無可借端，欠課者無可藉口，似較有往轍可循。擬定章程十五條，曰：裁浮費，減窩價，删繁文，愼出納，裁商總，覈滯銷，緩積欠，恤竈丁，給船價，究淹銷，疏運道，添岸店，散輪規，飭紀綱，收竈鹽。」又請裁撤兩淮鹽政，改歸總督辦理，以一事權。並詔允行。陶澍得銳意興革，淮綱自此漸振，鼎之力也。十一年，署直隸總督。十二年，管理刑部事務。十五年，協辦大學士，仍管刑部，直上書房。十八年，拜東閣大學士。二十年，加太子太保。

二十一年夏，河決祥符，命偕侍郎慧成往治之，尋署河督。議者以水勢方漲，不宜遽塞，請遷省城以避其衝，鼎持不可，疏言：「河灌歸德、陳州及安徽亳、潁，合淮東注洪澤湖，湖底日受淤。萬一宣洩不及，高堰危，淮、揚成巨浸，民其魚矣！無論舍舊址、築新隄數千里，工費不貲，且自古無任黃水橫流之理。請飭戶部速具帑，期以冬春之交集事。不效，願執其咎。」具陳民情安土重遷、省垣可守狀。初至汴城，四面皆水，旦夕且圮，躬率吏卒巡護，獲無恙。洎工興，親駐工次，倦則寢肩輿中。次年二月，工竣，用帑六百萬有奇。前此馬營工用一千二百餘萬，儀封工用四百七十五萬，原議以儀工爲率。及蕆事，加增百餘萬，然事艱於前，微鼎用節工速，不能如是。敍功，晉太子太師。積勞成疾，命緩程回京。

自禁烟事起，英吉利兵犯沿海，鼎力主戰。至和議將成，林則徐以罪譴，鼎憤甚，還朝爭之力，宣宗慰勞之，命休沐養疴。越數日，自草遺疏，劾大學士穆彰阿誤國，閉戶自縊，冀以尸諫。軍機章京陳孚恩，穆彰阿黨也，滅其疏，別具以聞。上疑其卒暴，命取原稾不得，於是優詔憫惜，贈太保，謚文恪，祀賢良祠。後陝西巡撫請祀鄉賢，特詔允之。

鼎清操絕俗，生平不受請託，亦不請託於人。卒之日，家無餘貲。子沆，道光二十年進士，翰林院編修。

穆彰阿，字鶴舫，郭佳氏，滿洲鑲藍旗人。父廣泰，嘉慶中，官內閣學士，遷右翼總兵。坐自請兼兵部侍郎銜，奪職。

穆彰阿，嘉慶十年進士，選庶吉士，授檢討。大考，擢少詹事。累遷禮部侍郎。二十年，署刑部侍郎。因一日進立决本二十餘件，詔斥因循積壓，堂司各員並下嚴議，降光祿寺卿。歷兵部、刑部、工部、戶部侍郎。道光初，充內務府大臣，擢左都御史、理藩院尚書。以漕船滯運，兩次命署漕運總督。召授工部尚書，偕大學士蔣攸銛查勘南河。洎試行海運，命赴天津監收漕糧，予優敍。七年，命在軍機大臣上學習行走。逾年，張格爾就擒，加太子少保。授軍機大臣，罷內務府大臣，直南書房。尋兼翰林院掌院學士，歷兵部、戶部尚書。十四年，協辦大學士。承修龍泉峪萬年吉地，工竣，晉太子太保，賜紫韁。十六年，充上書房總師傅，拜武英殿大學士，管理工部。

十八年，晉文華殿大學士。時禁烟議起，宣宗意銳甚，特命林則徐爲欽差大臣，赴廣東查辦。英吉利領事義律初不聽約束，繼因停止貿易，始繳烟，盡焚之，責永不販運入境，強令具結，不從，兵釁遂開。則徐防禦嚴，不得逞於廣東，改犯閩、浙，沿海騷然。英艦抵天津，投書總督琦善，言由則徐啓釁。穆彰阿窺帝意移，乃贊和議，罷則徐，以琦善代之。琦善一徇敵意，不設備，所要求者亦不盡得請，兵釁復起。先後命奕山、奕經督師，廣東、浙江皆挫敗。英兵且由海入江，林則徐及閩浙總督鄧廷楨、臺灣總兵達洪阿、臺灣道姚瑩以戰守爲敵所忌，並被嚴譴，命伊里布、耆英、牛鑑議款。二十二年，和議成，償幣通商，各國相繼立約。國威旣損，更喪國權，外患自此始。

穆彰阿當國，主和議，爲海內所叢詬。上旣厭兵，從其策，終道光朝，恩眷不衰。自嘉慶以來，典鄉試三，典會試五。凡覆試、殿試、朝考、教習庶吉士散館考差、大考翰詹，無歲不與衡文之役。國史、玉牒、實錄諸館，皆爲總裁。門生故吏徧於中外，知名之士多被援引，一時號曰「穆黨」。文宗自在潛邸深惡之，旣卽位十閱月，特詔數其罪曰：「穆彰阿身任大學士，受累朝知遇之恩，保位貪榮，妨賢病國。小忠小信，陰柔以售其姦；僞學僞才，揣摩以逢主意。從前夷務之興，傾排異己，深堪痛恨！如達洪阿、姚瑩之盡忠盡力，有礙於己，必欲陷之；耆英之無恥喪良，同惡相濟，盡力全之。固寵竊權，不可枚舉。我皇考大公至正，惟以誠心待人，穆彰阿得肆行無忌。若使聖明早燭其奸，必置重典，斷不姑容。穆彰阿恃恩益縱，始終不悛。自朕親政之初，遇事模棱，緘口不言。迨數月後，漸施其伎倆。英船至天津，猶欲引耆英爲腹心以遂其謀，欲使天下羣黎復遭荼毒。其心陰險，實不可問！潘世恩等保林則徐，屢言其『柔弱病軀，不堪錄用』；及命林則徐赴粵西剿匪，又言『未知能去否』。僞言熒惑，使朕不知外事，罪實在此。若不立申國法，何以肅綱紀而正人心？又何以不負皇考付託之重？第念三朝舊臣，一旦置之重法，朕心實有不忍，從寬革職永不敍用。其罔上行私，天下共見，朕不爲已甚，姑不深問。朕熟思審處，計之久矣，不得已之苦衷，諸臣其共諒之！」詔下，天下稱快。咸豐三年，捐軍餉，予五品頂戴。六年，卒。

子薩廉，光緒五年進士，由翰林官至禮部侍郎。

潘世恩，字芝軒，江蘇吳縣人。乾隆五十八年一甲一名進士，授修撰。嘉慶二年，大考一等，擢侍讀。和珅以其青年上第有才望，欲招致之，世恩謝不與通。以次當遷，和珅抑題本六閱月不上。仁宗親政，乃擢侍講學士。一歲三遷至內閣學士，歷禮部、兵部、戶部、吏部侍郎，督雲南、浙江、江西學政。十七年，擢工部尚書，調戶部。母憂歸，服除，以父老乞養，會其子登鄉舉，具疏謝，坐未親詣京，降侍郎。帝鑒其孝思，仍允終養，居家十載。

道光七年，父喪服闋，補吏部侍郎，遷左都御史。再授工部尚書，調吏部。十三年，超拜體仁閣大學士，管理戶部。尋命爲軍機大臣，兼翰林院掌院學士。晉東閣大學士，調管工部。充上書房總師傅，加太子太保。十八年，晉武英殿大學士。二十八年，以八十壽晉太傅，賜紫韁。其明年，引疾，迭疏乞休，溫詔慰留，僅解機務。三十年，文宗卽位，復三疏，始得予告，食全俸，留其子京邸。咸豐二年，鄉舉重逢，詔就近與順天鹿鳴宴。次年，復與恩榮宴。四年，卒，遣親王奠醊，入祀賢良祠，謚文恭。

世恩歷事四朝，迭掌文衡，備叨恩遇。筦部務，安靜持大體。黑龍江將軍請增都爾特六屯，議地當游牧，開墾非計，不可許。言官奏山東鹽課請歸地丁，議山東場竈半毗連淮境，一歸地丁，聽民自運自銷，必爲兩淮引課之累，不可行。

在樞廷凡十七年，益慎密，有所論列，終不告人。海疆事起，林則徐所論奏，廷議多贊之；及穆彰阿主撫，世恩心以爲非，不能顯與立異。迨咸豐初詔舉人才，世恩已在告，疏言林則徐歷任封疆，有體有用，請徵召來京備用，並薦前任臺灣道姚瑩，文宗韙之，於罪穆彰阿時猶舉其言。次子曾瑩，道光二十一年進士，由編修官至吏部侍郎。孫祖蔭，自有傳。

論曰：守成之世，治尚綜覈，而振敝舉衰，非拘守繩墨者所克任也。況運會平陂相乘，非常之變，往往當承平既久，萌蘖蠢兆於其間，馭之無術，措置張皇，而庸佞之輩，轉以彌縫迎合售其欺，其召亂可倖免哉？宣宗初政，一倚曹振鏞，兢兢文法；及穆彰阿柄用，和戰游移，遂成外患。一代安危，斯其關鍵已。英和才不竟用，王鼎忠貞致身，文孚、潘世恩皆恪恭保位者耳。

# 清史稿卷三百六十四

## 列傳一百五十一

### 阮元　汪廷珍　湯金釗

阮元，字伯元，江蘇儀徵人。祖玉堂，官湖南參將，從征苗，活降苗數千人，有陰德。元，乾隆五十四年進士，選庶吉士，散館第一，授編修。逾年大考，高宗親擢第一，超擢少詹事。召對，上喜曰：「不意朕八旬外復得一人！」直南書房、懋勤殿，遷詹事。五十八年，督山東學政，任滿，調浙江。歷兵部、禮部、戶部侍郎。

嘉慶四年，署浙江巡撫，尋實授。海寇擾浙歷數年，安南夷艇最強，鳳尾、水澳、箬黃諸幫附之，沿海土匪勾結爲患。元徵集羣議爲弭盜之策，造船礮，練陸師，杜接濟。五年春，令黃巖鎭總兵岳璽擊箬黃幫，滅之。夏，寇大至，元赴台州督勦，請以定海鎭總兵李長庚總統三鎭水師，並調粵、閩兵會勦。六月，夷艇糾鳳尾、水澳等賊共百餘艘，屯松門山下。遣諜間水澳賊先退，會颶風大作，盜艇覆溺無算，餘衆登山，檄陸師搜捕，擒八百餘人。安南四總兵溺斃者三，黃巖知縣孫鳳鳴獲其一，曰倫貴利，磔之。九月，總兵岳璽、胡振聲會擊水澳幫，擒殲殆盡。土匪亦次第殲撫。浙洋漸清，而餘盜爲蔡牽所併，閩師不能制，勢益熾，復時犯浙。李長庚已擢提督，元集貲與造霆船成，配巨礮，數破牽於海上。八年，奏建昭忠祠，以歷年捕海盜傷亡將士從祀。盜首黃葵集舟數十，號新興幫，令總兵岳璽、張成等追剿，逾年乃平之。偕總督玉德奏請以李長庚總督兩省水師，數逐蔡牽幾獲，而玉德遇事仍掣肘。十年，元丁父憂去職，長庚益無助，復與總督阿林保不協，久無成功，遂戰歿。

十一年，詔起元署福建巡撫，以病辭。十二年，服闋，署戶部侍郎，赴河南按事。授兵部侍郎，復命爲浙江巡撫，暫署河南巡撫。十三年，乃至浙，詔責其防海殄寇。秋，蔡牽、朱漬合犯定海，親駐寧波督三鎮擊走之，牽復遁閩洋。時用長庚部將王得祿、邱良功爲兩省提督，協力剿賊，元議海戰分兵隔賊船之策，專攻蔡牽。十四年秋，合擊於漁山外洋，竟殄牽，詳得祿等傳。元兩治浙，多惠政，平寇功尤著云。

方督師寧波時，奏請學政劉鳳誥代辦鄉試監臨，有聯號弊，爲言官論劾，遣使鞫實，詔斥徇庇，褫職，予編修，在文穎館行走。累遷內閣學士。命赴山西、河南按事，遷工部侍郎，出爲漕運總督。十九年，調江西巡撫。以捕治逆匪胡秉耀，加太子少保，賜花翎。二十一年，調河南，擢湖廣總督。修武昌江隄，建江陵范家隄、沔陽龍王廟石閘。

二十二年，調兩廣總督。先一年，英吉利貢使入京，未成禮而回，遂漸跋扈。元增建大黃滘、大虎山兩礮臺，分兵駐守。迭疏陳預防夷患，略曰：「英吉利恃強桀驁，性復貪利。宜鎮以威，不可盡以德綏。彼之船堅礮利，技長於水短於陸。定例外國貨船不許擅入內洋，儻違例禁，卽宜隨機應變，量加懲創。各國知彼犯我禁，非我輕啓釁也。」詔勗以德威相濟，勿孟浪，勿葸懦。道光元年，兼署粵海關監督。洋船夾帶鴉片煙，劾褫行商頂帶。二年，英吉利護貨兵船泊伶丁外洋，與民鬬，互有傷斃，嚴飭交犯，英人揚言罷市歸國，卽停其貿易。久之折閱多，託言兵船已歸，俟復來如命。乃暫許貿易，與約船來不交犯乃停止。終元任，兵船不至。元在粵九年，兼署巡撫凡六次。

六年，調雲貴總督。滇鹽久敝，歲絀課十餘萬，元劾罷蠹吏，力杜漏私；鹽井衰旺不齊，調劑抵補，逾年課有溢銷，酌撥邊用。騰越邊外野人時入內地劫掠，而保山等處邊夷曰傈僳，以墾山射獵爲生，可用，乃募傈僳三百戶屯種山地，以禦野人，卽以溢課充費，歲有擴充。野人畏威，漸有降附者。十二年，協辦大學士，仍留總督任。車里土司刀繩武與叔太康爭鬬，脅官求助，檄鎭道擊走之，另擇承襲乃安。越南保樂州土官農文雲內鬨，嚴邊防勿使竄入，亦不越境生事，尋文雲走死。詔嘉其鎭靜得大體。十五年，召拜體仁閣大學士，管理刑部，調兵部。十八年，以老病請致仕，許之，給半俸，瀕行，加太子太保。二十六年，鄉舉重逢，晉太傅，與鹿鳴宴。二十九年，卒，年八十有六，優詔賜卹，謚文達。入祀鄉賢祠、浙江名宦祠。

元博學淹通，早被知遇。敕編石渠寶笈，校勘石經。再入翰林，創編國史儒林、文苑傳，至爲浙江巡撫，始手成之。集四庫未收書一百七十二種，撰提要進御，補中秘之闕。嘉慶四年，偕大學士朱珪典會試，一時樸學高才搜羅殆盡。道光十三年，由雲南入覲，特命典試，時稱異數。與大學士曹振鏞共事意不合，元歉然。以前次得人之盛不可復繼，歷官所至，振興文教。在浙江立詁經精舍，祀許愼、鄭康成，選高才肄業；在粵立學海堂亦如之，並延攬通儒。造士有家法，人才蔚起。撰十三經校勘記、經籍籑詁、皇清經解百八十餘種，專宗漢學，治經者奉爲科律。集淸代天文、律算諸家作疇人傳，以章絕學。重修浙江通志、廣東通志，編輯山左金石志、兩浙金石志、積古齋鐘鼎欵識、兩浙輶軒錄、淮海英靈集，刊當代名宿著述數十家爲文選樓叢書。自著曰揅經室集。他紀事、談藝諸編，並爲世重。身歷乾、嘉文物鼎盛之時，主持風會數十年，海內學者奉爲山斗焉。

汪廷珍，字瑟庵，江蘇山陽人。少孤，母程撫之成立。家中落，歲凶，饘粥或不給，不令人知。母曰：「吾非恥貧，恥言貧，疑有求於人也。」力學，困諸生十年，始舉於鄉。成乾隆五十四年一甲二名進士，授編修。大考，擢侍讀。未幾，遷祭酒。六十年，以事忤旨，降侍講。嘉慶元年，直上書房。大考，擢侍講學士。母憂歸，服闋，補原官。七年，督安徽學政。任滿，復督江西學政。累遷侍讀學士、太僕寺卿、內閣學士，皆留任。

廷珍學有根底，初爲祭酒，以師道自居。選成均課士錄，敎學者立言以義法，力戒摹擬剽竊之習。及官學政，爲學約五則以訓士：曰辨塗，曰端本，曰敬業，曰裁僞，曰自立。與士語，諄諄如父兄之於子弟。所刻試牘，取易修辭之旨曰立誠編。士風爲之一變。萬載棚民入籍，舊分學額，後裁之，士客訐訟久不決；廷珍請復分額，爭端乃息。十六年，授禮部侍郎。復直上書房，侍宣宗學。十八年，典浙江鄉試，留學政，任滿回京。二十二年，署翰林院掌院學士，擢左都御史，充上書房總師傅。二十三年，遷禮部尚書。二十四年，仁宗六旬萬壽，慶賀期內遇孝慈高皇后忌辰，部臣未援故事疏請服色，坐率忽，降侍郎。逾年，復授禮部尚書。

道光二年，典會試，敎習庶吉士。車駕謁陵，命留京辦事。三年，宣宗釋奠文廟禮成，臨幸辟雍，詔曰：「禮部尚書汪廷珍蒙皇考簡用上書房師傅，與朕朝夕講論，非法不道，使朕通經義，辨邪正，受益良多。朕親政後，畀以尚書之任，盡心厥職，於師道、臣道可謂兼備。今値臨雍，眷懷舊學，加太子太保。子報原，以員外郎即補用，示崇儒重道之意。」四年，仁宗實錄成，賜子報閏主事，孫承佑舉人。南河高堰潰決阻運，上以廷珍生長淮、揚，命偕尚書文孚往勘，劾河督張文浩、總督孫玉庭，譴黜有差。疏籌修濬事宜，交河督辦理。五年，回京，協辦大學士。七年，卒，上震悼，優詔賜卹，贈太子太師，入祀賢良祠，命大阿哥賜奠，賜銀千兩治喪，謚文端。江蘇請祀鄉賢，特詔允之。

廷珍風裁嚴峻，立朝無所親附。出入內廷，寮宋見之，莫不肅然。自言生平力戒刻薄，凡貪冒諂諛有不忍爲，皆守母教。大學士阮元服其多聞淵博，勸著書，廷珍曰：「六經之奧，昔人先我言之，更何以長語相溷？讀書所以析義，要歸於中有所主而已。」服用樸儉，或以公孫弘擬之，笑曰：「大丈夫不以曲學阿世爲恥，而徒畏布被之譏乎？」後進以文謁，言不宗道，曰：「異日恐喪所守。」屬官有例送御史者，持不可，曰：「斯人華而不實，何以立朝？」後皆如所言，人服其精鑒。

湯金釗，字敦甫，浙江蕭山人。嘉慶四年進士，選庶吉士，授編修。十三年，入直上書房。金釗端謹自持，宣宗在潛邸，甚敬禮之。母憂服闋，擢侍講，督湖南學政。累遷內閣學士。二十一年，復直上書房。典江南鄉試，留學政，詔勉以訓士不患無才，務培德，經學爲本，才藻次之。金釗闡揚詔旨，通誡士子。會匪以禍福煽惑鄉愚，金釗著福善辨，刊發曉諭。徐州俗悍，武生不馴者，繩之以法。遷禮部侍郎，任滿，仍直上書房。

宣宗卽位，調吏部，益嚮用。時用尚書英和議，命各省查州縣陋規，明定限制。金釗疏言：「陋規皆出於民，地方官未敢公然苛索者，畏上知之治其罪也。今若明定章程，卽爲例所應得，勢必明目張膽，求多於例外，雖有嚴旨，不能禁矣。況名目碎雜，所在不同，檢察難得眞確，轉滋紛擾。無論不當明定章程，亦不能妥立章程也。吏治貴在得人，得其人，雖取於民而民愛戴之，不害其爲清；非其人，雖不取於民而民嫉讐之，何論其爲清？有治人無治法，惟在督撫舉措公明，而非立法所能限制。」會中外大臣亦多言其不便，金釗疏入，上手批答曰：「朝有諍臣，使朕胸中黑白分明，無傷於政體，不勝欣悅！」予議敍。

道光元年，兼署戶部侍郎。兩江總督孫玉庭以南漕浮收不能盡去，議請八折徵收，學政姚文田、御史王家相皆奏言不可。金釗旣同部臣議覆，復疏爭曰：「康熙中奉永不加賦之明詔，此大清億萬年培養國脈之至計也。前有議加耗米及公費銀者，戶部以事近加賦議駁。今准其略有浮收，不肖者益無顧忌，而浮收且多於往日，雖告以收逾八折卽予嚴參，然前此逾額者何嘗不干嚴譴，卒不聞爲之減少，獨於新定之額，恪遵而不敢踰，此臣之所不敢信也。在督撫奏定之後，不慮控告浮收；在州縣縱有發覺，又將巧脫其罪。是限制仍同虛設，徒爲盛朝開加賦之端，臣竊惜之！」疏入，下江、浙督撫妥議，事乃寢。尋以吏部事繁，罷直上書房。典江南鄉試，道經銅山，見運河支渠爲黃流淤塞，歲苦潦，回京奏請疏濬，如議行。二年，典會試，調戶部，父憂歸。六年，服闋，署禮、工二部及倉場侍郎，仍直上書房，授皇長子奕緯讀。實授戶部侍郎。七年，連擢左都御史、禮部尚書，上方倚畀，迭命赴山西、直隸、四川、湖北、福建鞫獄按事，四年之中，凡奉使五次。所至持法明愼，悉當上意。充上書房總師傅，調吏部尚書。十一年，皇長子遘疾不起，忌者因以激上怒，罷總師傅，降兵部侍郎。踰兩年，復自左都御史授工部尚書，轉吏部。連典江南、順天鄉試。十六年，陝西巡撫楊名颺被劾，命偕侍郎文慶往按，暫署巡撫；又往四川按事，名颺復與臬司互訐，得其冒工庇屬狀，劾罷。會京察，以奉使公明，予議敍。又赴張家口、太原鞫獄。十八年，以戶部尚書協辦大學士，仍調吏部。

十九年，命按事安徽、江蘇、浙江。自禁烟議起，海疆久不靖。林則徐旣罷，琦善主撫，復不得要領。金釗素不附和議，與穆彰阿等意齟齬。一日召對，上從容問廣東事可付諸何人，金釗以林則徐對，上不悅。至二十一年，事且益棘，詔予則徐四品卿銜赴浙江軍營，亦未果用之。未幾，有吏部司員陳起詩規避倉差，金釗還其呈牘禁勿遞，爲所訐，坐降四級調用。逾年，授光祿寺卿。以衰老乞罷，住京養痾，許以二品頂戴致仕。久之，上仍眷念，二十九年，皇太后之喪，具疏上慰，賜頭品頂戴。咸豐四年，重宴鹿鳴，加太子太保。六年，卒，詔以尚書例賜卹，謚文端。

金釗自爲翰林，布衣脫粟，後常不改。當官廉察，負一時清望，雖被排擠，卒以恩禮終。子修，通政司副使。

論曰：阮元由詞臣出膺疆寄，竟殄海寇；開府粵、滇，綏邊之績，並有足稱；晚登宰輔，與樞臣曹振鏞異趣，惟以文學裁成後進，世推耆碩。汪廷珍、湯金釗正色立朝，淸節並著；金釗雖以直言被擯，宣宗終鑒其忠誠，易名曰「端」，胥無愧焉。

# 清史稿卷三百六十五

## 列傳一百五十二

覺羅寶興　宗室敬徵　宗室禧恩　陳官俊　卓秉恬

覺羅寶興，字獻山，隸鑲黃旗。嘉慶十五年進士，選庶吉士，授編修。累遷少詹事，入直上書房。十八年，仁宗幸熱河，林清逆黨突入禁城，寶興散直，至東華門與賊遇，急入告警。宣宗方在上書房，聞警戒備，賊不得逞。上還京，擢寶興內閣學士。十九年，授禮部侍郎。以事忤旨，詔斥寶興不學，降大理寺卿，罷直書房。復坐部刊科場條例誤「高宗」爲「高祖」，降二級調用。尋予三等侍衞，充吐魯番領隊大臣。

道光二年，召爲大理寺少卿。復因事降通政司參議，歷左副都御史、兵部侍郎，出爲泰寧鎮總兵。八年，授理藩院侍郎，調兵部。迭命偕戶部尚書王鼎察治長蘆、兩淮鹽務，籌議整頓，詳王鼎傳。十年，出爲吉林將軍，疏言：「松花江西岸、輝發河北岸舊例封禁，其餘閒曠山場均設卡倫，惟許兵丁打捕牲畜，以備貢品。民人無照，私出挖蔘斫木者，查拏治罪。」又言：「伯都訥珠爾山荒田先後開墾五千二百六十二晌，其租息請自道光十五年爲始，以其半分賞兵丁，半存備報修工程。此外尚有可墾荒地五萬六千餘晌，作爲官荒，將來奏請招佃徵租。烏拉涼水泉已墾七萬三千九百餘晌，請撥二道河東二萬晌，以七成給烏拉總管衙門，三成給協領衙門，資爲津貼。餘未墾地五萬三千餘晌，亦作官荒。」並從之。調盛京，又調成都。

十七年，署四川總督，逾年實授。時馬邊、越嶲邊外夷匪數出爲患。十九年，疏言：「禦邊之策，不外剿、撫、防三者。撫之之道，在施於平時，斷無失利之後轉而就撫之理。比來勞師糜餉，迄無成功。爲今計者，以修邊防爲急務，陳防邊五事：一、增兵額，請於馬邊增兵千二百，雷波、普安、安阜、越嶲、寧越各增兵八百，峩邊、屏山各增兵四百；一、改營制，請以綏定協副將移駐馬邊廳城，遊擊、都司以下各增設移駐有差；一、築碉堡，飭各廳縣因地制宜，多修堡寨，責令各集團練，官給檯礮，督率教演，擇要隘築礮臺，增設大礮；一、定期巡閱，歲春夏之交，建昌道赴越嶲、峩邊，永寧道赴馬邊、雷波、屏山，周歷巡閱各一次，秋冬責成提督與建昌總兵分赴巡行察勘邊隘；一、優奬邊吏，馬邊、越嶲兩廳同知，請三年俸滿，以題調選缺知府升補。」疏下議行。言官論奏四川提督應如湖南例，半年駐越嶲等處。寶興議：「馬邊、越嶲相距遼遠，請於春秋夷匪出沒之時，提督往駐馬邊、峩邊、雷波三廳，建昌總兵往駐越嶲、寧越。」又言：「越嶲邊防以大路爲重，麥子營、利濟站均應增駐弁兵，乾溝諸汛應酌量移撤，分設於馬日楨諸處。越嶲、寧越兩營相距頗遠，聲勢不能相及。前請以建昌左營遊擊移駐大菩薩地，遠在寧越之東，而越嶲營參將復與遊擊不相統屬。請越嶲、寧越適中之界牌樓，以建昌鎮右營都司移駐，專管麥子營、利濟站兩汛。」並從之。

先是寶興以馬邊諸廳縣增設防兵，籌議邊防經費，請按糧津貼，計可徵銀百萬兩，以三十萬爲初設防兵之需。每歲經費，卽以餘銀七十萬兩生息，置田供支。上以津貼病民，撥部帑銀百萬。翰林院侍讀學士王炳瀛奏：「四川前買義田，徧及百餘州縣，若更以數十萬帑銀於各州縣買田收租，膏腴將盡歸公產。請限於四廳近邊地收買，安置屯防。」下寶興妥議，疏言：「邊防完竣，用銀二十二萬兩有奇，以三十七萬發鹽茶各商，歲得息三萬七千餘兩，足敷增設練勇餉械之需。餘銀四十萬，聽部撥別用。」遂罷買田議。二十一年，拜文淵閣大學士，留四川總督任。時大學士琦善、協辦大學士伊里布相繼罷，在朝滿洲大臣鮮當上意，故有是授。二十六年，入覲，命留京管理刑部，充上書房總師傅，兼翰林院掌院學士。二十八年元旦，加恩年老諸臣，加太保。十月，卒，年七十二，謚文莊。

宗室敬徵，隸鑲白旗，肅親王永錫子。嘉慶十年，封輔國公，授頭等侍衞，兼委散秩大臣、副都統。十九年，授內閣學士，兼鑾儀使，充總族長。二十二年，失察宗室海康等習紅陽教，褫職，謫居盛京。尋予四等侍衞，乾清門行走。道光初，累遷工部侍郎，授內務府大臣，調戶部。八年，偕尚書王鼎察治長蘆鹽務，奏定歸補帑課章程，詳王鼎傳。十二年，南河奸民陳堂等盜決于家灣官隄，命偕尚書朱士彥往勘。疏陳：「諸口已合，壩下尚未閉氣，間有蟄陷。陳堂等聽從逸犯陳端糾衆，以爲從例問擬，疏防各官遣戍。通判張懋祖賠修壩工不實，罰賠枷號。覆勘湖河各工，請擇要興修，高堰、山盱卑矮石工，分年改砌碎石；信壩補還石工，智壩、仁河、義河壩改修石底；裏河福興閘塌卸，急築；揚河西岸加高磚工，改拋碎石。」並從之。又會同兩江總督陶澍議定淮鹽票引兼行，言官所論官票運私、侵礙暢岸、爭占馬頭三者皆可無慮，詔如原議行。

十四年，授左都御史。偕侍郎吳椿勘浙江海塘，疏言：「念里亭至尖山柴工尙資禦溜，石塘仍當修整，鎭海及戴家橋汛議改竹簍，塊石不如條石坦水舊法爲堅實。烏龍廟以東，冬工暫緩。」回京，擢兵部尙書，調工部。十五年，以孝穆皇后、孝愼皇后梓宮奉安龍泉峪，諏日不愼，罷尙書、都統，仍充內務府大臣。十六年，署戶部侍郎，累遷工部尙書，兼都統。東河總督栗毓美多用甎工，御史李蒓言其不便，命敬徵偕蒓往勘。疏陳：「已辦甎工尙屬整齊，輿論謂保灘護崖可資其力。水深溜急之處，不及埽工鞏固，搶辦險工，未可深恃。請停止燒甎，改辦碎石。」從之。十八年，調戶部。

二十二年，南河揚河漫口，水由灌河入海。有議即改新河，河督麟慶以河流未定，遽難決議，命敬徵偕尚書廖鴻荃往勘。疏言：「改河之議，在因勢利導。今查灌河海口至蕭莊口門三百六十餘里。新河正溜，由六塘出達灌口，其下游東北一百十里，滔滔直注。惟當潮漲時，黃水相逼，壅閼不前，而上游自口門至響水口二百餘里，支流忽分忽合，必須兩岸築隄束水，方免汎濫。計工長三百餘里，經費難籌。且中河運道爲黃流橫截，不得不移塘灌運。清水本弱，仍恃借黃以濟。空船引轉需時，重運更形艱滯。是移塘乃權宜之計，常年行之，恐妨運道。舊黃河自蕭莊迄舊海口四百二十餘里，尾閭寬暢。自漫口斷流，河身益淤。若挽歸故道，堵口挑河，共費五六百萬，較改河築隄撙節實多。請定明歲春融興工，俟軍船回空後築壩合龍。」詔如議行。尋以戶部尚書協辦大學士。

二十三年，偕侍郎何汝霖赴南河勘工，又赴河南察視中河廳漫口。疏陳築壩挑河工費需銀五百十八萬兩，較祥符工費爲節省，允之。二十五年，奏：「河南下北河廳廟工，乃北岸七廳適中之所，河臣宜常年駐此，便於控制。」詔河督每於伏汛前移駐廟工，立冬後仍回濟寧。尋坐濫保駐藏大臣孟保，降內閣學士。未幾，復授工部尚書。又坐濫保科布多參贊大臣果勒明阿，褫職。三十年，署正白旗滿洲副都統。咸豐元年，卒，詔念前勞，予一品銜，依尚書例賜卹，謚文懿。子恆恩，左副都御史；孫盛昱，自有傳。

宗室禧恩，字仲蕃，隸正藍旗，睿親王淳穎子。嘉慶六年，賜頭品頂戴，授頭等侍衞，乾清門行走。十年，晉御前侍衞，兼副都統、鑾儀使、上駟院卿，轉奉宸院卿，遷內閣學士。十八年，擢理藩院侍郎。二十年，授內務府大臣，調戶部侍郎。二十五年，仁宗崩於熱河避暑山莊，事出倉猝，禧恩以內廷扈從，建議宣宗有定亂勳，當繼位。樞臣托津、戴均元等猶豫，禧恩抗論，衆不能奪。會得秘匱硃諭，乃偕諸臣奉宣宗卽位，命在御前大臣、領侍衞大臣上行走。

道光二年，擢理藩院尚書。時哈薩克部衆潛聚烏梁海，議遷徙安置，增設卡倫。吏部尚書松筠諳習邊事，上每垂詢，禧恩因以諮之。松筠素坦率，遂代删改疏稿。禧恩怒，以上聞，松筠坐越職干預被譴。尋調工部，仍兼署理藩院尚書。六年，調戶部。八年，加太子少保，署吏部尚書。九年，隨扈盛京，詔念睿親王多爾袞勳定大勳，加恩後裔，賜禧恩雙眼花翎。

十二年，湖南江華瑤趙金龍作亂，命禧恩偕盛京將軍瑚松額督師，未至，總督盧坤、提督羅思舉已平之，殲金龍。禧恩素貴倨，奉命視師，意氣甚盛，嗛諸將不待而告捷，謂金龍死未可信。思舉以金龍焚骸及佩物爲證，議始息。廣東猺匪趙仔青竄入湖南，率提督余步雲、總兵曾勝追剿之；偕巡撫吳榮光疏陳善後事。湖南既定，而兩廣總督李鴻賓剿連山猺，閱半年，軍屢挫。詔逮鴻賓，以禧恩署總督，由湖南進兵。遣步雲、勝等先後破賊，擒首逆鄧三、盤文理，燬其巢。甫一月，諸猺乞降。詔嘉其奏功迅速，賜三眼花翎，封不入八分輔國公。班師，途次丁母憂，溫諭慰之。

十三年，孝愼皇后薨，命理喪儀，坐議禮徵引違制，褫御前大臣、戶部尙書、內務府大臣。尋復授理藩院尙書。以生日受屬員饋送，爲御史趙敦詩所劾，疏辯得直，敦詩坐譴。十四年，因相度龍泉峪萬年吉地，加太子太保。調兵部尙書，兼署禮部戶部。十八年，詔以南苑牲畜不蕃，禧恩久管奉宸苑，廢弛疏懈，罷其兼領。尋得員司積弊狀，盡罷諸兼職，降內閣學士。二十二年，署盛京將軍，授理藩院侍郎，留將軍署任。英吉利內犯，海疆戒嚴，命治盛京防務。旣而和議成，疏陳善後十事，並巡洋章程，如議行。

二十五年，以病解職。坐失察內地民人越朝鮮界墾地，削公爵，降二等輔國將軍。三十年，起署馬蘭鎭總兵、密雲副都統。咸豐元年，召授戶部侍郎。二年，擢戶部尙書，協辦大學士，管理藩院事。尋卒，贈太子太保，諡文莊。

禧恩自道光初被恩眷，及孝全皇后被選入宮，家故寒素，賴其資助，遂益用事。偏膺禁近要職，兼攝諸部，淩轢同列，人皆側目。后晚寵衰，禧恩亦數獲譴罷斥。文宗卽位，乃復起，不兩年登協揆焉。

陳官俊，字偉堂，山東濰縣人。嘉慶十三年進士，選庶吉士，授編修，遷贊善。二十一年，入直上書房。大考二等，擢洗馬，累遷右庶子。典陝西鄉試，督山西學政。道光元年，命各省明定陋規，中外臣工多言窒礙，官俊亦疏陳不可行，詔嘉之，予議敍。會密諭留心察訪官吏賢否、政治得失，官俊恃曾直內廷爲宣宗所眷，意氣甚張。尋遷侍講學士，命回京，仍直上書房。山西巡撫成格追劾官俊在學政任毆差買妾，妄作威福，大開奔競。上以官俊於毆差買妾已自承不諱，曾薦舉魏元烺、邱鳴泰，人材尙不繆；惟所遣太監往河東查訪鹽務控案，事出無稽，解職就質，命長齡道出山西，傳旨面詰成格，亦以不能指實引咎，遂兩斥之。

官俊降編修，罷直上書房。連典貴州、江西鄉試，歷中允、祭酒、侍講學士、內閣學士。十六年，授禮部侍郎，調吏部。十九年，擢工部尙書。東陵郎中慶玉侵帑籍沒，主事全孚預告，多所寄頓。事覺，語由官俊閒談漏洩，回奏復諱飾，詔斥失大臣體，褫職。二十一年，起爲通政使。歷戶部、吏部侍郎，管理三庫。擢禮部尚書，調工部。二十四年，以吏部尚書協辦大學士。

官俊再起，歷典鄉會試、殿廷御試，每與衡校。充上書房總師傅。編修童福承素無行，直上書房授皇子讀。給事中陳壇劾之，語及福承爲官俊妻作祭文，措詞過當。福承譴黜，詔斥官俊容隱不奏，罷總師傅，議降三級調用，從寬留任。二十九年，卒，優詔賜卹，稱其心田坦白，贈太子太保，入祀賢良祠，謚文慤。賜其孫厚鍾、厚滋並爲舉人。

官俊初直上書房，授宣宗長子奕緯讀，宣宗嘉其訓迪有方。後皇長子逾冠而薨，上深以爲惘，故遇官俊特厚，屢獲咎而恩禮始終不衰。

子介祺，道光二十五年進士，官編修。咸豐中，助軍餉，加侍講學士銜。後在籍治團練，守城，賑飢，賜二品頂戴。介祺績學好古，所藏鐘鼎、彝器、金石爲近代之冠。

卓秉恬，字靜遠，四川華陽人。嘉慶七年進士，選庶吉士，年甫逾冠，授檢討。典陝西鄉試。十八年，改御史，歷給事中，章疏凡數十上。論盜風未息，由捕役與盜賊因緣爲姦，捕役藉盜賊以漁利，盜賊仗捕役爲護符，民間控告，官不爲理，盜賊結恨，又召荼毒；直隸之大名、滄州，河南之衞輝、陳州，山東之曹州、東昌、武定，江蘇之徐州最甚，請飭實力禁懲。巡漕山東，履勘泰安、兗州各屬，探濬新泉四十三處，定名勒石。歷鴻臚寺少卿、順天府丞。

二十五年，疏言：「由陝西略陽迄東至湖北鄖西，謂之南山老林；由陝西寧羌迄南而東，經四川境至湖北保康，謂之巴山老林。地皆磽瘠，糧徭極微。無業游民，給地主錢數千，即租種數溝數嶺。歲薄不收則徙去，謂之棚民。良莠莫辨，攘奪時聞。一遇旱澇，一二姦民爲之倡，即蟻附蠭起。州縣以地方遼闊，莫能追捕，遂至互相容隱。迨釀成大案，即加參劾，事已無濟。且事連三省，大吏往返咨商，州縣奉文辦理，恆在數月之後。與其即一隅而專謀之，何如合三省而共議之。請於扼要之地，專設大員控制。」宣宗深韙之，詔下三省會議，未果行，僅將邊境文武酌就要地改駐添設。

道光四年，調奉天府丞，丁父憂去。服闋，歷太僕寺、大理寺少卿，太僕寺卿，宗人府丞，內閣學士，典江南鄉試。十五年，遷禮部侍郎，調吏部。督浙江學政。擢左都御史，召還京，兼管順天府尹事。歷兵部、戶部、吏部尚書、協辦大學士。二十四年，拜文淵閣大學士，晉武英殿。歷管兵部、戶部、工部，賜花翎。咸豐五年，卒，年七十四，贈太子太保，謚文端。

秉恬兼管京尹最久，凡十有八年。時九卿會議，一二王公樞相主之，餘率占位畫諾。

秉恬在列，時有辯論，不爲用事者所喜。子橒，道光二十年進士，官至吏部侍郎。

論曰：自設軍機處，閣臣不預樞務。始猶取名德較著者表望中朝，繼則旅進旅退之流，且以年資眷睞，馴躋鼎鉉矣。寶興號嫻吏事，而蒙簠簋不飭之聲；敬徵數視河工，差著勞勣；禧恩、陳官俊並恃恩私，崛而復起；卓秉恬以言官進，視緘默自安者稍表異焉。

# 清史稿卷三百六十六

## 列傳一百五十三

### 孫玉庭　蔣攸銛　李鴻賓

孫玉庭，字寄圃，山東濟寧人。乾隆四十年進士，選庶吉士，授檢討。五十一年，出爲山西河東道，父憂去，服闋，補廣西鹽法道。嘉慶初，就遷按察使，歷湖南、安徽、湖北布政使，舉發道員胡齊崙侵冒軍需，詔嘉之。

七年，擢廣西巡撫，調廣東。安南國王阮光纘爲農耐、阮福映所逼，叩關乞內避，命玉庭馳赴廣西察辦。福映已滅光纘，遣使納欵，玉庭疏陳其恭順，請受之。尋福映請改國名曰南越，仁宗疑之。玉庭言：「不可以語言文字阻外夷嚮化之心。其先有古越裳地，繼併安南。若改號越南，亦與中國南粵舊名有別。」乃報可。廣東海盜日橫，玉庭議防急於剿，請增兵嚴守口岸，禁淡水米糧出海以制之。尋調廣西，十年，復調廣東。時總督那彥成專意招撫，玉庭意不合，疏陳其弊，謂：「盜非悔罪，特爲貪利而來。官吏貪功，不惜重金爲市。陽避盜名，陰攖盜實。廢法斂怨，莫此爲尤。」上韙其言，那彥成由是獲罪。

十三年，英吉利兵船入澳門，總督吳熊光但停貿易，未遣兵驅逐，上斥畏葸，罷熊光，調玉庭貴州。尋百齡至粵，追論熊光，且劾玉庭不以實入告，坐罷歸。已而予官編修，在文穎館行走。十五年，授雲南巡撫，兼署雲貴總督。調浙江。二十年，英吉利貢使不願行跪拜禮，廷議以其倔強，遣之。會玉庭入覲，面奏馭夷之道：「妄有干求，當折以天朝之法度；歸心恪順，不責以中國之儀文。」反覆開陳，上意乃解。

二十一年，擢湖廣總督。未幾，調兩江。漕、鹽、河爲江南要政，日臻疲累。玉庭久任封圻，治尚安靜，整頓江西、湖北引岸緝私，籌款生息，津貼屯丁，減省漕委，隨事爲補苴之計，稍稍相安。宣宗卽位，特加太子少保銜。時用尚書英和言，淸查直省陋規，立以限制，下疆臣議久遠之法。玉庭疏言：「自古有治人無治法。果督撫兩司皆得人，則大法小廉，自不虞所屬苛取病民；非然者，雖立限制，仍同虛設，弊且滋甚。各省陋規，本干例禁。語云：『作法於涼，其弊猶貪。』禁人之取猶不能不取；若許之取，勢必益無顧忌。迨發覺治罪，民已大受其累。府、廳、州、縣祿入無多，向來不能不藉陋規爲辦公之需，然未聞准其加取於民垂爲令甲者，誠以自古無此制祿之經也。伏乞停止查辦，天下幸甚。」疏入，詔褒其不媿大臣之言。

道光元年，授協辦大學士，仍留總督任。是年入覲，與玉瀾堂十五老臣宴。帝詢淮鹽疏銷之策，玉庭言：「漢口爲淮南售鹽總岸，向來船到隨時交易，是以暢銷。自乾隆中立封輪法，挨次輪售，私鹽乘間侵越。」因臚陳六害，請復舊章，從之。又言漕糧浮收不能禁革，不如明與八折爲便。御史王家相奏言事類加賦，侍郎姚文田、湯金釗亦論之，事遂寢。然州縣困於丁費，浮收仍難禁絕，胥吏上下其手，專累良懦，因玉庭議不行，疆臣不敢復請；至同治初，始定漕耗，卒如玉庭議。

四年，拜體仁閣大學士，留任如故。會高家堰決，河督張文浩遣戍，部議玉庭革職，詔念前勞，寬之，留任。尋復以借黃濟運無效，褫職，予編修休致。戶部復劾其不行海運，而河病運阻，責償滯漕剝運費十之七，命留濬運河。工竣，回籍。十四年，重宴鹿鳴，加四品頂戴。尋卒，年八十有三。

子善寶，以舉人廕生授刑部員外郎，官至江蘇巡撫；瑞珍，道光三年進士，由翰林官至戶部尚書，謚文定。孫毓溎，道光二十四年一甲一名進士，官至浙江按察使；毓汶亦以一甲二名進士，官至兵部尚書，自有傳。曾孫楫，咸豐二年進士，翰林院庶吉士，官至順天府尹。四世並歷清要，家門之盛，北方士族無與埒焉。

蔣攸銛，字礪堂，漢軍鑲紅旗人。先世由浙江遷遼東，從入關，居寶坻。乾隆四十九年，成進士，年甫十九，選庶吉士，授編修。嘉慶初，遷御史，敢言有聲，受仁宗知。五年，出爲江西吉南贛道，署按察使。八年，廣昌齋匪廖幹用作亂，攸銛率兵平之。疆臣上其功，會丁母憂去。十年，特起署廣東惠潮嘉道，歷江西按察使、雲南布政使。十四年，調江蘇，就擢巡撫。調浙江，擢江南河道總督，以不諳河務辭，詔回原任。

十六年，擢兩廣總督。嚴於治盜，遴勤幹文武大員駐廣、肇、韶、連諸郡居中之地，分路搜截，飭州縣官赴鄉勸導耆老，使境內不得藏奸，舉劾嚴明，吏皆用命。歷擒匪盜七百餘名，自首者許自新，特詔褒獎。十八年，應詔陳言，略曰：「我朝累代功德在民，而亂民愍不畏法，變出意外，此皆由於吏治不修所致。臣觀近日道、府、州、縣，貪酷者少而委靡者多。夫闒冗之釀患，與貪酷等。竊以爲方今急務，莫先於察吏，而欲振積習，必用破格之勸懲。凡貪酷者固應嚴參，平庸者亦隨時勸休改用，勿俟大計始行甄辦。其有勤能者，卽請旨優獎。果道、府、州、縣得人，則禍亂之萌自息。」次年，又上疏曰：「道府由牧令起家者十之二三，由部員外擢者十之七八。聞近來司員少卓著之才，由於滿洲之廕生太易，漢員之捐班太多。請飭部臣隨時考覈，其不宜於部務者，以同知、通判分發各省，使練民事，部曹亦可疏通。今之人才沉於下位者多矣，請飭大臣薦達，擇其名實相副者擢用。抑臣更有請者，任事之與專擅，有義利之分，若任事而以專擅罪之，人皆推諉以自全矣。協恭之與黨援，有公私之別，如協恭而以黨援目之，人且立異以遠嫌矣。此近今之積習，爲大臣者當力除之。至翰林儒臣，務在崇正學，黜浮華，養成明體達用之才，不必以文章課殿最。科道爲耳目之官，敷陳能否得體，糾劾是否爲公，詢事考言，難逃洞鑒。其有卓越清正者，當由京堂而擢卿貳，與翰詹參用。用人之道，因才因地因時，臣下無可市之恩，君上有特操之鑒。人無求備，政在集思，此之謂也。」疏入，上嘉納之。

英吉利兵船入內洋，攸銛飭停貿易，乃聽命引去。請禁民人爲洋人服役，洋行不許建洋式房屋，鋪商不得用洋字店號，清查商欠，不准無身家者濫充洋商，及內地人私往洋館，並如議行。商人負暹羅國貨價，以官錢代償，既而貢使來繳還。攸銛以奉旨頒給，乃示懷柔，不得復收回，却之，詔嘉其得體。

二十二年，調四川總督。四川兵故驕縱，一裁以法。民多帶刀劍，禁鄉村設鑪製兵刃。城市編牌取結，有犯連坐。以義倉租息助灌縣都江堰歲修，禁派捐累民。重修文翁石室，興學造士。言官請禁非刑，飭屬銷毀違法刑具，而嚴戒縱匪，不得博寬厚虛名，貽閭閻實害。二十四年，率土司頭目入都祝嘏，賞賚有加。時因慶典，普免天下積欠錢糧，獨四川無欠可免，詔嘉其撫綏有方，予優敍。二十五年，仁宗崩，入謁梓宮，宣宗諭褒爲守兼優，加太子少保。

道光二年，召授刑部尚書。尋授直隸總督。值水災，請截南漕四十萬石，賑款先後二百萬兩，踰年賑事竣。時方治畿輔水利，命侍郎張文浩蒞其事，尋以程含章代之，攸銛與合疏言東西兩淀，大清、永定、子牙、南北運五河，及天津海口、千里隄，不可緩之工，請部撥銀一百二十萬兩；又疏陳千里隄章程，規復兩淀垡船汊夫，移改管河員弁駐所，添建巡防堡房。並如議行。命協辦大學士，仍留總督任。五年，拜體仁閣大學士，充軍機大臣，管理刑部。以回疆平，加太子太保。

七年，授兩江總督。疏言總督於河務非專責，與河臣同治，徒掣其肘，請毋庸駐清江浦，從之。時清水不能敵黃，漕運屢阻。攸銛初在浙，不主海運，至是見河、漕交困，試行海運便利，遂請續行，並預儲銀六十萬兩，備河運盤壩之用。廷議方主倒塘濟運法，且疑其畏難便私，不許。攸銛疏辯，極言倒塘之不足恃，上終不以爲然，姑許海運，而禁言盤壩。未幾，海運亦罷。以張格爾就擒，追論贊畫功，晉太子太傅。

黃玉林者，鹽梟巨魁，以儀徵老虎頸爲窟穴，長江千里，呼吸皆通，詔責嚴捕，玉林投首，乞捕私自効。十年，攸銛病，乞假，假滿，召回京供職，而玉林復圖販私，攸銛疏請嚴治，發遣新疆，尋復慮其潛回滋事，密請處絞。詔誅玉林，切責攸銛苟且從事，嚴議褫職，加恩降兵部侍郎。未至京，卒於途，優詔軫惜，依尙書例賜卹。

攸銛精敏强識，與人一面一言，閱數十年記憶不爽。勇於任事，不唯阿。尤長於察吏，薦賢如不及，所舉後多以事功名節著。子霨遠，官至貴州巡撫，自有傳。

李鴻賓，字鹿苹，江西德化人。嘉慶六年進士，選庶吉士，授檢討。遷御史、給事中。十八年，巡視東漕。會林淸之變，數疏陳時政利弊；又以山東、河南、直隸毗連之地，頻年遭兵，條上善後事，始受仁宗知。命偕河督吳璥、巡撫同興按河督李亨特貪劣不職狀，得實以聞。

十九年，超授東河副總河。時微山湖蓄水盡涸，運河淤塞。鴻賓自巡漕時講求疏泉濟運之策，至是疏瀹上游，湖水通暢，瀦蓄充盈，漕運無阻，被褒獎，命赴睢工，會同吳璥塞河。二十年，擢河東河道總督。由諫官不三年而膺方面，爲時所罕。尋丁母憂，賜金治喪，予諭祭，異數也。服闋，署禮部、兵部侍郎，命赴河南、山東讞獄，並察黃河、運河、湖水情形。二十三年，署廣東巡撫。二十四年，授漕運總督，復調河東河道總督。河決蘭陽、儀封，命偕尙書吳璥治之，鴻賓專駐儀封。會北岸馬營壩復決，合疏言馬營土質沙鬆，河溜尚勁，未能遽定壩基，被詰責，遂自陳不勝河督之任。詔斥其見吳璥辦工遲緩，慮同獲咎，預爲地步，褫職，予郎中銜，留河南專司大工錢糧。二十五年，命營山東運河事務，兼署山東巡撫，專駐張秋，籌備趲運事。尋授安徽巡撫。道光元年，調漕運總督。

二年，擢湖廣總督。初，湖廣行銷淮鹽，用封輪法，大商壟斷，小商向隅，甫改開輪，又有跌價爭售之害。鴻賓請設公司，簽商經理，無論鹽船到岸先後，小商隨到隨售，大商按所到各家計引均銷。試行兩月後，販運踴躍，著爲令。時議折漕以資治河，鴻賓疏言徵收折色，弊竇叢生，莫若令民間完交本色，由州縣賣米易銀，轉解河工，詔以易啓抑勒捏價、加收平色諸弊，未允行。

調兩廣總督。廣東通商久，號爲利藪。自嘉慶以來，英吉利國勢日强，漸跋扈。故事，十三行洋商有缺，十二家聯保承充，虧帑則攤償。英領事顚地知洋行獲利厚，欲以洋廝容阿華充商，諸商不允，乃賄鴻賓得之。顚地曰：「吾以爲總督若何嚴重，詎消數萬金便營私耶！」於是始輕中國官吏。容阿華尋以淫侈耗貲逃，勿獲，官帑無著，不能責諸商代償，乃以抽分法爲彌補，衆商藉以漁利，夷情不服，日益多事。鴉片流行日廣，漏銀外洋，鴻賓屢疏陳查禁之法及禁種罌粟，並增築虎門大角礮臺，以資控御，而奉行具文，未有實效。十年，協辦大學士，仍留總督任。

十一年，崖州黎匪亂，鴻賓駐雷州，令提督劉榮慶、總兵孫得發勦平之。給事中劉光三奏廣東匪徒立會滋擾，鴻賓疏陳：「無三點會名目，惟搶劫打單，勒索民財，根株未絕。隨時訪拿，准自首免罪。請廣、潮、肇、嘉諸府州山場荒地，令無業游民報墾，永不升科，庶衣食有資，免流匪僻。」如議行。入覲，賜花翎。十二年春，湖南瑤趙金龍倡亂，廣東連州瑤聞風蠢動，遣兵防勦。五月，鴻賓赴連州，三路進兵，雖有斬獲，兵弁傷亡多，疏請俟湖南事竣進勦，詔斥任賊蔓延；提督劉榮慶衰庸，不早糾劾，嚴議革職，改留任。命尚書禧恩等由湖南移師赴粵勦辦，禧恩言：「粵兵多食鴉片，不耐山險，鴻賓陳奏不實。」褫職逮治，遣戍烏魯木齊。十四年，釋還，予編修。家居久之，二十年，卒。

論曰：宣宗初政，勵精求治。孫玉庭、蔣攸銛並以老成膺分陝之寄，大事多以諮決。其時鹽、河、漕皆積困，玉庭持重，晚稍模棱。攸銛直行己意，眷注遂衰，然其汲引人才，識量遠矣。李鴻賓初以建言驟起，後乃簠簋不飭，貽海疆隱患。三人皆不能以功名終，公私之殊，不可概論也。

# 清史稿卷三百六十七

## 列傳一百五十四

長齡 那彥成子容安 容照 玉麟 特依順保

長齡，字懋亭，薩爾圖克氏，蒙古正白旗人，尚書納延泰子，惠齡之弟也。乾隆中，由繙譯生員補工部筆帖式，充軍機章京，擢理藩院主事。從征甘肅、臺灣、廓爾喀，累擢內閣學士，兼副都統。嘉慶四年，授右翼總兵。五年，赴湖北剿教匪，爲領隊大臣，數敗高天升、馬學禮於川、楚交界，授宜昌鎭總兵。又敗徐天德、苟文明等。六年，擢湖北提督，署總督。七年，敗樊人傑、曾芝秀等，予雲騎尉世職。以病回京，歷左翼總兵，出爲古北口提督。九年，授安徽巡撫，擒蒙城教匪余連。十年，調山東。十二年，擢陝甘總督，討平西寧叛番。十三年，坐在山東供應欽差侍郎廣興動用庫帑，褫職，戍伊犂。尋予藍翎侍衞，充科布多參贊大臣。十六年，授河南巡撫。十八年，復授陝甘總督，剿擒南山匪首萬五等，晉騎都尉世職。

二十一年，予都統銜，充伊犂參贊大臣，命察治回匪圖爾邁善獄，劾罷將軍松筠，遂代之。二十二年，復授陝甘總督。道光元年，加太子少保，協辦大學士，留總督任。二年，署直隸總督。會青海野番滋事，命回陝甘，遣總兵穆爾泰、馬騰龍討平之，賜雙眼花翎，拜文華殿大學士，管理藩院事，召還京。尋以青海奏凱後，野番復渡河劫掠，奪雙眼花翎。三年，授軍機大臣，管理戶部三庫，充總諳達。四年，出爲雲貴總督，五年，調陝甘，改授伊犂將軍。

初，回疆自乾隆中戡定後，歲徵貢稅頗約。旋懲於烏什之亂，由辦事大臣縱肆激變，益慎選邊臣，回民賴以休息。久之，法漸弛，蒞其任者，往往苛索伯克，伯克又斂之回民。嘉慶末，參贊大臣斌靜尤淫虐，失衆心。張格爾者，回酋大和卓木博羅尼都之孫也。博羅尼都當乾隆中以叛誅，至是張格爾因衆怨糾安集延、布魯特寇邊。道光二年，逮治斌靜，代以永芹，亦未能撫馭。四年秋、五年夏兩次犯邊，領隊大臣巴彥圖敗績，遂益猖獗。

六年六月，張格爾大舉入卡，陷喀什噶爾、英吉沙爾、葉爾羌、和闐四城，命陝甘總督楊遇春駐哈密，督兵進剿。長齡疏言：「逆酋已踞巢穴，全局蠢動。喀城距阿克蘇二千里，四面回村，中多戈壁，非伊犂、烏魯木齊六千援兵所能克。請速發大兵四萬，以萬五千分護糧臺，以二萬五千進戰。」詔授長齡揚威將軍，遇春及山東巡撫武隆阿爲參贊，率諸軍討之。十月，師抵阿克蘇。時提督達凌阿等已敗賊渾巴什河，張格爾以衆三千踞柯爾坪，令提督楊芳襲破之。大雪封山，兵止未進，疏言：「前奉旨兵分二路，正兵由中路臺站，奇兵由烏什草地，繞出喀城，斷其竄遁。惟烏什卡倫外直抵巴爾昌，山溝險狹，戈壁數百里，所經布魯特部落，半爲賊煽，未可孤軍深入。且留防阿克蘇、烏什、庫車兵八千餘，其延、綏、四川兵尚未到。進剿之步騎止二萬二千，兩路相距二十餘站，聲息不通。喀城賊衆不下數十萬，非全軍直搗，反正爲奇，難期無失。喀城邊外凡十卡，皆接外夷，恐賊敗遁，已諭黑回約衆邀截。」

七年二月，師至巴爾楚軍臺，爲喀、葉二城分道處，復留兵三千以防繞襲。進次大河拐，賊屯洋阿爾巴特，夜來犯營，卻之。遂由中路進，殲賊萬餘，擒五千。越三日，張格爾拒戰於沙布都爾，多樹葦，決水成沮洳，賊數萬臨渠橫列。乃令步卒越渠鏖鬭，騎兵繞左右橫截入陣，賊潰，追踰渾水河，擒斬萬計。又越二日，進剿阿瓦巴特，分三路掩殺，俘斬二萬有奇。追至洋達瑪河，距喀城僅十餘里，賊悉衆十餘萬背城阻河而陣，亙二十餘里，選死士夜擾其營。會大風霾，用楊遇春策，遣索倫千騎繞趨下游牽賊勢，大兵驟渡上游蹙之，賊陣亂，乃大奔，乘勝抵喀什噶爾，克之。時三月朔日也。張格爾已先遁，獲其姪與甥，及安集延會推立汗、薩木汗。分兵令遇春下英吉沙爾、葉爾羌，芳下和闐，於是四城皆復。

上以元惡漏網，嚴詔詰責，限速捕獲。六月，遇春、芳率兵八千出塞窮追，遇春屯色勒庫，芳屯阿賴，諭各部落擒獻。浩罕遣諜誘官軍入伏，鏖戰幾殆，僅得出險。詔斥諸將老師糜餉，留兵八千，餘命遇春率兵入關，芳代爲參贊。當大軍之出，密詔詢將軍、參贊：事平後，西四城可否仿土司分封。至是，長齡疏言：「愚回崇信和卓，猶西番崇信達賴，即使張逆就擒，尚有兄弟之子在浩罕，終留後患。八千留防之兵難制百萬犬羊之衆。博羅尼都之子阿布都哈里尚羈在京師，惟有赦歸，令總轄西四城，可以服內夷、制外患。」武隆阿亦以爲言。上切責其請釋逆裔之謬，並革職留任，命那彥成爲欽差大臣，代長齡籌善後。

張格爾傳食諸部落，日窮蹙。長齡等遣黑回誘之，率步騎五百，欲乘歲除襲喀城。芳嚴兵以待，賊覺而奔，追至喀爾鐵蓋山，擊斬殆盡。張格爾僅餘三十人，棄騎登山，副將胡超、都司段永福等擒之。八年正月，捷聞，上大悅，錫封長齡一等威勇公，世襲罔替，賜寶石頂、四團龍補服、紫韁，授御前大臣。諸將封賞有差。五月，檻送張格爾於京師，上御午門受俘，磔於市。晉長齡太保，賜三眼花翎，圖形紫光閣。尋回京，命親王大臣迎勞，行抱見禮於勤政殿。授閱兵大臣，管理藩院及戶部三庫，正大光明殿賜凱宴，賜銀幣，授領侍衞內大臣。恩禮優渥，並用乾隆朝故事，時稱盛焉。

十年秋，浩罕以內地安集延被驅逐，貲產皆鈔沒，積怨憤，遂挾張格爾之兄玉素普及其黨博巴克等復入邊，圍喀什噶爾、英吉沙爾二城，且犯葉爾羌。復命長齡爲揚威將軍，往督師。會葉爾羌辦事大臣壁昌連破賊，長齡令參贊哈哴阿、提督胡超分路進援喀、英二城，賊聞風解圍遁出塞。於是偕伊犁將軍玉麟合疏陳善後事，略曰：「此次入寇，與張格爾不同，不過烏合夷衆，挾驅逐鈔沒之憾，虜掠取償，無志於土地人民。各白回畏賊騷掠，助順守禦，亦非上年甘心從逆之比。此時戰緩而守急。惟兵未至而賊已先逃，兵久駐而賊無一獲，戰守俱無長策。諸臣條奏增兵廣屯，以省徵調，言之似易，行之實難，卽收效亦在數十年之後。若仿土司以西四城付阿奇木伯克，回性懦弱，非浩罕敵；苟無官兵守禦，賊至必如入無人之境。臣等再四籌商，統兵之人宜立不敗之地，斯能制人而不爲人制，惟有移參贊大臣於葉爾羌，其地本回疆都會，距喀什噶爾六站，在不遠不近之間。再移和闐領隊大臣備調遣。喀什噶爾留換防總兵一，與英吉沙爾領隊爲犄角。巴爾楚克駐守總兵一，爲樹窩子咽喉鎖鑰。六城相距均不過數百里。於西四城額兵六千之外，留伊犁騎兵三千，陝甘綠營兵四千，量分駐守，而以重兵隨參贊居中調度。新兵糧餉，請於各省綠營兵額內裁百分之二，歲省三十餘萬，以爲回疆兵餉。俟屯田有效，卽以回疆兵食守回疆，仍撤回內地餉額。」又疏請招民開墾西四城閒地以供兵糈。又請添設同知二、巡檢五，由陝、甘選勤能之員任之。

並下廷議，往復再三，罷設文員，減滿、漢兵二千五百名，新增餉需不過十萬兩，各城額徵糧科可敷供支，乃允行。以璧昌爲參贊大臣，各城聽節制。其辦事、領隊各大臣，命長齡等保奏任用。

浩罕懼大軍出討，乞援俄羅斯，俄人拒之，乃遣頭人詣軍求通商。長齡責縛獻賊目，釋還兵民，來報願還俘虜，復乞免稅，並給還所沒貲財。上方欲示以寬大，且謂獻犯亦不足信，一切允之。浩罕喜過望，進表納貢通商如故，邊境乃安。

長齡駐回疆凡兩載，十二年，回京，晉太傅，管理兵部，調戶部，賜四開禊袍。十七年，以病乞休，上親視其疾，溫詔慰留。以八十壽，晉一等公爵。次年，卒，上震悼，親奠，賜金治喪，入祀賢良祠、伊犂名宦祠，諡文襄。十九年，命每次謁陵後，賜奠其墓。子桂輪，襲公爵，官至烏里雅蘇臺、杭州將軍，諡恪愼。孫麟興，襲爵，亦官烏里雅蘇臺將軍。

那彥成，字繹堂，章佳氏，滿洲正白旗人，大學士阿桂孫。乾隆五十四年進士，選庶吉士，授編修，直南書房。四遷爲內閣學士。嘉慶三年，命在軍機大臣上行走。遷工部侍郎，調戶部，兼翰林院掌院學士。擢工部尚書，兼都統、內務府大臣。那彥成三歲而孤，母那拉氏，守志，撫之成立，至是三十載，仁宗御書「勵節教忠」額表其門。

時教匪張漢潮久擾陝西，參贊大臣明亮及將軍慶成、巡撫永保同勦之，互有隙，師行不相顧。是年秋，命那彥成爲欽差大臣，督明亮軍，褫慶成、永保職，逮治。那彥成以樞臣出膺軍寄，意銳甚。明亮聞其將至，急擊賊敗之，漢潮伏誅。帝嘉其先聲奪人，特詔褒美。漢潮黨冉學勝亦狡悍，猶在陝。冬，敗之五郎。竄秦嶺老林，又迭敗之高關峪、夾嶺、鳳皇山。賊乘間逸入湖北、河南境。五年春，進兵漢中，遂入棧勦川匪，追出棧，大破之隴州隴山鎭，俘斬甚衆，授參贊大臣。會經略額勒登保病，上以那彥成隴山捷後，軍威已振，命兼督各路兵。高天升、馬學禮陷文縣，踞卡郎寨。乘夜渡河破之，賊南竄，趨松潘、岷州。額勒登保病起，合擊敗之，餘賊將竄川境，即陰平入蜀道也。那彥成以地險不利騎兵，檄總兵百祥迎擊於農安，自率師回陝。初，那彥成西行，以南山餘賊付巡撫台布。繼而川賊五家營至與合，欲東犯，台布遣將扼之。賊趨鎭安，張世龍、張天倫爲經略大兵所驅，亦奔鎭安，羣賊皆注漢北山內。額勒登保追入老林，賊向商、雒，爲楊遇春所破，始不敢東。那彥成與會師鎭安。商、雒賊折犯楚境。上以軍事不得要領，召回京面詢方略，而高、馬二賊入川後益張，總兵施縉戰歿，詔斥那彥成縱賊，罷軍機、書房一切差使。及至，召對，忤旨，再斥在陝漫無布置，面詢兵事餉事，惟諉諸劫數未盡，且有忌額勒登保戰功意，褫尚書、講官、花翎，降翰林院侍講。歷少詹事、內閣學士。

七年，赴江西按巡撫張誠基被劾事，未定讞，兩廣總督吉慶以剿會匪被譴自戕，命往鞫。八年，率提督孫全謀平會匪，條上善後，署吏部侍郎。擢禮部尙書。九年，復授軍機大臣，赴河南鞫獄，未畢，命署陝甘總督，治搜捕餘匪善後事宜，手詔戒之曰：「汝誠柱石之臣，有爲有守。惟自恃聰明，不求謀議，務資兼聽並觀之益，勿存五日京兆之見。」未幾，調授兩廣總督。廣東土匪勾結海寇爲患，久不靖。那彥成以兵不足用，乃招撫盜首黃正嵩、李崇玉，先後降者五千餘人，獎以千總外委銜及銀幣有差。巡撫孫玉庭劾其賞盜，降藍翎侍衞，充伊犂領隊大臣。既而李崇玉檻送京師，訊得與正嵩皆受四品銜守備劄，褫職戍伊犂。十二年，復予二等侍衞，充領隊，調喀喇沙爾辦事大臣，又調西寧，平叛番，擢南河副總河。以荷花塘漫口合而復決，降二等侍衞。歷喀喇沙爾、葉爾羌辦事大臣，喀什噶爾參贊大臣。十四年，復授陝甘總督。

十八年，河南天理會教匪李文成等倡亂，陷滑縣，直隸、山東皆響應，林清糾黨犯禁門。初，命總督溫承惠往剿，清既誅，乃發京兵，授那彥成欽差大臣，加都統銜，督師率楊遇春、楊芳等討之，迭詔責戰甚急。那彥成以小醜不足平，惟慮遁入太行，勢且蔓延，十月，至衞輝，合師而後進。賊踞桃源集、道口，與滑縣爲犄角，連敗之於新鎭、丁欒集。遇春擊破道口，殲賊萬餘，焚其巢；尋破桃源集，追道口餘賊，抵滑縣。文成遁輝縣司寨，楊芳、德英阿追破之，文成自焚死。親督遇春等圍滑城數旬，以地雷攻拔之，獲首虜二萬餘。山東賊亦平。捷聞，加太子少保，封三等子爵，賜雙眼花翎，授直隸總督，賜祭其祖阿桂墓。

二十一年，坐前在陝甘移賑銀津貼脚價，褫職逮問，論大辟；繳完賠銀，改戍伊犁。會丁母憂，詔援滑縣功，免發遣。二十三年，授翰林院侍講。歷理藩院、吏部、刑部尚書，授內大臣。道光二年，青海野番甫定復擾，命那彥成往按，遂授陝甘總督。驅私住河北番族回河南原牧，嚴定約束，緝治漢奸，乃漸平。五年，調直隸。七年，回疆四城既復，命爲欽差大臣，往治善後事。先後奏定章程，革各城積弊。諸領隊、辦事大臣歲終受考覈於參贊大臣，又總考覈於伊犁將軍，互相糾察；增其廉俸，許其攜眷，久其任期。印房章京由京揀選，不用駐防。除伯克賄補之弊，嚴制資格，保舉迴避。五城叛產歸官收租，歲糧五萬六千餘石，支兵餉外，餘萬八千石爲酌增各官養廉鹽米銀之用，有餘則變價解阿克蘇採買儲倉。改建城垣，增卡堡，練戍兵。浩罕爲逋逃藪，所屬八城，安集延卽其一。嚴禁茶葉、大黃出卡。盡逐內地流夷，收撫各布魯特，待其欵關求貢，然後撫之。詔悉允行。張格爾旣誅，加太子太保，賜紫韁、雙眼花翎，繪像紫光閣，列功臣之末。

浩罕匿張格爾妻孥，詐使人投書伺隙。那彥成禁不使與內地交接，絕其貿易。九年，使人出卡搜求逆屬，上慮其邀功生事，召還京，仍回直隸總督任。未及兩歲，西陲復不靖。

論者謂那彥成驅內地安集延，沒貲產、絕貿易所致。十一年，詔斥誤國肇釁，褫職。十三年，卒，宣宗追念平教匪功，賜尚書銜，依例賜卹，謚文毅。

那彥成遇事有爲，工文翰，好士，雖屢起屢蹶，中外想望風采。子容安、容照。

容安，蔭戶部主事，襲子爵。歷侍衞、副都統。從長齡征回疆有功，歷伊犂參贊大臣。亂事再起，容安率兵四千五百赴援，抵阿克蘇，遷延不進。由和闐繞道，又分兵烏什，致喀、英二城圍久不解。褫職逮治，讞大辟。尋以二城未失，從寬改監候，罰繳和闐軍需，貸死戍吉林。父喪，釋還。數年卒。

容照，以大臣子予侍衞。累擢內閣學士。亦從征回疆，隨父治善後。擢理藩院侍郎。容安既獲罪，襲子爵。繼因那彥成被譴，同褫職。起，歷馬蘭鎭總兵。治獄失入，復褫爵職。以侍衞從揚威將軍奕經防廣東。充庫倫辦事大臣，復爲馬蘭鎭總兵。咸豐中，從尙書恩華剿捻匪有功，加副都統銜。以疾回京，卒，賜卹。孫鄂素，襲爵。

玉麟，字子振，哈達納喇氏，滿洲正黃旗人。乾隆六十年進士，選庶吉士，授編修。嘉慶初，三遷爲祭酒。歷詹事、內閣學士。纂修實錄久，特詔充總纂，奏事列名總裁後。入直上書房。歷禮部、吏部侍郎，典會試。奉使鞫安徽壽州獄，及湖北官銀匠侵虧錢糧事，大吏並被嚴譴。後歷赴湖南、江西、直隸、河南按事，時稱公正。十二年，督安徽學政，調江蘇。十六年，兼右翼總兵。坐吏部銓序有誤，奪職。未幾，授內閣學士，兼護軍統領、左翼總兵，遷戶部侍郎。十八年八月，車駕自熱河回蹕，迎至白澗，先還京。會林清逆黨犯禁門，率所部擊捕；坐門禁懈弛，褫職。十九年，予三等侍衞，赴葉爾羌辦事。二十二年，加副都統銜，充駐藏大臣。歷左翼總兵、鑲白旗漢軍副都統，遷左都御史，禮部、吏部、兵部尚書。

道光四年，命在軍機大臣上行走。六年，回疆亂起，西四城皆陷。阿克蘇辦事大臣長清獨能固守却賊，先由玉麟論薦，詔特嘉之，賜花翎。七年，兼翰林院掌院學士，充上書房總師傅，加太子少保。八年，回疆既定，晉太子太保，繪像紫光閣。

上方廑顧西陲，以玉麟悉邊務，九年，特命出爲伊犂將軍。疏言：「浩罕將作不靖，請緩南路換防。阿坦台、汰劣克屢請投順，包藏禍心，添巡邊兵以備禦。伊薩克忠勇能事，責令乘機謀之。近夷布呼等愛曼恭順，重賞以固其心，則卡外動靜俱悉。」詔如議行，並令喀什噶爾參贊大臣札隆阿爲之備。札隆阿誤信汰劣克等，不之疑也。十年秋，安集延果引浩罕內犯，喀什噶爾幫辦大臣塔斯哈率兵出禦，遇伏陷歿。札隆阿將棄城退守阿克蘇，玉麟急疏聞，請責長清等速籌糧儲，哈豐阿速進攻，發伊犂兵四千五百名，令容安率之赴援。容安至阿克蘇，與長清議，中途有朵蘭回子梗阻，令哈豐阿、孝順岱由和闐草地進兵。玉麟疏劾曰：「喀、英兩城被困兩月，賊勢尚單，易於援勦，由大路直赴葉爾羌，二城之圍自解。迂道和闐，須一月方至，賊勢漸厚，哈豐阿軍未必得力。阿克蘇現集兵不下萬人，僅以三千人繞路進發，留兵坐糜餉糧，實屬非計。札催十數次，該大臣等始以糧運遷延，後又稱蒙兵、民遣皆不足恃。計程裹糧二十日足用，後路轉運已源源而來。前年克復四城，民遣得力，渾巴什河之捷，土爾扈特出力較多。近日璧昌以少勝衆，豈沿邊零匪轉不能就地殲除？請將長清等嚴行申飭。」上韙其言，仍促哈豐阿進兵。及長齡督楊芳、胡超等大兵至喀、英二城，賊已遠遁。玉麟疏言：「賊勢渙散，現調官兵不止四萬，月需糧萬五千石，運費十餘萬兩。請停止續調四川、陝、甘兵，並飭回疆各城採買糧餉，較之戈壁轉輸，節省不止倍蓰。」從之。

初張格爾之就擒也，回子郡王銜貝子伊薩克實誘致，諸夷忌之，亂起，兵民謀劫掠，事洩，誅首犯，逐流民。怨者譌言伊薩克通賊，遂圍劫其家，並殺避亂回衆二百餘人。札隆阿不能制，反附和劾囚之。玉麟以伊薩克身膺王封，助亂得不償失，子孫在阿克蘇，家業在庫車，豈無顧慮？疏陳其可疑，命偕長齡會鞫，得札隆阿懼罪欲殺之以掩迹，及委員章京等捏奏迎合誣證狀，札隆阿以下坐罪有差，復伊薩克爵職，回衆大服。

時諸臣議回疆事宜，玉麟上疏曰：「閱固原提督楊芳添兵招佃奏稿，稱四川總督鄂山有請西四城改照土司之議。伏思回疆自入版圖，設官駐兵，不惟西四城爲東道藩籬，南八城爲西陲保障，卽前後藏及西北沿邊蒙古、番子部落，皆賴以鞏固。若西四城不設官兵，僅令回人守土，誠恐回性無恆，又最畏布魯特强横，轉瞬卽爲外夷所有，則阿克蘇又將爲極邊矣。其迤東之庫車、喀喇沙爾、吐魯番、哈密等城，必至漸不安堵。以形勢論，脣亡則齒寒；以地利論，喀什噶爾、葉爾羌、和闐三處爲回疆殷實之區。捨沃壤而守瘠土，是藉寇兵而齎盜糧也。楊芳所謂守善於棄，實不易之論。至請將喀什噶爾參贊移遷阿克蘇，殊非善計。該處幅員狹隘，不足爲重鎭。且距喀城二千里，有鞭長不及之患。其所陳招佃通商各條，則爲治邊良法，請用之。」於是詔發長齡密陳十條及中外奏議，交玉麟悉心籌畫。十一年，偕長齡會疏，上定以參贊大臣移駐葉爾羌，曁善後諸政，具詳長齡傳。十二年，事定，回伊犂，調劑番戍官兵以均勞逸。惠遠城南瀕河，定歲修之例；以待種之地租給回民，收租充兵食，並爲贍孤寡備差操諸用。拓敬業官學學舍，創建文廟。宣宗特頒扁額以重其事，邊徼士風漸蒸蒸焉。十三年，命回京，以特依順保代之。行至陝西，卒於途次。上聞震悼，優詔賜卹，贈太保，入祀賢良祠。柩至京，親臨賜奠，謚文恭。伊犂請祠祀，允之。

特依順保，鈕祜祿氏，滿洲正白旗人。由吉林前鋒長從征廓爾喀，有功。嘉慶中，從長齡剿教匪，屢破高天升、馬學禮，賜號安成額巴圖魯。累擢甘肅西寧鎭總兵。十八年，從那彥成討滑縣教匪，力戰，數破賊，克司寨，殲首逆李文成，克滑縣，執賊渠，予雲騎尉世職。

移剿陝西三才峽匪。事平，擢黑龍江將軍。調烏里雅蘇臺將軍、塔爾巴哈台參贊大臣、葉爾羌辦事大臣。召授正白旗蒙古都統。張格爾之亂，命赴阿克蘇。尋署甘肅提督，兼西寧辦事大臣。歷綏遠城、黑龍江、寧夏、西安將軍。調伊犂，承玉麟之後，休息邊氓，撫馭夷部。巴爾楚克諸地屯田漸興，酌撤防兵。在任五年，邊疆無事。道光十八年，入覲，詔嘉其治邊措施悉當，加太子太保，授內大臣，留京供職。尋授領侍衞內大臣。二十年，病，請解職。未幾，卒，賜卹如例。

論曰：回疆之役，削平易而善後難。長齡持重於始，老成之謀。那彥成力祛積弊，善矣，而操切肇釁，未竟厥功。玉麟以樞臣自請治邊，補救綢繆，西陲乃得乂安無事。紫閣銘勳，蓋非倖已。

# 清史稿卷三百六十八

## 列傳一百五十五

楊芳 胡超 齊慎 郭繼昌 段永福 武隆阿 哈哴阿 巴哈布 長清 達淩阿 哈豐阿 慶祥 舒爾哈善 烏淩阿 穆克登布 多隆武 壁昌 恆敬

楊芳，字誠齋，貴州松桃人。少有幹略，讀書通大義。應試不售，入伍，充書識。楊遇春一見奇之，薦補把總。從征苗疆，戰輒摧鋒。洊擢台拱營守備。嘉慶二年，從額勒登保剿教匪，敗張漢潮於南漳，賜花翎。轉戰川、陝，常充偵騎，深入得賊情地勢，額勒登保連破劇寇，賴其嚮導之力。四年，殲冷天祿於人頭堰。大軍追餘賊，芳以九騎前行，至石笥河，見賊數千爭渡，後逼陡崖，左右無路，芳遣二騎回報，自將七騎大呼馳下，賊驚潰，陷淺洲中，其先渡者無由回救。五舟離岸，羣賊蟻附，舟重，每發一矢覆一舟，五發五覆。俄，楊遇春、穆克登布至，浮馬渡，追擊賊盡，軍中稱爲奇捷。連擢平遠營都司、下江營游擊、兩廣督標參將。

五年，楊開甲、張天倫趨雒南，芳以千騎扼東路，繞出賊前。賊折而西，黎明追及，見馬蹟中積水猶潰，急馳之。甫轉山灣，見賊擁塞平川，芳率數十騎衝突，後騎至，乘勢蹂躪，賊倉卒奔潰，擒斬無算。賜號誠勇巴圖魯，擢廣西新泰協副將。尋從穆克登布擊伍懷志，連敗之成縣、階州。賊渡白水河窺四川龍安，旁入老林，冒雨追擊，及之於磨刀石，手刃十餘賊，傷足墜馬，徒步殺賊，復傷臂，射傷伍懷志，大軍乘之，大破賊衆。仁宗聞而嘉之，詔問傷狀。六年，冉學勝趨甘肅，偕札克塔爾要擊於固原，賊反奔，芳輕騎擢其後隊，又敗之於漢江南岸，賊由平利走洵陽。時張天倫踞高唐嶺，芳破之，餘賊與學勝合，東出楊柏坡，芳先至，設伏敗之，而李彬、苟文明、高見奇、姚馨佐合竄平利。彬走南江，天倫隨之，見奇、馨佐入寧羌。額勒登保自追之，囑芳以南江之賊，擊天倫，擒其黨張良祖、馬德清、劉奇；復破見奇、馨佐於桂門關，追及黑洞溝，擒其黨辛斗：擢陝西寧陝鎮總兵。又敗李彬於太平，賊棄老弱逸，獲彬妻及其悍黨冉天璜。七年，苟文明犯寧陝，其黨劉永受、宋應伏分布秦嶺北。芳由五郎口進，殲應伏之衆過半，永受遁，爲寨民所殺，文明尋亦授首。額勒登保入楚，檄芳剿陝境餘匪，先後擒郭士嘉、苟文學等，賊黨潰散。

八年，總督惠齡檄芳還剿南山賊，芳由洵陽壩深入，冒雨捫崖攀葛，獮薙無遺，遂大搜秦嶺南北，陝西賊垂盡。忽有李彪者，自太白山突出，合苟文潤擾洋縣。芳截剿勿及，坐奪翎頂。賊逼川境，德楞泰至，令芳歸防山內。苟文明餘黨自竹谿竄陝，芳嚴守漢江，却之，復翎頂。是年秋，三省悉平，凱撤諸軍。

寧陝鎭標皆選鄉勇精銳充伍，凡五千人，號新兵，芳馭之素寬。十一年，芳代楊遇春署固原提督，去鎭，副將楊之震攝。以包穀充糧，又鹽米銀未時給，衆鼓噪，營卒陳達順、陳先倫遂倡亂，戕之震，其黨蒲大芳護芳家屬出而復從賊。芳聞變，馳赴石泉，詔德楞泰率楊遇春等討之。秋，賊大掠洋縣、留壩，脅衆盈萬，推大芳爲魁。攻孝義，窺子午谷，圍鄠縣急。芳馳救，鏖戰終夜，傷臂。旦日，賊辨爲芳，自引去。遇春督諸軍戰於方柴關，不利。芳與遇春計，賊尚感舊恩，可勸諭，單騎入賊，曉以順逆利害，猶倔強，與語數年共生死情，聲淚俱下，衆感泣願降，遂宿賊壘。大芳縛達順、先倫以獻；復率大芳追斬不聽命者朱貴等數百人，乃定。德楞泰疏請降兵歸伍，被譴責，大芳等二百餘人免死戍伊犁。芳坐馭兵姑息，亦褫職遣戍。明年，釋還，以守備、千總用。十五年，授廣東右翼鎭總兵，調陝西西安鎭。母憂，去官。

十八年，服闋，入都，至河南，會教匪李文成踞滑縣，總統那彥成留之剿賊，授河北鎭總兵。偕楊遇春克道口，進薄滑縣。巡撫高杞有兵六千，與總統不協，戰不力，芳說杞，盡領其衆。文成走踞輝縣司寨，偕特依順保追擊之，賊死鬬，芳手刃退卒，大捷，以火攻破碉樓，文成自焚死，予雲騎尉世職。大兵隧地攻滑城，賊多方禦之，歷四十日不得下。芳復於西南隅穿穴深入，九日而成。地雷發，城圮，殄賊二萬餘。蕆功優敍，調西安鎭。移師剿平三才峽匪，復勇號，調漢中鎭。二十年，擢甘肅提督。

道光初，歷直隸、湖南、固原提督。六年，回疆軍事急，芳自請從征，許之。十月，會軍阿克蘇。柯爾坪爲要衝，芳先進，一鼓破之，焚回莊，斬賊酋伊瞞及安集延僞帥約勒達什，大軍無阻。七年二月，偕參贊楊遇春、武隆阿進師，三戰皆捷，抵喀什噶爾渾河北，合擊大破之，遂復其城；率兵六千趨和闐，三月，戰於毘拉滿，分軍繞賊後夾擊，擒賊酋噶爾勒，復和闐：加騎都尉世職，授乾清門侍衞。張格爾已遁，命楊遇春偕芳出卡掩捕，芳軍阿賴，檄諸夷部縛獻。芳言賊遁愈遠，道險餉艱，諸夷貪賞妄報不足信，至秋，詔班師。會芳追博巴克之衆，入險遇伏，數戰始拔全軍出，協領都凌阿死之。遇春先入關，芳代爲參贊，遣黑回用間言大兵全退。張格爾侯歲將除，率五百騎來襲，中途覺而反奔。芳急馳一晝夜，追及於喀爾鐵蓋山，殲其從騎殆盡。餘賊擁張格爾登山，棄騎走，芳率胡超、段永福等擒之，錫封三等果勇侯，賜紫韁、雙眼花翎，晉御前侍衞，賜其子承注舉人。張格爾械京伏誅，加太子太保。九年，入覲，晉二等侯，加太子少傅。十年，浩罕、安集延復擾喀什噶爾、葉爾羌等城，偕長齡往勦，仍爲參贊。兵至，賊已遁。疏言移城屯田事，下長齡等議行。尋回鎮。

十三年，四川清溪、越嶲、峩邊諸夷叛，提督桂涵卒於軍，以芳代之。至則清溪、越嶲皆平，進攻峩邊賊巢，斬其酋，十二姓熟夷皆降，山內倮夷亦就撫。與按察使花杰籌治善後，晉一等侯。逾年，諸夷復時出擾，降二等侯，褫御前侍衞，以甘肅總兵候補。引疾歸。十六年，起爲湖南鎮筸總兵，撫定變兵。歷廣西、湖南提督。

二十年，海疆事起，定海旣陷，琦善赴廣東議撫，英吉利要挾，攻奪礮臺。二十一年春，命奕山爲靖逆將軍，芳及隆文爲參贊，率師防勦。奕山等不知兵，惟倚芳。先至廣州，英兵入犯虎門、烏涌，提督關天培戰死。敵兵逼省城，嚴備守禦。芳見兵不可恃，而洋商久停貿易，亦願休戰，美利堅商人居間，請通商，詔不許；又偕巡撫怡良疏請准港脚商船貿易，詔斥有意阻撓，怠慢軍心，嚴議奪職，改留任。奕山至，戰亦不利。四月，英艦退，收復礮臺，奕山等遂請班師。芳以老病乞解職，溫諭慰之，命回湖南本任。二十三年，許致仕，在籍食全俸。二十六年，卒於家，詔念前勞，賜金治喪，依例賜卹，予其諸孫官有差，謚勤勇。子承注先卒，孫恩科襲侯爵。

芳自剿三省教匪，勳名亞於楊遇春。至回疆之役，以生擒首逆，先封侯，繪像紫光閣，論功超列遇春上。漢臣同列者凡九人：署固原提督胡超，貴州提督余步雲，直隸提督齊慎，安徽壽春鎭總兵郭繼昌，陝西西固營都司段永福，陝西馬兵升甘肅寧遠堡守備楊發，陝西馬兵升撫標左營守備田大武。發、大武並從擒張格爾，以伍卒躋列，異數也。

胡超，四川長壽人。初讀書應試不售，入伍，從征苗疆有功。嘉慶中，川、楚、陝教匪起，率鄉勇轉戰，屢殲悍賊，以勇健名。累擢都司，坐事奪職。入都，考充國史館供事。十八年，林清逆黨犯禁城，手殺數賊，大學士勒保薦赴河南軍營。從楊遇春剿賊，單騎入賊壘，與數十賊搏戰，殲其二，搴旗而出；又敗賊於中市，率勁騎前驅，克道口，復原官。克滑城，擒賊首，上功居最。十九年，從遇春平三才峽匪，殪賊目麻大旗、劉二，擒龔貴等，賜號勁勇巴圖魯。累擢陝西循化營參將。

道光元年，從征叛番，戰博洛托亥、烏蘭哈達皆捷，夜襲凍雪嶺賊帳，擢甘肅永昌協副將，駐防西寧。六年，回疆事起，楊遇春檄赴軍。從楊芳攻柯爾坪，先破賊於和色爾湖，次日攻北莊，持矛步戰，殺賊過半，陣斬賊首伊瞞，加總兵銜。七年，連戰皆捷，抵渾河，賊夜來襲，擊敗之，遂渡河薄賊壘，賊大潰。四城既復，追和闐逸賊，出卡至瑪雜敗之，截擊於新地溝，盡殲其衆，擢四川重慶鎭總兵。是年冬，追張格爾至喀爾鐵蓋山，舍騎步躡山巔，張格爾窮蹙欲自剄，超與段永福奪其刀，生縛之，予騎都尉世職，授乾清門侍衞。與功臣宴，御製贊有「雄勇超羣，名實克稱」之褒。歷署古北口、固原提督，授甘肅提督。

十年，浩罕、安集延復犯邊，超率兵四千馳剿，至英吉沙爾，賊已遁，遂解喀什噶爾圍。分兵追薩漢莊竄匪，俘戮殆盡。凱旋，調固原提督。十六年，入覲，命在御前行走。二十一年，命率兵二千赴山海關駐防。尋以浙江海防急，授參贊大臣赴援，未行，留防天津。從郡王僧格林沁視直隸、山東海口防務，逾年撤防歸伍。尋調甘肅提督。二十六年，以西寧番叛，調援不力，褫職，仍留騎都尉。乞病歸，食半俸。二十九年，卒。

齊愼，河南新野人。以武生率鄉團擊教匪。入伍，隸慶成部下，轉戰三省，以勇聞。比教匪平，洊擢至陝安鎮右營游擊，楊遇春甚器之。嘉慶十八年，滑縣亂，檄愼從征。賊踞道口，遇春初至，直前搏戰，愼從之，賊氣奪，入巢。明日，愼獨破賊於衞河西岸。賊掠中市，率騎斷其歸路，夾擊，毀浮橋，遂克道口，破桃源集援賊。進薄滑縣，駐營未定，賊萬餘由西北門出來犯，力戰，相持竟夜；遲明，城賊二千餘復出，愼躍馬衝賊陣中斷，乃大潰。又破賊新鄉牛市，首逆李文成走踞司寨，愼由淇縣大廟山右進，鏖戰白土岡，會攻司寨，克之。自道口至此凡十三戰，敍功最，賜號健勇巴圖魯。克滑城，先登受傷，擢副將；遂從遇春平三才峽匪，授神木協副將。歷西安、陝安兩鎮總兵。

道光元年，擢甘肅提督。二年，西寧插帳番擾河北，愼率本標兵迭戰於烏蘭哈達、哈錫山、落它灘，擒斬數百，番衆乞降，放還河南。詔褒獎，被珍賚。六年，從征回疆，長齡令充翼長，駐守阿克蘇。父喪，留軍。特奇里克愛曼布魯特助逆擾烏什，愼戰屢捷，擒其酋庫圖魯克。七年，出哈蘭德卡倫，駐倭胡素魯，遏賊內犯。事平，調古北口提督，改號強謙巴圖魯。十二年，病歸。起授甘肅提督，調四川。十七年，平雷波叛夷，調雲南，復調四川。二十一年，命率川兵五百赴廣東參贊靖逆將軍奕山軍務，守佛山鎭。楊芳病，移守省城，會罷戰。二十二年，赴湖北剿崇陽亂民，未至已定，命赴浙江會辦揚威將軍奕經軍務，駐上虞，扼曹娥江。移防江蘇鎭江。英兵來犯，力戰卻敵。城卒陷，退守新豐。奕山、奕經先後被譴，愼奪職留任，回四川。二十四年，出閱伍，卒於馬邊，贈太子太保，謚勇毅。

郭繼昌，直隸正定人。以行伍從慶成剿教匪於襄陽，繼從恆瑞入川，擊羅其清、冉文儔等於龍鳳坪，殲冉文富於馬鞍山，功皆最。又赴陝、甘剿張漢潮，擢龍固營都司。累遷陝西宜君營參將。道光元年，赴喀什噶爾換防，授定邊協副將，調安西協。六年，換防葉爾羌，抵阿克蘇，值亂起，駐守托什罕，擊敗渡河賊。協領都倫布被圍，繼昌兵少不能救，借調額爾古倫騎隊三百，夜率馳往，突賊營，殲其酋庫爾班素皮，追及河上，擒斬千餘，擢總兵，賜號幹勇巴圖魯。七年，從大軍戰大河拐，夜襲賊營，破之。從復喀什噶爾城，追賊至塔里克達坡，分兵繞山後狙擊，賊驚潰，授壽春鎮總兵。調陝西延榆綏鎮。十年，再赴喀什噶爾剿餘孽，還署固原提督。十七年，調廣東陸路提督。洎海防急，往來廣、惠間籌守禦。二十一年，以勞卒。

段永福，陝西長安人，原籍四川。以鄉勇從征教匪，積功至千總。嘉慶十八年，滑縣教匪起，從楊遇春轉戰直隸、河南，克道口、司寨，復滑縣，皆有功。復從遇春剿陝西郿縣賊，率騎兵追至柏楊嶺，殲賊目厤大旗、劉二於陣。累擢甘肅張義營都司。道光七年，從楊芳征回疆，洋阿爾巴特、沙布都爾、阿瓦巴特三戰皆力，賜號利勇巴圖魯。張格爾就擒於喀爾鐵蓋山，永福從胡超步上山嶺，直前奪其刀，手縛之，予騎都尉世職。擢參將，歷甘肅永固協副將，陝西寧夏鎮總兵，調貴州安義鎮。二十年，命赴廣東防海，英吉利兵艦初至，永福扼虎門，礮擊退之。二十二年，命赴浙江佐揚威將軍奕經軍，寧波、鎮海已陷，令永福分路往攻，漏師期，他路先挫，永福師不得進，遂無功。擢廣西提督，未赴，調浙江。未幾，卒，謚勇毅。

武隆阿，瓜爾佳氏，滿洲正黄旗人，提督七十五子。嘉慶初，以健銳營前鋒從征湖北教匪，後隨父剿賊四川，功多，累擢副都統。七十五以病去，武隆阿代領所部留川，爲勒保所忌，父喪，乃還京。十年，授廣東潮州鎮總兵。時海盜充斥，仁宗以武隆阿勇敢，故使治之。既而總督那彥成招降盜首李崇玉，予四品銜守備劄，而以武隆阿捕獲聞。事覺，坐降二等侍衞，赴臺灣軍營効力。十一年，偕王得祿等擊蔡牽於鹿耳門，敗之，遷頭等侍衞，授臺灣鎮總兵。二十五年，母憂，回旗。尋充喀什噶爾參贊大臣。道光元年，疏陳八旗生計，請以綠營兵半爲旗額，由駐防子弟挑補，詔斥紊言亂政，降二等侍衞，調西寧辦事大臣。三年，召還，授內閣學士。出爲直隸提督，授江西巡撫，調山東。

六年，臺灣奸民張丙作亂，詔武隆阿往督師，未行而回疆亂急，授欽差大臣，與楊遇春同參贊揚威將軍長齡軍務，率吉林、黑龍江騎兵三千出關。七年二月，戰於洋阿爾巴特，武隆阿將右軍，扼其前，賊敗走，追至排子巴特，又敗之，進克沙布都爾回莊，乘勝至渾水河，悍賊數千來援，迎擊破之，斬其酋色提巴爾第等。進次阿瓦巴特，賊伏精銳以待，遣羸師挑戰，佯敗，武隆阿整隊進，以連環槍聚擊，別遣籐牌軍由山谷間道衝出，賊馬驚却走，伏賊自林中出，不復成列，縱擊之，殪賊萬餘，斬其酋阿瓦子邁瑪底、那爾巴特阿渾等。捷聞，加太子少保。賊壘踞渾河南岸，列大礮山穴，死守以拒，武隆阿軍至不得進。日暮，偕楊遇春乘風潛渡上游襲賊後，賊數進數退，卒不支，始潰走，遂復喀什噶爾城。張格爾聞敗先遁，詔斥將軍、參贊不能生致首逆，並被譴，奪武隆阿宮銜，責擒張格爾以自贖。武隆阿病留喀城，授喀什噶爾參贊大臣。詔詢善後方略，長齡請以逆裔阿布都哈里管西四城回部事。武隆阿亦疏言：「留兵少則不敷戰守，留兵多則難繼度支。前此大兵進剿，幸克捷迅速，奸謀始息。臣以爲西四城環逼外夷，處處受敵，地不足守，人不足臣，非如東四城爲中路不可少之保障。與其糜有用兵餉於無用之地，不如歸并東四城，省兵費之半，卽可鞏如金甌，似無需更守此漏巵。」詔切責其附和長齡。會諜報張格爾潛居達爾瓦，武隆阿率師往擊之，侍衞色克精阿等歿於陣，上愈怒，議革職，從寬留任。尋以病亟請解職，允之，命在喀城調理，病愈仍署原官。八年，張格爾就擒，免前後吏議。尋實授喀什噶爾參贊大臣，奏招撫歸順部落額提格訥布魯特，安置依劣克達坂地。詔以「受降易，安撫難」勉之。召回京。

九年，陝、甘兵凱撤，給鹽糧銀依內地防軍舊例，軍士意不滿，譁噪。那彥成疏言：「武隆阿戰陣勇敢，而多疑少斷，未洽人心。陝軍囂爭，實其意存節省、拘泥成例所致，慮不勝參贊任。」及至京召對，語復掩飾，降頭等侍衞。尋充和闐辦事大臣。十年，召還。逾年，卒。

武隆阿回疆戰功與二楊相埒，以言棄地獲譴，未膺優賞。宣宗念前勞，仍列功臣，繪像紫光閣。八旗諸將同列者：都統威勇侯哈哴阿，護軍統領阿勒罕保，庫爾烏蘇領隊大臣副都統巴哈布，副都統蘇清阿，阿克蘇辦事大臣副都統長清，塔爾巴哈台參贊大臣達淩阿，察哈爾都統安福，頭等侍衞巴清德，吉林副都統吉勒通阿，喀什噶爾幫辦大臣副都統銜額爾古倫，頭等侍衞塔爾巴哈台辦事大臣德勒格爾桑，頭等侍衞華山泰，寧夏副都統伊勒通阿，吉林協領壽昌，黑龍江協領鄂爾克彥、全凌阿，黑龍江總管副都統銜舒凌阿，伊犂察哈爾總管烏齊拉爾，三等侍衞得勝額，吉林佐領烏凌額、德成額，黑龍江佐領占布、阿勒吉訥，伊犂錫伯佐領德克精阿，伊犂索倫副總管哈丹保，伊犂錫伯馬甲防禦銜驍騎校訥松阿、舒興阿，而回子郡王伊薩克亦與焉。

哈哴阿，瓜爾佳氏，滿洲正黃旗人。由世襲雲騎尉爲伯父額勒登保嗣，襲一等威勇侯，授頭等侍衞、乾清門行走。嘉慶十八年，從剿滑縣教匪有功，賜號繼勇巴圖魯。二十一年，晉御前侍衞，兼副都統、武備院卿，歷護軍前鋒統領。

道光六年，從長齡赴回疆，充領隊大臣，將騎兵。連戰洋阿爾巴特、沙布都爾、阿瓦巴特，擒安集延頭目阿瓦子邁瑪底等，復喀什噶爾，擒逆屬及從逆伯克阿布都拉、安集延頭目推立汗。從楊芳破玉努斯於昆拉滿，復和闐，擢鑲紅旗蒙古都統。八年，檻送張格爾至京，獻俘闕下，禮成，賜蟒袍、大緞。十年，喀什噶爾復被圍，授參贊大臣，從長齡視師，至則賊已遁，命偕楊芳察各城戰守及回衆助逆者，捕誅百餘人，被脅免罪，獎賞有功，並如議行。留回疆駐守，訓練屯兵。十二年，浩罕遣使進表，送還所掠回民，率貿易人進卡，哈哴阿受之，宣示通商免稅恩詔，賜予筵宴，事畢還京。

臺灣匪起，授參贊大臣，偕將軍瑚松額往剿，未至，事平，旋師。十五年，命赴山、陝閱兵，擢領侍衞內大臣。尋以閱兵不愼，降二等侍衞。累遷都統。二十一年，海疆戒嚴，駐防山海關，復授參贊大臣，偕奕經赴浙江防剿。未幾，仍回山海關防守。和議成，回京，授領侍衞內大臣。二十五年，以病請解職，食侯爵全俸。二十九年，卒，贈太子少保，諡剛恪。子那銘，孫榮全，襲爵。榮全官至副都統，自有傳。

巴哈布，伍彌特氏，蒙古正黃旗人。以健銳營前鋒、藍翎長從征教匪，又赴臺灣剿賊，累遷前鋒參領。以克滑縣功，授右翼翼長，擢鑲藍旗蒙古副都統。道光五年，出爲哈喇沙爾辦事大臣。六年，率土爾扈特、和碩特、蒙古兵援阿克蘇，賊潛渡渾巴什河犯阿城，迎擊，殲其渠庫爾班素皮，被優敍。偕提督達淩阿援烏什，敗賊於沙坡樹窩。尋撤蒙古兵，自請留軍前。七年，和闐回衆縛賊酋乞降，往撫之。洋阿爾巴特之戰，偕哈哴阿率勁騎進擊，所向披靡。沙布都爾、阿瓦巴特連戰皆力，署葉爾羌幫辦大臣。凱旋，予雲騎尉世職。九年，授塔爾巴哈台參贊大臣。十二年，召還京。尋擢江寧將軍，治軍有聲。十七年，卒於官，優卹，諡勤勇。

長淸，鈕祜祿氏，滿洲鑲紅旗人，內大臣策楞孫，副都統特成額子也。以廕生入貲，銓授兵部主事。累遷郎中。嘉慶二十四年，出爲廣西左江道。母憂去官。仍爲兵部郎中。道光五年，加副都統銜，充阿克蘇辦事大臣。六年，張格爾入寇，西四城相繼陷。長清截留各城換防，又發銅廠錢局官兵，扼渾巴什河。參將王鴻儀戰歿於都齊特，賊糾衆五六千自葉爾羌來犯，屢撲渡，皆擊退。踞城百餘里，波斯圖拉、哈爾塔兩地多朶蘭回莊，附逆抗拒，分兵進剿。賊復由托什罕渡河，逼城二十里，長清令數十騎馳騁揚塵，鼓噪東來，賊疑大軍至，退走河南。乃進軍，渡河結營，賊來攻，連敗之，擒斬千餘，賊始不敢窺河北。阿克蘇城小，擴關廂，開壕築壘爲外郭，民、回安堵。遣兵五百助守烏什爲犄角，東四城恃以無恐。宣宗初慮長清未諳軍事，命特依順保往領其職而長清副之，猶未至，至是詔嘉長清防剿深合機宜，賜花翎，予優敍，遂寢前命。大軍進討，滿、漢兵三萬數千皆集阿克蘇，長清置局供支運輸，鑄錢增驛，規畫甚備，授鑲白旗蒙古副都統，仍留任。七年，四城復，詔：「長清於大軍未到，力捍孤城，厥功甚偉，予雲騎尉世職，擢其子富春爲主事。」八年，疏言：「長齡議於阿克蘇添兵一千，柯爾坪添兵五百。柯爾坪距阿城三百里，回衆數萬，兵少無益，請歸併阿克蘇，練成勁旅，可以總治兩路所屬。乃塔爾達巴罕及阿爾通霍什皆有小路可通伊犁，請並封禁。」從之。張格爾就擒，械送至京。予優敍。

十年，喀什噶爾諸城復告警，容安率伊犂兵赴援，命至阿克蘇與長清會商進兵。疏請分兵和闐、烏什，待哈豐阿、胡超兩路兵至進勦，詔斥容安畏葸，長清並下嚴議。尋原之，降二等侍衞，仍留任。十二年，加提督銜，充葉爾羌辦事大臣，馭夷開屯，措施並稱職。十四年，授烏魯木齊都統。逾年，召回京。尋授福州將軍，加太子太保。十七年，卒，晉太子太傅，賜金治喪，諡勤毅。

達淩阿，佟佳氏，滿洲鑲黃旗人。以健銳營前鋒從永保勦湖北教匪，繼隨楊遇春戰川、陝，數有功。累擢靜寧協副將，署西安鎮總兵。三才峽匪起，率兵四百禦之澇峪、八里坪，大敗其衆。追尤九餘黨至黑水峪，攻克之，又敗之傅家河；擊萬五於辛峪口，連敗之，萬五率殘卒遁，尋就擒。加總兵銜，擢巴里坤總兵，調西安鎮。

道光二年，擢烏魯木齊提督。六年，率兵四千援阿克蘇，軍次庫車，遣錫伯兵扼柯爾坪，分守庫車、烏什。九月，與賊夾渾巴什河而軍，持數日，賊分走烏什，偕巴哈布迎擊，敗之於阿拉爾，追至沙坡樹窩，破伏賊。其自托什罕渡河者，方圍協領都倫布營，遏副將郭繼昌援路。達淩阿還軍馳救，奮擊敗之，賊爭渡，死者相藉，河水爲之不流。迨長齡至，河北已無賊，被優敍。七年，從大軍三戰復喀城，駐守葉爾羌，署辦事大臣，予雲騎尉世職。是年秋，聞邊警，調防烏什，張格爾就擒，回本鎮。歷塔爾巴哈台參贊大臣、西安將軍。十年，卒，優卹，諡武壯。

哈豐阿，富察氏，滿洲鑲黃旗人。嘉慶初，以健銳營前鋒從剿襄陽教匪，轉戰川、陝，累遷前鋒侍衞。搜捕南山餘匪甚力，事平，授貴州定廣協副將。擢威寧鎭總兵，歷浙江處州，陝甘涼州、漢中諸鎭。道光八年，擢烏魯木齊提督。十年，回疆復警，命馳赴阿克蘇，偕長清防剿。十一月，進攻葉爾羌賊營，賊潰，潛伏哈拉布扎什軍臺，分道要擊，破之。進圍黑色爾，擒其酋巴拉特，乘勝至英吉沙爾，喀什噶爾圍亦解，予雲騎尉世職，賜號進勇巴圖魯。初詔哈豐阿倍道馳援葉爾羌，聽容安計，繞道和闐，失期，議奪職，原之，責償軍費十之二，仍留任。

擢廣州將軍。疏請鑄巨礮百，選精銳五百人，嚴守望以重海防。十四年，英吉利兵船二，號稱護商，入廣州海口，縱礮擊之。船停黃埔，調兵建閘，制其出入，英酋謝罪，事迺解。調黑龍江將軍，舉發御前大臣高克鼐囑託私書，詔奬其持正，授內大臣，加太子少保。請添練馬隊，增置官吏，補助布特哈生計，並允行。調西安將軍。二十年，卒，謚愨勤。

慶祥，圖博特氏，蒙古正白旗人，大學士保寧子。授藍翎侍衞。嘉慶十三年，襲三等公爵，授散秩大臣、鑲白旗蒙古副都統，兼正藍旗護軍參領。尋授理藩院侍郎，調工部。十八年，率京營兵從那彥成剿滑縣教匪，凱旋，擢正黃旗漢軍都統，歷熱河、烏魯木齊都統。

二十五年，授伊犂將軍。八月，逆回張格爾擾喀什噶爾，官軍剿捕，乃引去。參贊大臣斌靜以聞，不言釁由，宣宗疑之，命慶祥往勘，得斌靜縱容家奴淩辱伯克、交通姦利狀，褫逮論罪。疏陳善後六事，又密請羈縻浩罕部落，許遣使入覲，以安夷心，詔俞之。

道光五年夏，張格爾復擾邊，內地回戶多與通。幫辦大臣巴彥巴圖率兵出塞掩之，不遇，即縱殺游牧布魯特而還。其酋汰列克追覆官軍於山谷，賊遂猖獗，褫參贊大臣永芹職，命慶祥代之。慶祥至，誤信奸回阿布都拉，反爲賊耳目。六年夏，張格爾遣其黨赫爾巴什潛赴綽勒薩雅克愛曼，糾合夷衆，復令奇比勒迪至巴雅爾開渠占地，遣兵擒斬之。張格爾率衆五百由開齊山路突至回城，拜其先和卓木之墓，回人所謂「瑪雜」也。慶祥令幫辦大臣舒爾哈善及領隊大臣烏淩阿往剿，夜雷雨，張格爾潰圍走，白帽回衆紛起應之。張格爾復由大河沿合衆數萬進犯喀城，慶祥盡調各營卡兵爲三營，令烏淩阿、穆克登布分率之，迎戰，先後沒於陣。先是張格爾求助於浩罕，約四城破，分所掠，且割喀城以報。及見官軍無援，悔欲背約，浩罕酋怒，自以所部攻城未下，尋引去；張格爾追擊之，收其降衆數千，遂益強。八月，圍喀城凡七十日，城陷，慶祥自經死。事聞，贈太子太保，晉封一等公，兼雲騎尉世職，以子文煇嗣，謚壯直，祀昭忠祠。逾年，回疆平，詔於喀什噶爾建昭忠祠祀之，舒爾哈善、烏淩阿、穆克登布俱從祀，御製憫忠詩勒諸石。八年，張格爾伏誅，命其子文煇看視行刑，摘心於墓前致祭。

舒爾哈善，葛哲勒氏，滿洲鑲白旗人。以驍騎校從征川、陝教匪有功，予巴圖魯勇號。累擢布特哈烏拉協領。克滑縣，加副都統銜。坐事褫職。道光初，予三等侍衞，充庫爾喀喇烏蘇領隊大臣。六年，張格爾入犯，調喀什噶爾幫辦大臣。與賊戰，身先士卒，受槍傷，仍麾兵前進，殺數百人。城陷，被戕，予騎都尉世職。

烏淩阿，瓜爾佳氏，滿洲鑲白旗人。由前鋒從征教匪，累擢頭等侍衞。道光三年，授伊犂領隊大臣、正紅旗蒙古副都統。六年，賊逼喀城，慶祥檄令回援，遇賊於渾河，力戰至晡，沒於陣。贈都統銜，謚壯武，予騎都尉兼雲騎尉世職。

穆克登布，季氏，滿洲鑲紅旗人，伊犂駐防。由委前鋒校累擢協領。道光元年，慶祥密令誘捕張格爾於托雲山內，獲其黨蒙達拉克等，予議敍。二年，充庫爾喀喇烏蘇領隊大臣，調伊犂。五年，率兵至喀什噶爾，駐防圖舒克塔什卡倫。張格爾犯喀城，撤兵回戰於七里河，死之。贈都統銜，謚壯節，予騎都尉兼雲騎尉世職。

多隆武，烏素爾氏，滿洲鑲白旗人。由筆帖式補驍騎校，累擢協領。道光四年，加副都統銜，充葉爾羌幫辦大臣。六年，喀什噶爾被圍急，遣兵赴援。賊由阿色爾布依岳坡爾湖而南，分兵防禦。奸回阿布都拉等潛通賊，多隆武盡誅之。喀、英兩城相繼陷，賊趨葉爾羌，參將吳亭佑扼單板橋，戰歿；遂由黑子鋪入，防師盡殲，回兵半爲賊脅。伊犂道梗不能救，葉城乃陷，多隆武死之。依都統例賜卹，於葉爾羌建專祠，予騎都尉兼雲騎尉世職。

葉爾羌辦事大臣印登、英吉沙爾領隊大臣蘇倫保、和闐領隊大臣奕湄、幫辦大臣桂斌同殉難，追論死事諸臣，並贈卹有差；惟喀什噶爾幫辦大臣巴彥巴圖坐濫殺陷師，奪其卹典。

壁昌，字東垣，額勒德特氏，蒙古鑲黃旗人，尚書和瑛子。由工部筆帖式銓選河南陽武知縣，改直隸柬強，擢大名知府。道光七年，從那彥成赴回疆，佐理善後。壁昌有吏才，以父久官西陲，熟諳情勢，事多倚辦。九年，擢頭等侍衞，充葉爾羌辦事大臣。壁昌至官，於奏定事宜復有變通，清出私墾地畝新糧萬九千餘石，改徵折色，撥補阿克蘇、烏什、喀喇沙爾俸餉，餘留葉城充經費，以存倉二萬石定爲額貯，歲出陳易新，於是倉庫兩益。葉爾羌喀拉布札什軍臺西至英吉沙爾察木倫軍臺，中隔戈壁百數十里，相地改驛，於黑色熱巴特增建軍臺，開渠水，種苜蓿，士馬大便。所屬塔塔爾及和沙瓦特兩地新墾荒田，皆回戶承種，奏免第一年田賦，以恤窮氓。新建漢城，始與回城隔別，百貨輻輳，倍於往時。以回城官房易新城南門外曠土，葺屋設肆，商民便之。訪問疾苦，聯絡漢、回，人心益定。

十年八月，浩罕糾諸部寇邊，圍喀什噶爾、英吉沙爾兩城，遂犯葉爾羌。容安率援師遷延不至，璧昌撫諭回酋，同心守禦，分扼科熱巴特、亮噶爾諸要隘。賊萬餘撲城，迎戰於東門外，擊破之，賊宵遁。詔嘉其援師未至之先卽獲全勝，加副都統銜，尋授鑲黃旗漢軍副都統。自九月至十一月，賊復三次來犯，迭擊敗走之。最後賊攻城，相持五日，而哈豐阿援兵至，賊望風遁，追破之於哈拉布札什。越數日，進兵英吉沙爾，而喀什噶爾之賊已飽颺出塞，大軍至，則無賊矣。璧昌素得回衆心，是役尤得阿奇木伯克阿布都滿之助，賴以戰守。事定，奏請仍襲其祖郡王封爵。長齡、玉麟奉命會籌善後事，盡諮於璧昌。

十一年，擢參贊大臣，改駐葉爾羌，遂專回疆全局。興喀拉赫依屯田，招練民戶五百人，修渠築壩，以牌博爲界，不侵回地，凡墾屯地二萬二百四十畝。十二年，和闐回民塔瓦克戕伯克多拉特、依斯瑪伊勒等爲亂，捕其黨盡置諸法。疏言：「長齡等奏增南路防兵三千屯巴爾楚克，因其地築城未竣，遂以二千人分屯葉、喀二城。二城形勝較巴爾楚克尤要，請以暫時分屯之兵永爲定額。喀城更增綠營兵三千五百，分屯七里河爲犄角，葉城增烏魯木齊滿洲兵五百、綠營兵一千。」詔從之。十三年，召還京。十四年，復出爲烏什辦事大臣。歷涼州副都統、阿克蘇辦事大臣、察哈爾都統。緣事降調，充伊犂參贊大臣。授陝西巡撫，擢福州將軍。

二十三年，署兩江總督，尋實授。英吉利和議初成，璧昌奏設福山鎭水師總兵，沿江形勢，扼險設防，請於五龍、北固兩山及圌山關、鵝鼻嘴修築礮臺礮隄，是爲籌江防之始。言官請團練鄉兵，以窒礙無益，奏寢其議。淮北已改票鹽，御史劉良駒疏請推廣於淮南試行。璧昌疏言其不便，略謂：「淮南地廣引多，價昂課重，行銷之不齊，堵緝之難易，與淮北迥別。竈戶成本不能驟減至三四倍，民販更非一時可集，而課項皆常年要需。如改票議行，應納課銀孰肯再繳？應追積欠亦當豁除。此後攤帶錢糧亦將盡停，利猶未見，害已先形。爲今之計，但能肅清場竈以杜偷漏之源，整飭口岸以廣行銷之路，嚴禁浮濫以除在官之蠹，顧惜成本以冀商力之紓，庶淮鹺漸有起色。」疏入，如所請。二十七年，入覲，留京授內大臣，復出爲福州將軍。數月，以疾請回旗。咸豐三年，粵匪北犯，逼近畿，命爲巡防大臣。四年，卒，贈太子太保，謚勤襄。子恆福，直隸總督。孫錫珍，同治七年進士，由翰林院編修歷官吏部尙書。

當璧昌初涖葉爾羌，實繼恆敬之後。恆敬原名恆敏，伊爾根覺羅氏，滿洲正藍旗人。嘉慶初，爲四川打箭鑪同知。治軍需糧餉有功，擢綏定知府。累遷江寧布政使。道光初，授光祿寺卿，充哈密辦事大臣。大軍征張格爾，命督辦轉運，籌錢購糧，增設臺站，供軍無缺。七年，調烏什辦事大臣。命赴喀什噶爾幫辦善後，授葉爾羌辦事大臣。遷建新城於罕那里克，勘墾官荒田，歲增糧供防兵二千口食，復於西北隅履荒地一百餘里，水土肥饒，疏請試墾。璧昌至，始墾成。八年，乞病歸。尋授正白旗漢軍副都統，出爲西寧辦事大臣。十二年，卒。

論曰：平定回疆，多用川、楚、陝舊將，百戰之餘，以臨犬羊烏合，摧枯拉朽，旬月而告功成，何其易哉！及後海疆事起，授鉞分麾，莫能禦侮，蓋所當堅脆不同，而勝之不可以狃也。楊芳一時名將之冠，差知彼己，晚伍庸帥，依違召譏，其以恩禮終，猶爲幸焉。慶祥心知危局，身殉孤城，璧昌力捍寇氛，卒安邊徼，回疆安危之所繫也，並著於篇。

# 清史稿卷三百六十九

## 列傳一百五十六

林則徐　鄧廷楨　達洪阿

林則徐，字少穆，福建侯官人。少警敏，有異才。年二十，舉鄉試。巡撫張師誠辟佐幕。嘉慶十六年進士，選庶吉士，授編修。歷典江西、雲南鄉試，分校會試。遷御史，疏論福建閩安副將張寶以海盜投誠，宜示裁抑，以防驕蹇，被嘉納。未幾，出爲杭嘉湖道，修海塘，興水利。道光元年，聞父病，引疾歸。二年，起授淮海道，未之任，署浙江鹽運使。遷江蘇按察使，治獄嚴明。四年，大水，署布政使，治賑。尋丁母憂，命赴南河修高家堰隄工，事竣回籍。六年，命署兩淮鹽政，以未終制辭，服闋，補陝西按察使。遷江寧布政使，父憂歸。十年，補湖北布政使，調河南，又調江寧。十一年，擢河東河道總督。疏陳稭料爲河工第一弊藪，親赴各廳察驗；又言碎石實足爲埽工之輔，應隨宜施用。十二年，調江蘇巡撫。

吳中洊饑，奏免逋賦，籌撫卹。前在藩司任，議定賑務章程，行之有效，至是仍其法，宿弊一清。賑竣，乃籌積穀備荒。清釐交代，盡結京控諸獄。考覈屬吏，疏言：「察吏莫先於自察，必將各屬大小政務，逐一求盡於心，然後能以驗羣吏之盡心與否。如大吏之心先未貫徹，何從察其情僞？臣惟持此不敢不盡之心，事事與僚屬求實際。」詔嘉之，勉以力行。

先是總督陶澍奏濬三江，則徐方爲臬司，綜理其事，旋以憂去。至是黃浦、吳淞工已竣，則徐力任未竟者，劉河工最要，撥帑十六萬五千有奇，白茆次要，官紳集捐十一萬兩，同時開濬，以工代賑。兩河舊皆通海，易淤，且鑿河工鉅，改爲淸水長河，與黃浦、吳淞交匯通流。各於近海修閘建壩，潮汐泥沙不能壅入，內河漲，則由壩洩出歸海。復就原河逢灣取直，節省工費三萬餘兩，用濬附近劉河之七浦河，及附近白茆之徐六涇、東西護塘諸河。又濬丹徒、丹陽運河，寶帶橋泖澱諸工，以次興舉，爲吳中數十年之利。兩署兩江總督。

十七年，擢湖廣總督。荆、襄歲罹水災，大修隄工，其患遂弭。整頓鹽課，以減價敵私無成效，專嚴緝私之禁，銷數大增。湖南鎮筸兵悍，數肇釁，巡閱撫馭，密薦總兵楊芳，擢爲提督，移駐辰州，愼固苗疆屯防。

十八年，鴻臚寺卿黃爵滋請禁鴉片烟，下中外大臣議。則徐請用重典，言：「此禍不除，十年之後，不惟無可籌之餉，且無可用之兵。」宣宗深韙之，命入覲，召對十九次。授欽差大臣，赴廣東查辦，十九年春，至。總督鄧廷楨已嚴申禁令，捕拏烟犯，洋商查頓先避回國。則徐知水師提督關天培忠勇可用，令整兵嚴備。檄諭英國領事義律查繳烟土，驅逐躉船，呈出烟土二萬餘箱，親涖虎門驗收，焚於海濱，四十餘日始盡。請定洋商夾帶鴉片罪名，依化外有犯之例，人卽正法，貨物入官，責具甘結。他國皆聽命，獨義律枝梧未從。於是閱視沿海礮臺，以虎門爲第一門戶，橫檔山、武山爲第二門戶，大小虎山爲第三門戶。海道至橫檔分爲二支，右多暗沙，左經武山前，水深，洋船由之出入。關天培創議於此設木排鐵鍊二重，又增築虎門之河角礮臺，英國商船後至者不敢入。義律請令赴澳門載貨，冀囤烟私販，嚴斥拒之，潛泊尖沙嘴外洋。

會有英人毆斃華民，抗不交犯，遂斷其食物，撤買辦、工人以困之。七月，義律藉索食爲名，以貨船載兵犯九龍山礮臺，參將賴恩爵擊走之。疏聞，帝喜悅，報曰：「既有此舉，不可再示柔弱。不患卿等孟浪，但戒卿等畏葸。」御史步際桐言出結徒虛文，則徐以彼國重然諾，不肯出結，愈不能不向索取，持之益堅。尋義律浼澳門洋酋轉圜，願令載烟之船回國，貨船聽官查驗。九月，商船已具結進口，義律遣兵船阻之，開礮來攻，關天培率游擊麥廷章奮擊敗之。十月，又犯虎門官涌，官軍分五路進攻，六戰皆捷。詔停止貿易，宣示罪狀，飭福建、浙江、江蘇嚴防海口。先已授則徐兩江總督，至是調補兩廣。府尹曾望顏請罷各國通商，禁漁船出洋。則徐疏言：「自斷英國貿易，他國喜，此盈彼絀，正可以夷制夷。如概與之絕，轉恐聯爲一氣。粵民以海爲生，概禁出洋，其勢不可終日。」時英船寄碇外洋，以利誘奸民接濟銷烟。二十年春，令關天培密裝礮械，雇漁船蜑戶出洋設伏，候夜順風縱火，焚燬附夷匪船，接濟始斷。五月，再焚夷船於磨刀洋。諜知新來敵船揚帆北嚮，疏請沿海各省戒嚴。又言夷情詭譎，若逕赴天津求通貿易，請優示懷柔，依嘉慶年間成例，將遞詞人由內地送粵。

六月，英船至厦門，爲閩浙總督鄧廷楨所拒。其犯浙者陷定海，掠寧波。則徐上疏自請治罪，密陳兵事不可中止，略曰：「英夷所憾在粵而滋擾於浙，雖變動出於意外，其窮蹙實在意中。惟其虛憍性成，愈窮蹙時，愈欲顯其桀驁，試其恫喝，甚且別生秘計，冀售其奸；一切不得行，仍必帖耳俛伏。第恐議者以爲內地船礮非外夷之敵，與其曠日持久，不如設法羈縻。抑知夷情無厭，得步進步，威不能克，患無已時。他國紛紛效尤，不可不慮。」因請戴罪赴浙，隨營自効。七月，義律至天津，投書總督琦善，言廣東燒烟之釁，起自則徐及鄧廷楨二人，索價不與，又遭詬逐，故越境呈訴。琦善據以上聞，上意始動。

時英船在粵窺伺，復連敗之蓮花峯下及龍穴洲。捷書未上，九月，詔曰：「鴉片流毒內地，特遣林則徐會同鄧廷楨查辦，原期肅清內地，斷絕來源，隨地隨時，妥爲辦理。乃自查辦以來，內而奸民犯法不能淨盡，外而興販來源並未斷絕，沿海各省紛紛徵調，糜餉勞師，皆林則徐等辦理不善之所致。」下則徐等嚴議，飭即來京，以琦善代之。尋議革職，命仍回廣東備查問差委。琦善至，義律要求賠償烟價，廈門、福州開埠通商，上怒，復命備戰。二十一年春，予則徐四品卿銜，赴浙江鎭海協防。時琦善雖以擅與香港逮治，和戰仍無定局。五月，詔斥則徐在粵不能德威並用，褫卿銜，遣戍伊犂。會河決開封，中途奉命襄辦塞決，二十二年，工竣，仍赴戍，而浙江、江南師屢敗。是年秋，和議遂成。

二十四年，新疆興治屯田，將軍布彥泰請以則徐綜其事。周歷南八城，濬水源，闢溝渠，墾田三萬七千餘頃，請給回民耕種，改屯兵爲操防，如議行。二十五年，召還，以四五品京堂候補。尋署陝甘總督。二十六年，授陝西巡撫，留甘肅，偕布彥泰治叛番，擒其酋。

二十七年，授雲貴總督。雲南漢、回互鬭焚殺，歷十數年。會保山回民控於京，漢民奪犯，燬官署，拆瀾滄江橋以拒，鎭道不能制。則徐主止分良莠，不分漢、回。二十八年，親督師往剿，途中聞彌渡客回滋亂，移兵破其巢，殲匪數百。保山民聞風股栗，縛犯迎師，誅其首要，散其脅從，召漢、回父老諭以恩信。遂搜捕永昌、順寧、雲州、姚州歷年戕官諸重犯，威德震洽，邊境乃安。加太子太保，賜花翎。二十九年，騰越邊外野夷滋擾，遣兵平之。以病乞歸。逾年，文宗嗣位，疊詔宣召，未至，以廣西逆首洪秀全稔亂，授欽差大臣，督師進剿，並署廣西巡撫。行次潮州，病卒。則徐威惠久著南服，賊聞其出，皆震悚，中道遽歿，天下惜之。遺疏上，優詔賜卹，贈太子太傅，諡文忠。雲南、江蘇並祀名宦，陝西請建專祠。

則徐才識過人，而待下虛衷，人樂爲用，所莅治績皆卓越。道光之季，東南困於漕運，宣宗密詢利弊，疏陳補救本原諸策，上畿輔水利議，文宗欲命籌辦而未果。海疆事起，時以英吉利最强爲憂，則徐獨曰：「爲中國患者，其俄羅斯乎！」後其言果驗。

鄧廷楨，字嶰筠，江蘇江寧人。嘉慶六年進士，選庶吉士，授編修。屢分校鄉、會試，稱得士。十五年，授臺灣遺缺知府，浙江巡撫蔣攸銛請留浙，補寧波。母憂歸，服闋，補陝西延安府，歷楡林、西安，以善折獄稱。平反韓城、南鄭寃獄，又全同州孷婦母子，陝民歌頌，傳播京師。二十五年，超擢湖北按察使，權布政使。沿江民田歷年沉沒，而賦額仍在，爲民累，悉請免之。道光元年，遷江西布政使。以前在西安失察渭南令故出縣民柳全璧殺人罪，罣誤，奪職。議戍軍臺，宣宗知其無私，特免遣戍，予七品銜，發直隸委用。尋授通永道。四年，擢陝西按察使，遷布政使。

六年，擢安徽巡撫。自嘉慶時，安徽多大獄，鳳、潁兩郡俗尤悍，常以兵定，責繳兵械，私藏尙多。廷楨乃立限，責成保長，逾限及私造者置之法。任吏皆得人，刁悍之風稍戢。

舊例，潁州屬三人以上凶器傷人者，極邊烟瘴充軍，僉妻發配。廷楨疏言：「悍俗誠宜重懲，婦女顧名節，多自殘求免，或自盡傷生，情在可矜，請停其例。」遇水災，親乘舟勘賑。修復安豐塘、芍陂水門，濬鳳陽沫河，加築隄閘。嚴緝捕，屢獲劇盜。以獲南河掘隄首犯陳端，詔嘉獎。治皖十載，政尚安靜，境內大和。

十五年，擢兩廣總督。鴉片烟方盛行，漏銀出洋爲大患。十六年，英吉利商人以躉船載烟，廷楨禁止不許進口，猶泊外洋，嚴旨驅逐。沿海奸民勾結，禁令猝難斷絕。廷楨與提督關天培整備海防，迭於大嶼山口、急水洋獲蟹艇，載銀鉅萬，盡數充賞，破獲囤煙私販。十八年，英船載屬番男婦五百餘人赴澳門居住，驅令回國。詔下禁烟議，疏言：「法行於豪貴，則小民易從；令嚴於中土，則外貨自絀。」十九年，林則徐奉命至廣東，廷楨與之同心協力，盡獲躉船積烟，焚之，嚴私販之罪；臨以兵威，屢戰皆捷，事詳則徐傳。奸民因失業，徧騰蜚語。廷楨疏陳，略曰：「臣緝懲鴉片，三載於茲。豪猾之徒，刑僇逋逃，身家既失，怨讟遂興。查檢爲希旨，掩捕爲貪功，偵伺爲詭謀，推鞫爲酷罰。誣以納賄，目以營私。譏建議爲急於理財，訾新例爲輕於改律，狂悖紛熒，無非爲烟匪洩憤。」詔慰勉之。

調兩江、雲貴，皆未赴，閩防方急，遂調閩浙總督。購洋礮十四運閩，以閩洋無內港，礮臺建於海灘，沙浮不固，奏改爲礮墩，囊沙堆築，外護以船。募水勇飾商船出洋巡緝。二十年三月，英船窺廈門，遣提督程恩高等迎敵於梅林澳，擊走之。奸民勾通出洋運烟，分責水陸師嚴緝，遇卽攻擊，迭有殲擒。六月，敵船駛入廈門，求通貿易，阻之，遂開礮，來撲礮臺，參將陳勝元、守備陳光福奮擊，斃其前隊數人，發礮傷敵甚衆，乃遁。其分犯浙洋者，陷定海，廷楨率師赴剿，行次淸風嶺，詔以閩防緊要，止其赴浙，遂駐兵泉州，招募練勇。疏言：「英船二十餘艘聚泊定海，內地師船恐難驟近，必改造堅大之船，多配礮火，間道而進，方能制勝。」

九月，詔以廷楨等在粵辦理不善，轉滋事端，與林則徐同奪職。二十一年，琦善撤沿海兵備，虎門失守，復追論廷楨久任兩廣，廢弛營務，與則徐同戍伊犁。二十三年，釋還。尋予三品頂戴，授甘肅布政使。議淸查荒地，親往歷勘，由銀州東盡洮、隴，西極酒泉，得田一萬九千四百餘頃，又番貢地一千五百餘頃，寧夏馬廠地歸公一百餘頃，熟地升科，荒者招墾，詔嘉其勤，復二品頂戴。二十五年，擢陝西巡撫，署陝甘總督。番匪擾蒙部，遣兵邀擊於硫磺溝，平之。尋回任。二十六年，卒於官。

廷楨治行早爲時稱，屢躓屢起，宣宗知之深，故卒用之。績學好士，幕府多名流，論學不輟。尤精於音韻之學，所著筆記、詩、詞並行世。子爾恆，亦官至陝西巡撫，自有傳。

當廷楨之去福建也，逾年，英兵復至，陷廈門，遂窺臺灣。總兵達洪阿偕臺灣道姚瑩屢却之。及和議成，同獲譴。

達洪阿，字厚庵，富察氏，滿洲鑲黃旗人。由護軍洊擢總兵。道光十五年，調臺灣鎮。十八年，剿嘉義縣匪沈和等，賜花翎，加提督銜。二十一年八月，英兵船至雞籠海口，達洪阿與姚瑩督兵禦之。副將邱鎮功燃巨礮折其桅，敵船衝礁破碎，擒斬甚衆，賜雙眼花翎。九月，敵船再至雞籠三沙灣，復卻之。剿平嘉義、鳳山土匪，予騎都尉世職。二十二年，敵船犯淡水、彰化間之大安港，欲入口。達洪阿謀於姚瑩，瑩曰：「此未可與海上爭鋒，必以計殲之。」乃募漁舟投敵任鄉導，誘令從土地公港入，擱淺中流，伏發，大破之，落水死者無算，其竄入漁舟者，擊斬殆盡。詔嘉臺灣三次破敵，達洪阿等智勇兼施，大揚國威，賜號阿克達春巴圖魯，加太子太保銜。敵船游奕外洋，乘間掩擊，迭有俘獲，遂不復至。

既而英師再陷定海，浙江、江蘇軍屢挫，乃議和。英將濮鼎查訴稱臺灣所戮皆遭風難民，達洪阿等冒功捏奏，命總督怡良赴臺灣查辦。至即傳旨革職逮問，兵民不服，勢洶洶，達洪阿等撫慰乃散。至京，下刑部獄，尋釋之，予三等侍衞，充哈密辦事大臣。歷伊犁參贊大臣，西寧辦事大臣。二十六年，偕陝甘總督布彥泰剿平黑錯寺番匪。三十年，授副都統。

咸豐元年，從大學士賽尚阿剿賊廣西，破紫金山西南礮臺。以病回京。三年，粵匪犯畿輔，率八旗兵赴臨洺關進剿。從欽差大臣勝保擊賊靜海，四戰皆捷，追至下西河，副都統佟鑑、天津知縣謝子澄陣亡。詔斥達洪阿先退，革職，留營効力。四年，敗賊獻縣，復原官。尋追賊阜城，受傷，卒於軍。贈都統銜，予騎都尉兼一雲騎尉世職，謚壯武。姚瑩自有傳。

論曰：林則徐才略冠時，禁烟一役，承宣宗嚴切之旨，操之過急；及敵氛蹈瑕他犯，遂遭讒屏斥。論者謂粵事始終倚之，加之操縱，潰裂當不致此。則徐瀕謫，疏陳：「自道光元年以來，粵關徵銀三千餘萬兩，收其利必防其害。使以關稅十分之一製礮造船，制夷已可裕如。」誠爲讜論。惟當時內治廢弛，外情隔膜，言和言戰，皆昧機宜，其禍豈能倖免哉？鄧廷楨與則徐同心禦侮，克保嚴疆。若達洪阿、姚瑩卻敵臺灣，固由守禦有方，亦因敵非專注，朝廷皆不得已而罪之，諸人卒皆復起，而名節播宇內、煥史册矣。

# 清史稿卷三百七十

## 列傳一百五十七

### 琦善　伊里布　宗室耆英

琦善，字靜庵，博爾濟吉特氏，滿洲正黃旗人。父成德，熱河都統，以先世格得理爾率屬歸附，世襲一等侯爵。

琦善由廕生授刑部員外郎，累遷通政司副使。嘉慶十九年，出爲河南按察使，歷江寧、河南布政使。二十四年，擢河南巡撫。河決馬營壩，偕尚書吳璥督工，甫塞而儀封南岸又決，奪職，予主事銜留工。尋授河南按察使，調山東。道光元年，就擢巡撫。父憂，奪情任事，襲侯爵。捕治臨清教匪馬進忠，又籌濟高家堰工費八十萬。

五年，京察，詔嘉其明幹有爲，能任勞怨，加總督銜。尋擢兩江總督，兼署漕運總督。時高堰屢決，淤運阻漕。琦善請用盤運法，並暫行海運，如議行。七年，議啓王家營舊減壩，大濬正河，尋以減壩堵合，黃水倒漾，復閉禦黃壩，漕船倒塘灌放，詔斥失機，議革職，寬之，降授內閣學士。尋復授山東巡撫。九年，擢四川總督。十一年，調直隸。十六年，協辦大學士。十八年，拜文淵閣大學士，仍留總督任。

琦善久膺疆寄，爲宣宗所倚任。二十年，海疆事急，駐天津籌辦防務。八月，英兵船至海口，投書乞通商，訴林則徐、鄧廷楨等燒烟啓釁。琦善招宴英領事義律及兵官，許以代奏。遂入覲面陳，授欽差大臣，赴廣東查辦。諭沿海疆吏但防要隘，遇英船毋開礮，義律乃率船回粵。尋罷則徐、廷楨，命琦善署兩廣總督兼粵海關監督。密疏臚陳粵事，略曰：「林則徐示令繳烟，許以賞犒，洋人頗存奢望。迨後每烟一箱，僅給茶葉五斤，所得不及本銀百分之一；又勒具『再販船貨入官、人卽正法』甘結，迄未遵依，此釁所由起也。當義律具稟繳烟，距撤退買辦五日，非出情願。時義律僅止孤身，設有黨援，未必降心俯首。英吉利國王無給林則徐文書之事，惟呂宋國王曾有來文，或因此誤傳。林則徐稱定海陰溼，洋人病死甚多。咨查洋人米穀牲畜尚充，疫癘病斃者多水手舵工，頭目死者不過數人。從前外洋來信，祗言貿易。自林則徐欲悉外情，多方購求漁利之人，造作播傳，眞僞互見，此時紛紛查探，適墮術中。林則徐奏各國憤英人阻其貿易，美利堅、法蘭西將遣船來與理論。訪聞各國曾有此說，然迄未見兵船來粵。前有美國二船，乘英人不備，進口，至今未敢駛出。畏葸如斯，縱力足頡頏，恐未肯傷其同類。虎門燒烟時，洋人觀者撰文數千言紀事，事誠有之，語多含譏刺，非心服。林則徐稱具結之後，查驗他國來船，絕無鴉片。如指上年而言，事屬以往，船貨無憑；若指本年而言，來船尚未進口，不能知其有，亦安能信其無？」並言將軍阿精阿請團練水勇，及林則徐請鼓勵員弁，俟事定再議。疏入，報聞，則徐以是獲罪。

時廣東撤水師歸營，猝被敵轟擊，掠去米艇兵丁，巡撫怡良以聞。琦善又陳：「英人回粵，詞氣傲慢，義律託疾將回國，且兵船日增。」得旨，仍暫停貿易，一面與議，一面籌防。義律堅持索還烟價，並增廈門、福州通商，嚴旨拒不許。十二月，義律見防禦漸撤，數遣挑戰，琦善諭止之。義律曰：「戰後再議，未爲遲也。」乃犯虎門外沙角、大角兩礮臺，副將陳連陞力戰死之，遂陷。提督關天培守靖遠礮臺，總兵李廷鈺守威遠礮臺，並請援，琦善不敢明發兵，夜遣二百人往。二十一年正月，事聞，上震怒，下琦善嚴議，命御前大臣貝子奕山爲靖逆將軍，戶部尚書隆文、湖南提督楊芳副之，率師赴粵協剿。

義律數索香港，志在必得，琦善當事急，佯許之而不敢上聞。至是，義律獻出所踞礮臺，並願繳還定海以易香港全島，別議通商章程。琦善親與相見蓮花城定議，往返傳語，由差遣之鮑鵬將事，同城將軍、巡撫皆不預知。及英人占踞香港，出示安民，巡撫怡良奏聞，琦善方疏陳：「地勢無可扼，軍械無可恃，兵力不固，民情不堅，如與交鋒，實無把握，不如暫事覊縻。」上益怒，詔斥琦善擅予香港，擅許通商之罪，褫職逮治，籍沒家產。英兵遂奪虎門靖遠礮臺，提督關天培死之。

奕山等至，戰復不利，廣州危急，許以烟價六百萬兩，圍始解，而福建、浙江復被擾。琦善逮京，讞論大辟，尋釋之，命赴浙江軍營効力，未至，改發軍臺。二十二年，浙師復敗，吳淞不守，英兵遂入江，江寧戒嚴，於是耆英、伊里布等定和議，海內莫不以罷戰言和歸咎於琦善爲作俑之始矣。是年秋，予四等侍衞，充葉爾羌幫辦大臣。

二十三年，以三品頂戴授熱河都統。御史陳慶鏞疏論僨事諸臣罪狀，上重違淸議，再褫琦善職，意仍嚮用，未幾，予三等侍衞，充駐藏大臣。二十六年，授四川總督。二十八年，詔嘉其治蜀於吏治營伍實心整頓，復頭品頂戴。尋協辦大學士，留總督任。以平瞻對野番功被議敍。二十九年，調陝甘總督，兼署青海辦事大臣，勦雍沙番及黑城撒拉回匪。旣而言官劾其妄殺，命都統薩迎阿往按，革職逮問。咸豐二年，定讞發吉林効力贖罪，尋釋回。

時粵匪已犯湖南，勢日熾，屢易帥皆不能制。起琦善署河南巡撫，駐防楚、豫界上。以捐餉加都統銜，授欽差大臣，專辦防務。湖北省城失守，觀望不能救。三年春，賊遂連陷安徽、江寧省城，分擾鎭江、揚州，命琦善偕直隸提督陳金綬防江北。三月，連敗賊於浦口雷塘，進勦揚州，分屯寶塔山、司徒廟，五戰皆捷。秋，破浦口援賊，合圍揚州。十二月，賊突圍出竄瓜洲，以收復揚州入告，詔斥勇潰縱賊，責令進剿瓜洲、儀徵，儀徵克復。四年夏，連戰金山、瓜洲、三汊河，屢奏斬獲。自琦善與向榮分主大江南北軍事，攻戰年餘，鎮江、瓜洲迄未克復，無得力水師，不能扼賊，琦善雖議增水師，亦未果。是年秋，卒於軍，贈太子太保、協辦大學士，依總督例賜卹，謚文勤。

子恭鏜，黑龍江將軍。孫瑞洵，烏里雅蘇臺參贊大臣；瑞澂，兩湖總督。瑞澂自有傳。

伊里布，字莘農，鑲黃旗紅帶子。嘉慶六年進士，授國子監學正，改補典簿。出爲雲南府南關通判，署澂江知府，遷騰越知州。二十四年，總督伯麟薦其熟練邊務，能馭土司，治緬匪有功，以應升用。道光元年，從總督慶保剿平永北大姚夷匪，賜花翎，署永昌知府。擢安徽太平知府。歷山西冀寧道，浙江按察使，湖北、浙江布政使。五年，擢陝西巡撫，調山東。丁父憂，署雲南巡撫。服闋，乃實授。時阮元爲總督，伊里布和而廉，有政聲。回疆兵事起，自請從軍，詔斥不諳回情，妄行陳奏，奪職留任，尋復之。十三年，擢雲貴總督。京察，以久任邊疆，鎮撫得宜，被議敍。十八年，協辦大學士，留總督任。四川綦江奸民穆繼賢仇殺貴州仁懷武生趙應彩，遂糾衆踞方家溝爲亂，伊里布率提督余步雲、布政使慶祿等破其巢，斬獲千餘，誅賊首穆繼賢、謝法眞等，餘匪悉平，賜雙眼花翎。

十九年，調兩江總督。二十年秋，英兵陷定海，命爲欽差大臣，赴浙江查辦。時已有論致寇由斷絕貿易燒烟起釁者，密諭察訪確情毋迴護。尋以琦善代林則徐，命沿海遇敵勿擊。伊里布初至浙，駐鎭海籌防，疏報擊沉敵船，有所擒獲，命慰諭英人攻擊出於誤會，促令退兵交地，俘虜俟敵退釋還。伊里布遣家丁張喜偕員弁赴定海犒師，英人亦答餽，奏聞，諭却勿受。請增調安徽、兩湖兵，允之。

裕謙方代署兩江總督，疏言：「各省皆可議守，獨浙江必應速戰。」且言：「定海西境岑港爲第一險要，應以精兵先據之。」下伊里布體察辦理。旣而琦善在粵議款不得要領，兵端又開，二十一年正月，詔促伊里布進兵規復定海。二月，義律旣踞香港，盡調英船赴粵，以交還定海告。詔斥附和琦善，以兵礮未集，藉詞緩攻，致敵船遁去，褫協辦大學士、雙眼花翎，暫留兩江總督任，以裕謙代爲欽差大臣督浙師。裕謙論劾伊里布遣家丁赴敵船事，命解任，帶張喜來京，下刑部訊鞫，褫職，遣戍軍臺。未幾，定海、鎭海、寧波相繼陷，裕謙殉之。

二十二年春，揚威將軍奕經援浙，復挫敗。巡撫劉韻珂疏陳浙事危急，薦伊里布無急功近名之心，爲一時僅見，請發軍營効力贖罪。於是予七品頂戴，隨杭州將軍耆英赴浙，密諭相機辦理。及英兵犯乍浦，耆英遣往設計退兵。五月，署乍浦副都統，復令張喜傳語，英兵遂去乍浦，犯吳淞，由海入江，鎭江失守。伊里布奉命偕耆英赴江寧議和，事詳耆英傳。

和議既成，英兵退，約於廣東議稅則，命偕耆英詳愼酌商，授廣州將軍、欽差大臣，辦理善後事宜。二十三年，至粵，見民心不服，夷情狡橫，憂悴。逾月病卒，贈太子太保，謚文敏。

宗室耆英，字介春，隸正藍旗。父祿康，嘉慶間官東閣大學士。耆英以廕生授宗人府主事，遷理事官。累擢內閣學士，兼副都統、護軍統領。道光二年，遷理藩院侍郎，調兵部。四年，送宗室閒散移駐雙城堡。五年，授內務府大臣，歷工部、戶部。七年，授步軍統領。九年，擢禮部尚書，管理太常寺、鴻臚寺、太醫院，兼都統。十二年，畿輔旱，疏請察吏省刑，嘉納之，授內大臣。十四年，以管理步軍統領勤事，被議敍。歷工部、戶部尚書。十五年，以相度龍泉峪萬年吉地，加太子少保。命赴廣東、江西按事。十七年，內監張道忠犯賭博，耆英瞻徇釋放，事覺，降兵部侍郎。尋出爲熱河都統。十八年，授盛京將軍。詔嚴禁鴉片，無論宗室、覺羅，按律懲治。疏請旗民十家聯保，以憑稽察。二十年，海疆戒嚴，疏請旅順口爲水路衝衢，當扼要籌備。英船入奉天洋面，先後游弋山海關、秦皇島等處，錦州、山海關皆設防。

二十二年正月，粵事急，琦善既黜，調耆英廣州將軍，授欽差大臣，督辦浙江洋務。因御史蘇廷魁奏英吉利爲隣國所破，詔促耆英赴廣州本任，乘機進剿，尋知其訛傳，仍留浙江。五月，吳淞失守，命偕伊里布赴江蘇相機籌辦。英兵已入江，越圌山關，陷鎮江，踞瓜洲，耆英與揚威將軍奕經先後奏請羈縻招撫。七月，英兵薄江寧下關，伊里布先至，英人索烟價、商欠、戰費共二千一百萬兩，廣州、福州、廈門、寧波、上海五港通商，英官與中國官員用平行禮，及劃抵關稅、釋放漢奸等款。越三日，耆英至，稍稍駁詰之。英兵突張紅旗，置礮鍾山上臨城，急止之，遣侍衞咸齡、江寧布政使恩彤、寧紹台道鹿澤良，偕伊里布家丁張喜，詣英舟，許據情奏聞。宣宗憤甚，大學士穆彰阿以糜餉勞師無效，剿與撫費亦相等爲言，乃允之。耆英等與英將濮鼎查、馬利遜會盟於儀鳳門外靜海寺，同簽條約，先予六百萬，餘分三年給，和議遂成。九月，英兵盡數駛出吳淞，授兩江總督，命籌辦通商及浙江、福建因地制宜之策。

二十三年，授欽差大臣，赴廣東議通商章程，就粵海關稅則分別增減，各口按新例一體開關，臚列整頓稅務條款，下廷議施行。又奏美利堅、法蘭西等國一體通商，允之。美國請入京瞻覲，卻不許。二十四年，調授兩廣總督，兼辦通商事宜。二十五年，協辦大學士，留總督任。比利時、丹麥等國請通商，命體察約束。二十六年，京察，以殫心竭慮坐鎮海疆，被議敍。疏上練兵事宜，繕呈唐臣陸贄守備事宜狀，請下各將軍督撫置諸座右。英國請於西藏定界通商，諭耆英堅守成約，毋爲搖惑。

故事，廣東洋商居住澳門，貿易有定界，赴洋行發貨，不得擅入省城。自江寧和議有省城設立棧房及領事入城之約，粵民猶持舊例，愬於大吏，不省，乃舉團練，衆議洶洶，不受官吏約束。二十三年，濮鼎查將入城，粵民不可，逡巡去。二十五年，英船復至，耆英遣廣州知府余保純諧商，粵民鼓噪，安撫乃罷。英人以登岸每遭窘辱，貽書大吏誚讓，羣情憤激，不可曉諭。至二十七年，英船突入省河，要求益堅，耆英謾許兩年後踐約，始退，自請議處。諭嚴爲防備，務出萬全。耆英知終必有釁。

二十八年，請入覲，留京供職，賜雙眼花翎，管理禮部、兵部，兼都統。尋拜文淵閣大學士，命赴山東查辦鹽務，校閱浙江營伍。三十年，文宗卽位，應詔陳言，略曰：「求治莫先於用人、理財、行政諸大端。用人之道，明試以功。人有剛柔，才有長短。用違其才，君子亦恐誤事；用得其當，小人亦能濟事。設官分職，非爲衆人藏身之地。實心任事者，雖小人當保全；不肯任怨者，雖君子當委置。行政在於得人，迂腐之說，無裨時務，泥古之論，難合機宜，財非人不理。今賦額四千餘萬，支用有餘，不能如額，以致短絀。致絀之由，非探本窮源，不能通盤清釐。與其正賦外別費經營，不如於正賦中覈實籌畫。」疏入，特諭曰：「身爲端揆，一言一動，舉朝所矜式。耆英率意敷陳，持論過偏，顯違古訓，流弊曷可勝言。」傳旨申飭。耆英不自安，屢稱病。是年十月，上手詔揭示穆彰阿及耆英罪狀，斥「耆英在廣東抑民奉夷，謾許入城，幾致不測之變。數面陳夷情可畏，應事周旋，但圖常保祿位。穆彰阿晻而難明，耆英顯而易見，貽害國家，其罪則一」。猶念其迫於時勢，從寬降爲部屬。尋補工部員外郞。

咸豐三年，粵匪北犯，耆英子馬蘭鎭總兵慶錫奏請父子兄弟同赴軍前，命耆英隨巡防王大臣効力，以捐餉予四品頂戴。五年，慶錫向屬員借貸被劾，耆英坐私告，革職圈禁。

八年，英人糾合法、美、俄諸國兵船犯天津，爭改條約，命大學士桂良、尙書花沙納馳往查辦。巡防王大臣薦耆英熟悉情形，召對，自陳願力任其難，予侍郞銜，赴天津協議。初耆英之在廣東也，五口通商事多由裁決，一意遷就。七年冬，廣州陷，檔案爲英人所得，譯出耆英章奏，多掩飾不實，深惡之。及至天津，英人拒不見，惶恐求去，不候旨，回通州，於是欺謾之迹益彰，爲王大臣論劾，嚴詔逮治，賜自盡。

論曰：罷戰言和，始發於琦善，去備媚敵，致敗之由。伊里布有忍辱負重之心，無安危定傾之略，且廟謨未定，廷議紛紜，至江寧城下之盟，乃與耆英結束和議，損威喪權，貽害莫挽。耆英獨任善後，留廣州入城之隙，兵釁再開，寖致庚申之禍。三人者同受惡名，而耆英不保其身命，宜哉。

# 清史稿卷三百七十一

## 列傳一百五十八

顏伯燾　怡良　祁𡎴　黃恩彤　劉韻珂　牛鑑

顏伯燾，字魯輿，廣東連平人，巡撫希深孫，總督檢子。嘉慶十九年進士，選庶吉士，授編修。道光二年，出爲陝西延榆綏道、督糧道。歷陝西按察使，甘肅、直隸布政使。大軍征回疆，以轉運勞，賜花翎。署陝西巡撫。十七年，授雲南巡撫，改建滇池石牐，農田賴之。兼署雲貴總督。伯燾累世膺疆寄，嫻習吏治，所至有聲。

二十年，擢閩浙總督。時定海已陷，伯燾至，劾水師提督陳階平於英兵前次攻廈門告病規避，又論琦善主欵償事，及林則徐守粵功罪。二十二年，奏請餉銀二百萬，造船募新兵及水勇八千，以備出洋禦敵。復疏陳廣東兵事，略曰：「閩、粵互爲脣齒，呼吸相通。自正月虎門不守，粵事幾不可問。四月內夷船駛泊省西泥城，防勇望風潰遁，兵船被焚，礮臺棄去。當事者以洋銀六百萬元令知府余保純重啗敵人，始允罷戰，猶報勝仗，指爲就撫，以欺朝廷。夫撫非不可，然必痛剿之後，始能帖伏。今逆勢方張，資之庫藏，何不以養士卒？如謂曲徇商民所請，何不於誓師之始，申效死之義，與之同守？粵民非不可用，前有蕭關、三元里等鄉數千人圍困義律，乃余保純出城彈壓，始漸散去。保純以議撫之後，不應妄生枝節，是謂六百萬之資可以求安也。奕山、隆文已遠避數十里，楊芳，齊愼亦退入城。奕山、隆文等閱歷未深，楊芳年老耳聾，皆不足當重任。斯時惟有特簡親信重臣，督造船礮，用本省之人，作本省之兵，懸以重賞，未有不堪一用者。臣移駐厦門，督修戰具，但使船礮稍備，卽當奮力攻擊，不敢老師糜餉，以取咎戾。」又薦裕謙、林則徐可任粵事。

伯燾主戰甚力，欲一當敵。七月，英兵三十餘艘犯厦門，投書索爲外埠，卽駛入攻擊，接戰，毀敵輪船一、兵艇五，敵遂聚攻礮臺，總兵江繼芸、游擊淩志、都司張然、守備王世俊皆死之。伯燾所募水勇，以節餉議遣，未有安置。當戰時，呼噪應敵，英兵登岸，以臺礮回擊，厦門官署街市並燬，伯燾退保同安。英人得厦門不之守，越數日，移船赴浙洋，惟留數艘泊鼓浪嶼。詔斥不能豫防，倉猝失事，以厦門收復，免其治罪，議革職，從寬降三品頂戴留任。尋命侍郞端華至閩察勘，坐未能進剿罷職，時論仍右之。咸豐三年，召來京，將起用，道梗不得至，尋病卒。子鍾驥，宣統初，官至浙江布政使。

怡良，瓜爾佳氏，滿洲正紅旗人。刑部筆帖式，洊升員外郎。道光八年，出爲廣東高州知府，調廣西南寧。歷雲南鹽法道，山東鹽運使，安徽、江蘇按察使，江西、江蘇布政使。

十八年，擢廣東巡撫。禁烟事起，林則徐、鄧廷楨主之，怡良偕預其事。二十年，兼署粵海關監督。及琦善至，撤防議撫，疏請暫示羈縻，怡良及將軍阿精阿皆不列銜。二十一年正月，沙角、大角礮臺既失，琦善私許通商，並給香港，義律行文大鵬協撤回營汛。怡良疏陳曰：「自琦善到粵以後，辦理洋務，未經知會。忽聞傳說義律已在香港出示，令民人歸順彼國。提臣移咨副將鈔呈僞示，臣不勝駭異。大西洋自前明寄居澳門，相沿已久，均歸中國同知、縣丞管轄，議者猶以爲非計。今英人竟占踞全島，去虎門甚近，片帆可到。沿海之地，防不勝防，犯法之徒，必以爲藏納之藪，地方因之不靖，法律有所不行。更恐洋情反覆，要求不遂之時，仍以非禮相向，雖欲追悔，其何可及！聖慮周詳，無遠不照，何待臣緦緦過計。但忽聞海疆要地，外人公然主掌，天朝百姓，稱爲英國之民，臣實不勝憤恨。一切駕馭機宜，臣無從悉其顛末。惟上年十二月二十八日欽奉諭旨，調集兵丁，預備進剿，並令琦善同林則徐、鄧廷楨妥辦，均經宣示。臣等請添募兵勇，固守虎門，防堵要隘。今英人窺伺多端，實有措手莫及之勢。不敢緘默，謹以上聞。」於是詔斥琦善專擅之罪，褫職逮治，怡良兼署總督。英兵尋陷虎門，命怡良會同參贊大臣楊芳進剿，合疏請許英屬港脚商船貿易，詔斥怠慢軍心，奪職留任。

是年秋，授欽差大臣，會辦福建軍務，署閩浙總督，尋實授。時英兵已去廈門，其留泊鼓浪嶼者僅數艘。及和議成，福州、廈門皆開口岸，命偕巡撫劉鴻翺議善後事宜，籌辦通商，兼署福州將軍。先是臺灣鎮、道禦敵，迭有擒斬，英人追訴其妄殺冒功，命怡良渡臺灣查辦，總兵達洪阿、道員姚瑩逮京。當和議初定，怡良不能爲之剖雪，爲時論所譏。二十三年，乞病歸。

咸豐二年，起授福州將軍，偕協辦大學士杜受田治山東賑務。三年，授兩江總督。江寧、鎮江已陷，暫駐常州。粵匪方熾，兵事由欽差大臣琦善、向榮主之，分駐大江南北。上海逆匪劉麗川踞城，連陷川沙、青浦、南匯、嘉定、寶山。麗川，粵人，商於滬。初起，冒用洋行公司鈐記出示，衆論洶洶，疑有通洋情事。怡良疏請閩、浙、江西絲茶暫行停運，使洋商失自然之利，急望克復，自能嚴斷濟賊。巡撫吉爾杭阿率兵進剿，踰年乃平。時各國因在廣東爭入城，與總督葉名琛齟齬，每赴上海有所陳議，諭怡良隨時妥辦，勿徇要求。

五年，粵匪攻金壇，遣總兵傅振邦、虎嵩林會西安將軍福興、漳州鎮總兵張國樑進剿，連捷，解圍。國樑進克東壩，福興與之不洽，詔怡良密察以聞。奏言：「國樑勇戰，福興所不及，人皆重張輕福。因有芥蒂，請分調以免貽誤。」尋命福興赴江西剿賊。大軍圍江寧，久無功，賊勢益蔓。七年，以病請解，允之。同治六年，卒。

祁𡎴，字竹軒，山西高平人。嘉慶元年進士，授刑部主事，遷員外郎。督廣西學政，任滿補原官。以承審宗室敏學獄不實，褫職。尋予刑部七品小京官，累遷郎中。道光四年，出爲河南糧鹽道。遷浙江按察使，覆檢德清徐倪氏獄，得官吏受賄蒙蔽狀，尚書王鼎覆訊，如𡎴議。遷貴州布政使。九年，召授刑部侍郎。尋出爲廣西巡撫。十二年，湖南、廣東瑤匪並起，𡎴遣兵防富川、恭城、賀縣，搜捕竄匪，追擊於芳林渡，斬擒千餘。瑤平，加太子少保。疏陳善後策，扼要移駐文武，稽查化導，如所議行。十三年，調廣東巡撫。時盧坤爲總督，和衷撫馭，籌修海防。十五年，代坤兼署總督。十八年，召爲刑部尚書。宣宗知𡎴習練法律，故有此授。京察，被議敍。

二十一年，靖逆將軍奕山督師廣東，命𡎴往治餉。琦善既黜，授兩廣總督。時英兵踞虎門，省城遷避過半，𡎴示以鎮靜，稍稍安集。參贊大臣楊芳主持重勿浪戰，奕山爲其下所慫恿，商之𡎴。𡎴以敵方恣恫喝，大軍新至，乘銳而用，冀挫其鋒，未阻止，遂突攻英艦於省河，敵猝未備，義律夜遁。遲明，英兵大至，逼礮台，守兵潰，英兵進踞城北耆定臺，高瞰城中。垻與巡撫怡良亟守西南兩門，城外市屋盡燬，客兵皆撤入城。商民知兵不足恃，環請爲目前計，款議遂決，予洋銀六百萬元。英艦退出虎門，而耆定臺兵未去，船泊泥城，登岸侵擾，其兵目伯麥闖入三元里，民憤，磔之。義律馳救，受圍，遣廣州知府余保純護之出，令率衆盡退虎門外。於是鄉團日盛，紳士黃培芳、余廷槐等合南海、番禺諸鄉立七社，萬人一呼而集儲穀十餘萬石，不動官帑。垻用林則徐堵塞省河之法，以資守禦。

是年夏，英人交還虎門礮臺，偕奕山疏陳：「現練水陸義勇三萬六千餘名，並各鄉丁壯，分成團練。前調各省官兵，遵旨陸續分撤。」詔促規復香港，責垻與奕山各抒所見。垻奏：「欲收復香港，必先修虎門礮臺，然非設險省河，虎門亦難興工。先於獅子洋、蚺蛇洞諸要隘築堡守戍。」疏上，報聞。是時粵師實無力進剿，英人既得賂而去，兵勢趨重江、浙，得以苟安。奕山屢被嚴詰，麾下招誘海盜，獻計襲攻敵艦，奕山又爲所動，垻勸寢其議。

二十二年，和議成，英商開市益驕，民怨益深，焚其館，擲貨於衢，濮鼎查責言，垻撫慰之，得無事。二十三年，虎門礮臺工竣，疏言：「舊式礮臺僅可禦海盜，今仿洋法，以三合土築人字形，礮牆量宜增移改建。」又請就海壖圍沙成田一百六十餘頃，可給屯丁二千人，且耕且守防要隘。並陳粵民義奮、團練可用狀，諭責事期經久，俾濟實用。以病乞休，累疏乃得請。二十四年，卒，優詔依尚書例賜卹，謚文恪。

黃恩彤，字石琴，山東寧陽人。道光六年進士，授刑部主事，治獄數有平反。充提牢，以疏防越獄降調，尋復之。充熱河理刑司員，劾翁牛特蒙古公賄，黜其爵。累遷郎中。二十年，出爲江南鹽巡道，遷按察使，署江寧布政使。英兵犯江寧，耆英、伊里布令恩彤偕侍衞咸齡赴敵艦議款，隨同定約。事竣，復隨伊里布赴廣東，籌議通商。改番舶互市歸官辦，增減稅則，稽查偸漏，悉由恩彤與粵海關監督文豐商定。調廣東按察使，遷布政使。美利堅人顧盛請入京，恩彤赴澳門辯折，止其行，賜花翎。

二十五年，就擢巡撫。恩彤疏陳洋務，略曰：「欲靖外侮，先防內變。粵民性情剽悍，難與爭鋒，亦難與持久。未可因三元里一戰，遽信爲民足禦侮也。該夷現雖釋怨就撫，而一切駕馭之方與防備之具，不可一日不講。但當示以恩信，妥爲羈縻，一面愼固海防，簡練軍實。尤必撫柔我民，所欲與聚，所惡勿施，以固人心而維邦本。庶在我有隱然之威，因以折彼囂淩之氣。」疏入，上韙之。尋屆京察，與耆英並被議敘。籌備海防，裁虎門屯丁，以沙田租稅充戰船礮臺歲修之費。二十六年，英人爭入城，議久不決，粵民憤不可諭，恩彤前疏不爲時論所與，被劾。會監臨文武鄉試，疏請年老武生給予武職虛銜，詔斥其違例，褫職，交耆英差遣。尋以同知銓選。

二十九年，告養歸。咸豐初，在籍治團練。天津議和，命隨耆英往，恩彤至，則款議已定，仍請終養。同治中，以禦捻匪功，予三品封典。光緒七年，鄉舉重逢，加二品銜。尋卒。

劉韻珂，字玉坡，山東汶上人。由拔貢授刑部七品小京官，洊遷郎中。道光八年，出爲安徽徽州知府，調安慶。歷雲南鹽法道，浙江、廣西按察使，四川布政使。二十年，擢浙江巡撫。定海已陷，韻珂於寧波收撫難民。沿海設防，欽差大臣伊里布駐鎭海督師，琦善方議以香港易還定海，韻珂疏言：「定海爲通洋適中之地，英人已築礮臺、開河道，經營一切。彼或餌漁，盜爲羽翼，其患非小。浙江爲財賦之區，寧波又爲浙省菁華所在，宜預杜覬覦。」尋詔斥伊里布附和琦善，罷去，以裕謙代之，命韻珂偕提督余步雲治鎭海防務。二十一年，英兵退出定海，仍游弈浙洋，裕謙督師赴剿。定海再陷，鎭海、寧波相繼失守，裕謙死之。韻珂檄在籍布政使鄭祖琛率師扼曹娥江，總兵李廷揚、按察使蔣文慶、道員鹿澤良駐防紹興，募勇二萬人守省城，庀守具，淸內奸，撫沙匪十麻子投誠効用，人心以安。英艦窺錢塘江，尋退去。揚威將軍奕經援浙。

二十二年春，規復寧波，不克，擾及奉化、慈谿，戰數不利，命韻珂偕欽差大臣耆英籌辦防務。韻珂疏言：「浙事有十可慮，皆必然之患，無可解之憂，若不早爲籌畫，國家大事豈容屢誤？現在奕經赴海寧查看海口，文蔚留駐紹興調置前路防守，究竟此後作何籌辦，奕經等亦無定見。臣若不直陳，後日倘省垣不守，粉身碎骨，難蓋前愆。伏乞俯念浙省危急，獨操乾斷，飭令將軍等隨機應變，俾浙省危而復安，天下胥受其福。」又力薦伊里布「不貪功，不好名，爲洋人所感戴。其家人張喜亦可用。儻令來浙，或英兵不復內犯。」疏入，上頗採其言，命伊里布隨耆英赴浙，相機辦理。

四月，乍浦陷，伊里布往說英人退兵，於是改犯吳淞，入大江，乃於江寧定和議。韻珂貽書耆英、伊里布等曰：「撫局既定，後患頗多，有不能不鰓鰓過慮者。英船散處粵、閩、浙、蘇較多，其中有他國糾約前來者，粵東又有新到。倘退兵之後，或有他出效尤，或卽英人託名復出，別肆要求，變幻莫測。此不可不慮者一也。洋人在粵，曾經就撫，迨給銀後，滋擾不休，反覆性成，前車可鑒。或復稱國主之言，謂馬、郭辦理不善，撤回本國，別生枝節。此不可不慮者二也。上所獲之郭逆義子陳祿，皆云雖給銀割地，決不肯不往天津，而現索馬頭不及天津，殊爲可疑。能杜其北上之心，方免事後之悔。此不可不慮者三也。通商旣定，自必明立章程，各省關口應輸稅課，萬一洋人仍向商船攔阻，勢不能聽其病商攘課，一經阻止，又啓釁端。此不可不慮者四也。民人與洋人獄訟，應聽有司訊斷，萬一抗不交犯，又如粵東林如美之案，何以戢外暴而定民心？此不可不慮者五也。罷兵之後，各處海口仍須設防，修造戰船礮臺，添設兵伍營卡，倘洋人猜疑阻擾，以致海防不能整頓。此不可不慮者六也。今日漢奸盡爲彼用，一經通商，須治奸民。內地民人投往者，應令全數交出，聽候安插。否則介夫洋漢之間，勢必恃洋犯法，不逞之徒，又將投入，官法難施，必尋衅隙。此不可不慮者七也。既定馬頭，除通商地面不容泊岸，倘有任意闖入，取掠牲畜婦女，民人不平，糾合抗拒，彼必歸咎於官，而興問罪之師。此不可不慮者八也。名曰通商，本非割地，而定海拆毀城垣，建造洋樓，挈眷居住，倘各省均如此，恐非通商體制，腹內之地，舉以畀人，轉瞬即非我有。此不可不慮者九也。中國凋敝，由於漏銀出洋。今各省有洋船，漏銀更甚，大利之源，勢將立竭。會子、交子之弊政將行，國用、民用之生計已絕。此不可不慮者十也。至於議給之款，各省分撥。浙省自軍興以來，商民捐餉賑災，寧波菁華爲洋人搜括，歲事歉收，責以賂敵之款，勢必不應。若如四川之議增糧賦，江、浙萬不能行。故剿敵之款可捐，賂敵之款不可捐，他省完善之地可捐，浙省殘破之餘不可捐。惟亮詧之！」所言並切利害。

韻珂機警多智，數見浙兵不可恃，以戰事委之裕謙、奕經，專固省防，浙人德之。及事急，再創調停之說，而慮成議於浙，爲天下詬，移禍於江蘇。然世多譏其巧於趨避。二十三年，擢閩浙總督。疏言：「浙江舊未與外洋交易，與廣東情事不同。應於耆英等所議章程稍加變通，先申要約。」又籌海疆善後事宜二十四則，下議行。二十四年，疏報廈門開市，鼓浪嶼尚有英兵棲止，恐久假不歸，請諭禁，與領事面訂預杜偷漏稽查洋衆條款。又奏天主教流弊，請稽查傳教之地，不令藏奸；或有藉端滋事，據事懲辦，不牽及習教，俾無藉口。

二十五年，英人始至福州，請於南臺及城內烏石山建洋樓，韻珂難之。士紳見廣東爭議久不決，亦援以拒。英人訴諸耆英，謂不踐原約，則鼓浪嶼且不退還，往復辯論，卒不能阻，而閩人歸咎於韻珂。三十年，文宗卽位，以病乞假，特旨罷職回籍。咸豐二年，坐泉州經歷何士邠犯贓逃逸，追論寬縱，褫職。同治初，召來京，以三品京堂候補。復乞病歸，卒於家。

牛鑑，字鏡堂，甘肅武威人。嘉慶十九年進士，選庶吉士，授編修。遷御史、給事中。道光十一年，出爲雲南糧儲道。歷山東按察使、順天府尹、陝西布政使，與巡撫不合，乞病歸。十八年，起授江蘇布政使，署巡撫。

十九年，擢河南巡撫。整頓吏治，停分發，止攤捐；籌銀二十萬兩，津貼瘠累十五縣；築沁河隄，濬衞河：甚有政聲。二十一年六月，河決祥符，水圍省城。鑑率吏民葺城以守，規地勢洩水，賑撫災黎。時水分二流，一環城西南，一由東南行，均注歸德、陳州，入江南境。鑑以正河斷流，決口難遽塞，議急衞省城。水漲不已，西北隅尤當衝，城垣坍陷十餘處，拋磚石成壩，絙鉅舟以禦之。奇險迭出，晝夜臨陣，民感其誠，同心守護，有不受雇值者。當事急，河督文沖奏省城卑溼不可復居，請擇地遷移。鑑疏言：「一月以來，困守危城，幸保無虞者，實由人心維繫。若一聞遷徙，各自逃生，誰與防守？恐遷徙未及，水已灌城，變生俄頃，奸民乘機搶掠，法令不行，情狀不堪設想。節交白露，水將漸消，惟有殫竭血誠，堅忍守禦，但得料物應手，自可化險爲平。」命大學士王鼎、侍郎慧成往勘。鑑與合疏言省城可守不可遷，決口可堵不可漫，並劾文沖漠視延誤狀，於是褫文沖職。稭料大集，繕治隄壩，水亦漸退，守城凡六十餘日而卒完。命偕王鼎等興工塞決。

會英兵犯浙江，裕謙殉於寧波，命鑑代署兩江總督，尋實授。十月，至蘇州受事，閱海口，偕提督陳化成治防，繕臺增礮，沿海以土塘爲蔽，駐四營居中策應。二十二年四月，英兵既陷乍浦，遂窺吳淞口。五月，敵艦七十餘艘來攻，鑑偕化成督戰，擊沉賊船三，西礮臺及戰艦皆被燬。敵以小舟載兵由小沙背登陸，徐州鎮總兵王志元兵先潰，化成死之。鑑退嘉定，而寶山、上海相繼陷。又退崑山，收集潰兵。壽春鎮總兵尤渤守松江，敵兩次來犯，皆擊卻之。英艦聚泊吳淞口外，揚言將北犯天津。六月，突入江，乘潮上駛，直越圌山關，鑑由京口退保江寧。提督齊愼、劉允孝迎戰京口，不利，退守新豐。鎭江陷，副都統海齡死之。敵艦分薄瓜洲，揚州震動，鹽運使但明倫聽商人江壽民計，賂以六十萬金，遂犯江寧，艦泊下關。

鑑初專防海口，倚陳化成，沿江鵝鼻嘴、圌山關諸要隘倉猝調兵，益無足恃。化成旣死事，鑑知不能復戰，連疏請議撫。耆英、伊里布先後奉命至，英人索五處通商及償款，諸臣未敢遽允；敵兵遂登岸，置大礮臨城，乃悉許之。合疏以保全民命爲請，略曰：「江寧危急，呼吸可虞，根本一搖，鄰近皖、贛、鄂、湘皆可航溯。彼所請雖無厭，而通市外無他圖。與其結兵禍而毒生靈，曷若捐鉅帑以全大局？厦門敵軍雖退，尙未收復。香港、鼓浪嶼、定海、招寶山仍未退還，使任其久踞逡巡，不如歸我土地。旣願循例輸稅，卽爲悔禍嚮風。此後彼因自護租岸，我卽以捍蔽海疆，未始非國家之福。所請平禮虛文，不妨假借。事定之後，亦應釋俘囚以堅和好，寬脅從以安反側。」併附詳條目以聞。八月，和議成，英兵悉退出海洋。

尋以貽誤封疆罪，褫職逮問，讞大辟，二十四年，釋之，命赴河南中牟河工効力。工竣，予七品頂戴，以六部主事用，回籍。咸豐三年，粵匪北擾，予五品頂戴，署河南按察使。四年，命卸任，勸捐募勇，赴陳州，偕徐廣縉剿捻匪，破潁州賊李士林於阜陽方家集，焚其巢，加按察使銜。五年，又破之於霍丘三河，士林尋於湖北就撫。鑑深得河南民心，前勸捐中牟大工，得錢二百萬緡，至是集軍餉復及百萬。敍功，加二品頂戴。以病乞歸。八年，卒。

論曰：顏伯燾懷抱忠憤，而無克敵致果之具。怡良不附和琦善，亦無建樹。祁𡎴依違和戰之間，苟全而已。劉韻珂以術馭人，陰主和議。牛鑑以循吏處危疆，身敗名裂。要之籌邊大計，朝廷無成算，則膺封圻之寄者爲益難，況人事之未盡乎？嗚呼！論世者當觀其微也。

# 清史稿卷三百七十二

## 列傳一百五十九

裕謙　謝朝恩　重祥　關天培　陳連陞　祥福　江繼芸
陳化成　海齡　葛雲飛　王錫朋　鄭國鴻　朱貴

裕謙，原名裕泰，字魯山，博羅忒氏，蒙古鑲黃旗人，一等誠勇公班第曾孫，綏遠城將軍巴祿孫。父慶麟，京口副都統。

裕謙，嘉慶二十二年進士，選庶吉士。散館改禮部主事，遷員外郎。道光六年，出爲湖北荆州知府，始改今名。調武昌，歷荆宜施道、江蘇按察使。十九年，就遷布政使，署巡撫，尋實授。

二十年，英兵陷定海，伊里布奉命往勦，裕謙代署兩江總督。時英艦游奕海門外洋，江南戒嚴。裕謙赴寶山、上海籌防，檄徐州鎭總兵王志元，佐提督陳化成防海口。疏陳規復定海之策，可無慮者四，難緩待者六，謂各省皆可言守，浙江必應議戰，且應速戰。又疏劾琦善五罪，略曰：「英人至天津，僅五船耳，琦善大張其事，遽稱：『畿疆、遼、瀋處處可虞，後來之艦尚多，勢將徧擾南北』。冀聳聽聞，以掩其武備廢弛之咎。張皇欺飾，其罪一。英酋回粵以來，驕桀日甚，琦善惟責兵將謝過，別未設籌，將士解體，軍心沮喪。彼軍乘𠑊，遂衄我師。我船礮縱不如彼，兵數何啻十倍。琦善不防後路，事敗委過前人。試思琦善未至粵時，未聞失機，其又何說？弛備損威，其罪二。沙角、大角礮臺既失，自應迅駐虎門，乃其奏中不及剿堵事，惟以覆書緩兵爲詞，且囑浙省勿進兵。旋以給香港、卽日通商定議，不俟交還定海後奏允奉行。違例擅權，其罪三。既畀香港換出定海，而英人仍欲通商寧波，銷售鴉片。何以不在粵翦斷葛藤？將就苟且，其罪四。義律僅外商首領，向來呈牘，自稱遠商遠職。上年在天津、浙江僭稱公使大臣，琦善不之詳，假以稱號。失體招衅，其罪五。琦善已爲英人藐玩，各國輕視，不宜久於其任。」疏上，宣宗憤琦善受紿，斥伊里布附和，信裕謙忠直可恃。二十一年春，罷伊里布，以裕謙代之。

裕謙至鎭海，英艦已去定海，渡海往治善後事宜。尋實授兩江總督，以浙事付巡撫劉韻珂、提督余步雲，自回江南部署防務。初，英兵在定海，殘虐人民，既退，猶四出游奕。裕謙捕獲兵目，剝皮抽筋而懸之，又掘敵屍焚於通衢。英人遂藉口復讐，大舉再犯浙洋，裕謙率江寧駐防及徐州鎮兵千，馳至鎮海督戰，令總兵葛雲飛、鄭國鴻、王錫朋率兵五千守定海，手緘密諭，付臨陣啓視，退者立斬。

八月，敵艦二十九艘、兵三萬來攻，分三路並進，血戰六晝夜，三鎮並死之，定海陷。越數日，敵由蛟門島進犯鎮海，招寶山爲要衝，余步雲守之，別遣總兵謝朝恩守金雞嶺爲犄角。裕謙疑步雲懷兩端，乃集將士祭關帝、天后，與衆約：「毋以退守爲詞，離城一步；亦毋以保全民命爲詞，受洋人片紙。不用命者，明正典刑，幽遭神殛！」步雲知其意，不預盟誓。及戰，裕謙登城，手援枹鼓，步雲詣請遣外委陳志剛赴敵艦，暫示羈縻，裕謙不許。有頃，敵登招寶山，步雲不戰而退。敵復分兵攻金雞嶺，謝朝恩中礮殞，兩山同陷，鎮海守兵望風而潰。裕謙先誓必死，一日經學宮前，見泮池石鐫「流芳」二字，曰：「他日於此收吾尸也！吾曾祖於乾隆二十一年八月殉難，今值道光二十一年八月，非佳兆。」預檢硃批寄諭、奏稿送嘉興行館，處分家事甚悉。臨戰，揮幕客先去，曰：「勝，爲我草露布；敗，則代辦後事。」至是果投泮池，副將豐伸泰等拯之出，舁至府城，昏憊不省人事。敵且至，以小舟載往餘姚，卒於途，遂至西興，劉韻珂等視其斂。事聞，贈太子太保，予騎都尉兼一雲騎尉世職，附祀京師昭忠祠，於鎮海建立專祠，諡靖節。柩至京，遣成郡王載銳奠醊。

當初敗，余步雲疏報鎮海大營先潰，裕謙不知所往。韻珂等奏至，上始釋疑，予優卹。

幕客陳若木從兵間代裕謙妻草狀，詣闕訟寃，逮步雲論治伏法。嗣子德崚襲世職，以主事用，官至山東候補知府。

謝朝恩，四川華陽人。由行伍從將軍德楞泰勦教匪，積功至都司。累擢閩浙督標副將，從平臺灣張丙亂。道光十四年，擢狼山鎮總兵。從伊里布防鎮海，充翼長。裕謙令守金雞嶺，力戰禦敵。敵別出一隊由沙蟹嶺繞出山後夾攻，遙見招寶山威遠城已爲敵踞，兵遂潰。朝恩扼礮臺，中敵礮，墮海，尸不獲。浙人有親見其死者，歌詠傳其事，與葛雲飛等同稱四鎭云。賜卹，予騎都尉世職。

重祥，張氏，漢軍正黃旗人。世襲一等輕車都尉，金華協副將。從葛雲飛戰定海受傷，復佐守金雞嶺，力戰死之。處州營游擊托雲保，卞氏，亦漢軍旗人，偕重祥同殞於陣，並予雲騎尉世職。

關天培，字滋圃，江蘇山陽人。由行伍洊升太湖營水師副將。道光六年，初行海運，督護百四十餘艘抵天津，被優敍。七年，擢蘇松鎭總兵。十三年，署江南提督。十四年，授廣東水師提督。時英吉利通商漸萌跋扈，兵船闌入內河，前提督李增階以疏防黜，天培代之。至則親歷海洋阨塞，增修虎門、南山、橫檔諸礮臺，鑄六千斤大礮四十座，請籌操練犒賞經費。十八年，英人馬他倫至澳門，託言稽察商務，投函不如制，天培卻之。禁烟事起，偕總督鄧廷楨偵緝甚力。

十九年，林則徐涖廣東，檄天培勒蠆船繳烟二萬餘箱焚之，於是嚴海防，橫檔山前海面較狹可扼，鑄巨鐵鍊橫繫之二重，阻敵舟不能逕過，礮臺乃得以伺擊。則徐倚天培如左右手，常駐沙角，督本標及陽江、碣石兩鎮師船排日操練。七月，英艦突犯九龍山口，爲參將賴恩爵擊退。九月，二艦至穿鼻洋，阻商船進口，挑戰。天培身立桅前，拔刀督陣，退者立斬。有擊中敵船一礮者，立予重賞，發礮破敵船頭鼻，敵紛紛落海，乃遁。

敵艦久泊尖沙嘴，踞爲巢穴。迤北山梁曰官涌，俯視聚泊之所，攻擊最便，天培增礮駐營，敵屢乘隙來爭，不得逞。十月，敵以大艦正面來攻，小舟載兵從側乘潮撲岸，殲之於山岡；復於迤東胡椒角窺伺，礮擊走之。乃調集水陸兵守山梁，參將陳連陞、賴恩爵、張斌，游擊伍通標、德連等爲五路，合同進攻。敵乘夜來犯，五路大礮齊擊，敵舟自撞，燈火皆滅。侵曉瞭望，逃者過半，僅存十餘舟遠泊。次日，復有二敵艦潛進，隨者十數，復諸路合擊，毀其頭船，遂散泊外洋。捷聞，詔嘉奬，賜號法福靈阿巴圖魯。二十年春，英艦雖不敢復進，猶招奸民分路載烟私售。天培沿海搜捕，一日數起，復飭漁船蜑艇乘間焚毀敵舟，英人始改計他犯。

及林則徐罷，琦善代之，一意主撫，至粵，先撤沿海防禦，僅留水師制兵三分之一，募勇盡散，而英人要索甚奢，久無定議，戰釁復起。十二月，英船攻虎門外沙角礮臺，副將陳連陞死之，大角礮臺隨陷，並爲敵踞，虎門危急。天培與總兵李廷鈺分守靖遠、威遠兩礮臺，請援，琦善僅遣兵二百。二十一年正月，敵進攻，守臺兵僅數百，遣將慟哭請益師，無應者。天培度衆寡不敵，乃決以死守，出私財餉將士，率游擊麥廷章晝夜督戰。敵入三門口，衝斷樁練，奮擊甫退，南風大作，敵船大隊圍橫檔、永安兩礮臺，遂陷。進攻虎門，自巳至酉，殺傷相當，而礮門透水不得發，敵自臺後攢擊，身被數十創。事急，以印投僕孫長慶，令去，行未遠，回顧天培已殞絕於地，廷章亦同死，礮臺遂陷。長慶縋崖出，繳印於總督，復往尋天培尸，半體焦焉，負以出。優卹，予騎都尉兼一雲騎尉世職，謚忠節，入祀昭忠祠，建立專祠。母吳年逾八十，命地方官存問，給銀米以養餘年。子從龍襲世職，官安徽候補同知。

陳連陞，湖北鶴峯人。由行伍從征川、楚、陝教匪，湖南、廣東逆瑤，數有功。累擢增城營參將。道光十九年，破英兵於官涌，擢三江協副將，調守沙角礮臺。及英艦來犯，連陞率子武舉長鵬以兵六百當敵數千，發地雷扛礮斃敵數百，卒無援，歿於陣，長鵬赴水死。敵以連陞戰最猛，臠其尸。事聞，詔嘉其父子忠孝兩全，入祀昭忠祠，並建專祠，加等依總兵例賜卹，予騎都尉世職，子展鵬襲，起鵬賜舉人。

祥福，瑪佳氏，滿洲正黃旗人。由親軍累擢冠軍使。出爲湖南寶慶協副將。從提督羅思舉平江華瑤有功。歷綏靖、寧夏、鎮筸諸鎮總兵。二十年，率本鎮兵援廣東。二十一年，守烏涌礮臺，與虎門同時陷，祥福死之，予騎都尉世職，祀昭忠祠。尋詔與關天培同建專祠。子喜瀛，襲世職。

天培等皆以琦善不欲戰，無援，故敗，海內傷之，而福建總兵江繼芸又以顏伯燾促戰而亡。

繼芸，福建福淸人。由行伍拔補千總。道光六年，臺灣張丙之亂，戰枋樹窩、小雞籠，以擒賊功擢守備。累遷臺灣副將。二十年，署南澳鎮總兵。總督鄧廷楨薦其才，尋擢海壇鎮總兵，調金門鎮，從顏伯燾守廈門。二十一年，廣東方議款，英艦游弈閩洋。伯燾素主戰，庀船礮備出擊，而新裁水勇未散，軍心不堅，繼芸以爲言，伯燾不聽。七月，英艦泊鼓浪嶼，集水陸師禦諸嶼口，礮毀敵舟，而敵已撲礮臺登岸，陸師先潰，繼芸急赴援，中礮落海死。護理延平協副將淩志、淮口都司王世俊同殉。淩志，富察氏，滿洲鑲黃旗人。

陳化成，字蓮峯，福建同安人。由行伍授水師把總。嘉慶中，從提督李長庚擊蔡牽，數有功，以勇聞。累擢烽火門參將。總督董教增薦其久歷閩、粵水師，手擒巨盜四百八十餘人，勤勞最著，請補澎湖副將，以籍隸本省，格不行。遷瑞安協副將。道光元年，乃調澎湖。歷碣石、金門兩鎮總兵。十年，擢福建水師提督。十二年，英吉利船駛入閩、浙、江南、山東洋面，命化成督師巡邏，以備不虞。同安潘塗、官潯、柏頭諸鄉素爲盜藪，掩捕悉平之。二十年，英艦犯閩，化成率師船擊之於梅林洋，尋退去。調江南提督。江南水師素怯懦，化成選閩中親軍教練，士氣稍振。籌備吳淞防務，修臺鑄礮，沿海塘築二十六堡。化成枕戈海上凡二年，與士卒同勞苦，風雨寒暑不避，總督裕謙、牛鑑皆倚爲長城。當定海三總兵戰歿，裕謙亦殉，化成哭之慟，謂所部曰：「武臣死於疆場，幸也。汝曹勉之！」吳淞口以東西礮臺爲犄角，化成率參將周世榮守西臺，參將崔吉瑞、游擊董永清守東臺，而徐州鎮王志元守小沙背，以防繞襲。

二十二年五月，敵來犯，泊外洋，以汽舟二，列木人兩舷，繞小沙背嚮西臺，欲試我礮力。化成知之，不發，敵舟旋去，以水牌浮書約戰。牛鑑方駐寶山，慮敵鋒不可當。化成曰：「吾經歷海洋四十餘年，在礮彈中入死出生，難以數計。今見敵勿擊，是畏敵也。奉命討賊，有進無退。扼險可勝，公勿怖！」鑑乃以化成心如鐵石，士卒用命，民情固結入告，詔特嘉之。越數日，敵艦銜尾進，化成麾旗發礮，燬敵艦三，殲斃甚衆。鑑聞師得力，親至校場督戰，敵以桅礮注擊，毀演武廳，鑑遽退。敵攻壞土塘，由小沙背登岸，徐州兵先奔，東臺亦潰，萃攻西臺，部將守備韋印福，千總錢金玉、許攀桂，外委徐大華等皆戰死。尸積於前，化成猶揮子藥親發礮，俄中彈，噴血而殞。礮臺既失，寶山、上海相繼陷。越八日，鄉民始負其尸出，殮於嘉定。事聞，宣宗震悼，特詔優卹，賜銀一千兩治喪，予騎都尉兼一雲騎尉世職，謚忠愍，於殉難處所及原籍並建專祠。子廷芳，襲世職；廷棻，賜舉人。

海齡，郭洛羅氏，滿洲鑲白旗人。由驍騎校授張家口守備。累擢大名、正定兩鎮總兵。以事降二等侍衞，充古城領隊大臣。歷西安、江寧、京口副都統。英兵既陷吳淞，由海入江，六月，犯鎮江，提督齊慎、劉承孝敗退，遂攻城，海齡率駐防兵死守二日，敵以雲梯入城屠旗、民，海齡與全家殉焉。予騎都尉兼一雲騎尉世職，謚昭節，入祀昭忠祠，並建祠鎮江，妻及次孫附祀。當城破時，海齡禁居民不得出，常鎮道周頊棄城走，事後訐海齡妄殺良民，爲衆所戕，言官亦論奏，下疆吏究勘得白，詔以闔門死難，大節無虧，仍照都統例賜卹，治頊罪如律。子宜蘭泰，襲世職。

葛雲飛，字雨田，浙江山陰人。道光三年武進士，授守備，隸浙江水師。勤於緝捕，常微服巡洋，屢獲劇盜，有名。洊擢瑞安協副將。十一年，署定海鎮總兵，尋實授。以父憂歸。

二十年，英兵犯定海，總兵張朝發戰敗失守，巡撫烏爾恭額、提督祝廷彪强起雲飛墨絰從軍，總督鄧廷楨亦薦其可倚，署定海鎮。雲飛議先守後戰，扼招寶、金雞兩山，列礮江岸，築土城，集失伍舊兵訓練，軍氣始振。英人安突得出測量形勢，以計擒之，敵始有戒心。雲飛乘機圖恢復，未果。二十一年，廣東議款，以香港易定海，欽差大臣伊里布令雲飛率所部渡海收地，然後釋俘，以三鎮帥偕往。三鎮者，壽春鎮王錫朋、處州鎮鄭國鴻也。旣而裕謙代伊里布，改議戰守，雲飛以定海三面皆山，前臨海無蔽，請於衜頭築土城，竹山、曉峯嶺增礮臺，而衜頭南五奎山、吉祥門、毛港悉置防爲犄角。裕謙以費鉅未盡許，則請借三年廉俸興築，益忤裕謙。尋至定海，見雲飛靑布帕首、短衣草履，奔走烈日中；又聞其巡洋捕盜傷臂，奪盜刃刺之，始服其忠勇。迨英兵復來犯，礮擊敵艦於竹山門、東港浦，迭卻之，加提督銜。於是雲飛屯衜頭土城，錫朋、國鴻分防曉峯、竹山。雲飛獨當敵衝，敵連檣進突，登五奎山，礮擊紅衣夷目，乃退。次日，敵蔽山後發礮仰擊，亦隔山應之。夜，敵乘霧至，直逼土城，礮中載藥敵船，轟殲甚衆。越日，乃肉搏來奪曉峯嶺，分攻竹山門，錫朋、國鴻皆戰歿，縣城遂陷。敵萃攻土城，雲飛知不可爲，出敕印付營弁，率親兵二百，持刀步入敵中，轉鬬二里許，格殺無算。至竹山麓，頭面右手被斫，猶血戰，身受四十餘創，礮洞胸背，植立崖石而死。定海義勇徐保夜負其尸，浮舟渡海。是役連戰六晝夜，斃敵千餘，卒以衆寡不敵，三鎭同殉。事聞，宣宗揮淚下詔，賜金治喪，卹典依提督例，予騎都尉兼一雲騎尉世職，諡壯節。賜兩子文武舉人，以簡襲世職，官至甘肅階州知州；以敦官守備。

雲飛兼能文，著有名將錄、製械製藥要言、水師緝捕管見、浙海險要圖說及詩文集。事母孝，母亦知大義，喪歸，一慟而止，曰：「吾有子矣！」

錫朋，字樵傭，順天寧河人。以武舉授兵部差官，遷固原游擊。從陝甘總督楊遇春征回疆，大河拐、洋阿爾巴特、沙布都爾、渾河諸戰並有功，賜花翎，擢湖南臨武營參將。十二年，從剿江華瑤趙金龍，賜號銳勇巴圖魯，擢寶慶協副將。又平廣東連州瑤，功最。擢汀州鎭總兵，以憂歸。十八年，起授壽春鎭總兵。

二十年，偕提督陳化成防吳淞，伊里布調援寧波。尋偕葛雲飛等守定海。敵至，錫朋初守竹山門，為諸軍應援，數獲勝。及敵乘霧登曉峯嶺，以無巨礮不能禦，率兵奮擊，並分援竹山，所部裨弁朱匯源、呂林環、劉桂五、夏皎忠、張魁甲先後陣歿，衆且盡，錫朋手刃數人，遂遇害。久之始得其尸，面如生，耳際有創。巡撫劉韻珂驗實，為改殮，卹典加等，予騎都尉兼一雲騎尉世職，諡剛節。子承泗、承瀚，並賜文舉人，承泗襲世職，官山西溫州知州；承瀚工部主事。

國鴻，字雪堂，湖南鳳凰廳人。父朝桂，貴州副將。伯父廷松，鎭筸千總，殉苗難，無子，以國鴻嗣，襲雲騎尉。從傅鼐剿苗，授永綏屯守備，洊擢寶慶副將。道光二十年，擢處州鎮總兵，調防鎮海，充翼長。定海旣還，移兵分守要隘。敵艦初犯竹山門，國鴻發巨礮斷其桅，遂以竹山爲分汛地。戰連日，久雨，往來泥淖。及敵分三路同時來撲，國鴻奮擊，槍礮皆熱不可用，短兵拒戰，而土寇導敵奪曉峯嶺，險要盡失，國鴻單騎衝陣，被數十創而殞，依總兵賜卹，予騎都尉世職，追諡忠節。子鼎聲已歿，賜其孫鍔、銛並爲舉人，鍔襲騎都尉，七品小京官；銛襲雲騎尉。出繼之子鼎臣，批驗大使，從軍中，揚威將軍奕經令募水勇攻敵海山港，賜花翎、四品頂戴。三鎭死事最烈，並入昭忠祠。定海收復，建立專祠，合祀雲飛、錫朋，並許原籍各建專祠。

當定海之初陷也，總兵張朝發戰於港口，兵敗，身受礮傷，知縣姚懷祥、典史全福皆死之。時咎朝發不專守陸路，巡撫烏爾恭額疏劾逮治。朝發已以傷殞，卹典不及焉。浙中戰事以定海爲最力。後揚威將軍奕經督師，將帥多闒茸，戰事如兒戲，惟金華協副將朱貴稱忠勇。

貴，字黻堂，甘肅河州人。以武生入伍，從征川、陝教匪，剿藍號賊於盧家灣。賊渠冉學勝伏密箐中，以長矛刺傷主將，貴奪其矛而擒之，勇冠軍中。滑縣、三才峽諸役，皆在事有功，累擢涼州守備。道光初，從楊遇春戰回疆，擢游擊，歷陝西西安參將、署察漢托洛亥副將。二十一年，擢浙江金華協副將。揚威將軍奕經督師，貴率陝甘兵九百以從。時兵多新募，惟貴所部最號勁旅。

二十二年春，奕經規復寧波、鎮海，令貴當鎮海一路，行未至，寧波已失利，止勿進，調赴長谿嶺大營，遂屯慈谿城西大寶山。敵乘勝以二千人自大西壩登岸，貴率所部迎擊，斃敵四百餘人。再卻再進，自辰至申，軍中不得食，猶酣戰。鄉勇忽亂隊，敵由山後鈔襲，增者幾倍。又三艦自丈亭江直逼山下，長谿大營驚潰。貴腹背被攻，怒馬斫陣，中槍馬倒，躍起奪敵矛奮鬭，傷要害，乃踣。子武生昭南，以身障父，同時陣亡。部下游擊黃泰，守備徐宦、陳芝蘭，浙江候補知縣顏履敬等，兵卒三百餘人，同死。詔嘉其忠勇，依總兵例賜卹，予騎都尉世職，子廷瑞襲。昭南予雲騎尉世職，子綱甫四歲，命及歲襲職。

阿木穰，世襲土司，大金河千總，加副將銜、巴圖魯勇號。哈克里，瓦寺土守備，率金川屯練赴軍，皆趫捷奮勇，戰輒爭先。冠虎形，奕經占有虎頭之兆，令赴前敵，從提督段永福攻寧波。敵已爲備，至則城門不閉。阿木穰率土司兵先入，中地雷同歿。哈克里攻奪招寶山，猱升而上，搶入威遠城。敵艦自金雞山翦江至，用礮仰擊，遂不支而退，後亦殉難，浙人哀之。自朱貴大寶山之戰，敵受創甚鉅，遂戒深入，慈谿縣城獲完。士民思其功，爲建祠報賽，阿木穰、哈克里亦附祀焉。

論曰：海疆戰事起，既絀於兵械，又昧於敵情，又牽掣於和戰之無定，畏葸者敗，忠勇者亦敗。專閫之臣，忘身殉國，義不返踵，亦各求其心之所安耳。嗚呼，烈已！偏裨授命者，附著於篇。

# 清史稿卷三百七十三

## 列傳一百六十

宗室奕山 隆文 宗室奕經 文蔚 特依順 余步雲

宗室奕山，恂郡王允禵四世孫，隸鑲藍旗。授乾清門侍衞。道光七年，從征喀什噶爾，擢頭等侍衞、御前行走。歷伊犂領隊大臣、參贊大臣。十八年，授伊犂將軍。二十年，偕副都統關福赴塔什圖畢治墾務，闢田十六萬四千餘畝，奏請置回千戶及五品伯克以下官。召授正白旗領侍衞內大臣、御前大臣。

二十一年，命爲靖逆將軍，督師廣東，尚書隆文、提督楊芳爲參贊副之。時英兵已陷虎門，楊芳先至，聽美利堅人居間，乞許通商，被嚴斥，促奕山速赴軍。三月，抵廣州。英艦橫亙省河，奕山問計於林則徐，則徐議先遣洋商設法羈縻，俾英艦暫退；塞河道，積沙囊於岸以禦礮，然後以守爲攻。奕山不能用，且自琦善撤防，舊儲木樁鉅石皆爲敵移去，時以杉板小船游弋以誘我師。楊芳主持重，以募勇未集，不欲浪戰。奕山初亦然之，既而惑於左右言，欲僥倖一試，芳止之不可。夜進兵，乘風燬七艘，報捷，詰旦乃知誤焚民舟，而英兵大至，連舟抵城下；禦於河南，互有殺傷，遂閉城。

敵以輪船襲泥城，副將岱昌等聞礮先遁，燬師船六十有奇，城外東西礮臺並陷。英兵進踞後山四方礮臺，奕山居貢院，礮火及焉，軍民惶懼，乃遣廣州知府余保純出城見義律議息兵。義律索烟價千二百萬，美商居間減其半，並許給香港全島，英兵乃退。奕山偕隆文先退，屯距城六十里小金山，諱敗爲勝。疏言：「義律窮蹙乞撫，照舊通商，改償費爲追交商欠，由粵海關及藩運兩庫給之。」宣宗覽奏，以夷情恭順，詔允所請。閩浙總督顏伯燾迭疏劾其欺罔，下廣西巡撫梁章鉅察奏，乃得其狀，報聞。

英人既得賂於粵，移兵犯閩、浙。奕山等始收回大黃滘、獵德、虎門諸礮臺，塡塞省河。鄉民於義律未退時，困之三元里，余保純趨救始得出。於是團練日盛，中外皆言粵民可用，遂撤客軍，改募練勇。迭詔趣奕山等規復香港，實不能戰，惟屢疏陳颶風漂沒敵船，毀香港蓬寮，藉修礮臺未竣、造船未就爲詞，以塞嚴詔。二十二年，英人撤義律回國，以濮鼎查代之，大舉犯浙江、江蘇。詔斥奕山陳奏欺詐，嚴議褫御前大臣、領侍衛內大臣、左都御史，仍留漢軍都統任。及和議定，追論援粵失機，褫職治罪，論大辟，圈禁宗人府空室。

二十三年，釋之，予二等侍衞，充和闐辦事大臣，調伊犂參贊大臣，署將軍。二十七年，調葉爾羌參贊大臣。安集延布魯特、回匪入邊，圍喀什噶爾、英吉沙爾，命陝甘總督布彥泰督師討之，奕山爲副，連破賊於科科熱依瓦特及蘇噶特布拉克，賊遁走。論功，封二等鎭國將軍，賜雙眼花翎。尋授內閣學士，調伊犂參贊大臣，兼鑲黃旗蒙古都統。二十九年，授伊犂將軍。俄羅斯遣使至伊犂，請於伊犂、塔爾巴哈台、喀什噶爾三處通商，詔允其二，惟喀什噶爾不許。咸豐元年，俄人復固請，仍拒之，偕參贊布彥泰與定伊塔通商章程十七條。祭酒勝保疏論當仿恰克圖通商舊例，限以時日、人數。奕山議：「撫馭外夷以信爲主，旣已議定章程，旋改必有藉口。」如所請行。累授內大臣、御前大臣，仍留將軍任。

五年，調黑龍江將軍。時俄羅斯以分界爲名，欲得黑龍江、松花江左岸地，遣艦入精奇里江，建屋於霍爾托庫、圖勒密、布雅里。奕山疏陳陽撫陰防之策。七年，俄使請入京，拒不許。八年，俄人偕英、法、美三國合兵犯天津。三國窺商利，而俄志在邊地，於是俄使木里裴岳幅至愛琿，堅請畫界，奕山允自額爾古納河口循黑龍江至松花江左岸之地盡屬之俄。俄使知奕山昧於地勢，駐兵黑龍江口，復索綏芬河、烏蘇里江地，奕山懾其兵威，勿能抗，疏稱未許，然已告俄使可比照海口等處辦理。踰年，與俄使會於愛琿，定約三條，鑱滿、蒙、漢三體字爲界碑。大理寺少卿殷兆鏞劾奕山：「以邊地五千餘里，藉稱閒曠，不候諭旨，拱手授人，始既輕諾，繼復受人所制，無能轉圜。」詔切責之，革職留任；又以縱俄艦往黑龍江不之阻，褫御前大臣，召回京。

十一年，聯軍在京定約，因奕山前議，自烏蘇里江口而南踰興凱湖，至綏芬河、瑚布圖河口，復沿琿春河達圖們江口，以東盡與俄人，語具邦交志。尋復御前大臣，補正紅旗蒙古都統。同治中，封一等鎭國將軍，授內大臣。以疾罷。光緒四年，卒，謚莊簡。子載鶩，理藩院侍郎。載鶩子溥瀚，鑲黃旗蒙古副都統；孫毓照，一等奉國將軍。

隆文，伊爾根覺羅氏，滿洲正紅旗人。嘉慶十三年進士，選庶吉士，散館改刑部主事。坐事罷職，捐復，授翰林院侍講。累擢內閣學士。道光中，充駐藏大臣。歷吏部、戶部侍郎，左都御史，刑部、兵部尚書，軍機大臣。屢奉使出讞獄。偕奕山督師廣東，意不相合，甫至，病，憂憤而卒，謚端毅。

宗室奕經，成親王永瑆孫，貝勒綿懿子，承繼循郡王允璋後，隸鑲紅旗。授乾清門侍衞，歷奉宸院卿、內閣學士，兼副都統、護軍統領。道光三年，坐失察惇親王肩輿擅入神武中門，褫兼職，留內閣學士任。五年，遷兵部侍郎。十年，從征喀什噶爾回匪，事平回京，歷吏部、戶部侍郎。十四年，出爲黑龍江將軍。十六年，召授吏部尚書，兼步軍統領。二十一年，協辦大學士。

英兵犯浙江，定海、鎭海及寧波府城相繼陷，裕謙死事，命爲揚威將軍，督師往剿，都統哈哴阿、提督胡超爲參贊，尋易侍郎文蔚、都統特依順副之。陛辭日，宣宗御勤政殿，訓示方略，特詔：「申明軍紀，凡失守各城逃將逃兵，軍法從事。」發交內庫花翎等件，有功者立予懋賞，勉以恩威並用，整飭戎行。大學士穆彰阿奏請釋琦善出獄，隨赴軍前効力，奕經卻之。

奕經分屬懿親，素謹厚，爲上所倚重，奉命專征，頗欲有爲而不更事，尤昧兵略。奏調陝甘、川、黔兵一萬人，請撥部餉一萬兩，倉猝未集，駐蘇州以待。上以諸將少可恃者，命凡文武員弁及士民商賈有奇材異能一藝可取者，許詣軍前投効。奕經渡江後，於營門設木匭，納名刺延見，且許密陳得失。於是獻策者四百餘人，投効者一百四十餘人，而軍中所辟僚佐，多闒冗京員，投効者亦無異才。惟宿遷舉人臧紆青自負氣節，爲言議撫徒損國威，始決主戰；又勸劾斬失律提督余步雲以立威望，疏具而旋寢。以浙兵屢潰，不堪臨陣，召募山東、河南、安徽義勇。

浙事日亟，巡撫劉韻珂促援，遲不至，遂相惡。久駐江蘇，以供應之累，官吏亦厭之，餉需文報，皆延擱不時應。十二月，始抵杭州。前泗州知州張應雲獻策規復寧波，奕經、文蔚皆然之，遂令總理前敵營務。應雲以重貲購寧波府吏陸心蘭爲內應，日報機密多虛誑。奕經禱於西湖關廟，占得「虎頭」之兆，乃議於二十二年正月寅日寅時進兵，屢遣諜，爲敵所獲，漏師期。初，英兵踞府城僅二三百人，艦泊定海。至是，濮鼎查率十九艘兵二千散泊江岸，早爲之備矣。奕經由紹興進曹娥江，而慈谿敵兵退。應雲請急進，遂駐慈谿東關，文蔚分屯長谿嶺，令提督段永福、余步雲等趨寧波，游擊劉天保趨鎭海，副將朱貴駐大寶山，而應雲率所募義勇駐駱駝橋，爲諸軍策應，約於正月晦數路並舉。而敵已勾結應雲部勇，勢且生變，不及待期，先二日輕軍分襲，不攜槍礮。永福等入寧波南門，中地雷，天保甫及鎭海城下，爲敵礮擊退，皆大敗。越日，應雲所具火攻船爲敵所焚，軍中自驚，奔大寶山。朱貴收集潰兵圖進攻，敵兵已至，力戰竟日，殺傷相當，無援，貴死之。文蔚聞敗亦退，軍資器械棄失殆盡。奕經留軍紹興，回駐杭州，自請嚴議，詔原之。英艦乘勝由海窺錢塘江，以尖山海口淺阻，尋退去。

鄭鼎臣者，殉難總兵國鴻子，曾從父軍。奕經予二十四萬金，令募水勇規復定海，聞寧鎭之敗，逡巡海上。奕經督之嚴，乃報三月三日敗敵於定海十六門洋面，燬船數十，殲斃數百。劉韻珂以爲欺罔，奕經遣侍衞容照等出洋查勘，得焚燬船木及壞械回報，乃疏聞，賜奕經雙眼花翎，鼎臣亦被獎。時寧波英兵忽退，留艦招寶山海口，改犯乍浦，陷之。奕經不能赴援，而以收復寧波奏，詔斥不先事預防，革職留任。既而英兵犯江南，陷鎮江，逼江寧，命奕經赴援，尋命駐王江涇防禦。奕經自寧波、慈谿之敗，軍心渙散，不能復用，益爲劉韻珂所揶揄，議守議撫，一不使聞。及和議成，撤師，詔布奕經等勞師糜餉、誤國殃民罪狀，逮京論大辟。

圈禁踰年，與琦善同起用，予四等侍衞，充葉爾羌幫辦大臣。爲御史陳慶鏞論劾，仍褫職。未幾，復予二等侍衞，充葉爾羌參贊大臣，調伊犂領隊大臣。坐審鞫英吉沙爾領隊大臣齋清額誣捕良回獄不當，褫職發黑龍江。三十年，釋回。咸豐初，歷伊犂、英吉沙爾領隊大臣。二年，召授工部侍郎，調刑部，兼副都統。三年，命率密雲駐防赴山東防粵匪，卒於徐州軍次，依侍郎例賜卹。

文蔚，費莫氏，滿洲正藍旗人。嘉慶二年進士，授翰林院檢討。累擢至兵部、工部侍郎，兼副都統、內務府大臣。方其駐長谿嶺也，聞諸路軍皆不利，欲移營走。敵雜難民潰兵猝至，焚燬營帳，乃奔曹娥江，收集潰兵，退保紹興。欲渡錢塘江，爲劉韻珂所阻。尋以定海報捷，加頭品頂戴。軍事竣，追論失機，褫職下獄。踰年，釋出，予三等侍衞，充古城領隊大臣，復褫職。咸豐初，歷喀喇沙爾、哈密辦事大臣，駐藏大臣，奉天府尹。五年，卒。

特依順，他塔喇氏，滿洲正藍旗人，福州駐防。累遷協領。道光十三年，從平臺灣張丙亂，擢荆州副都統。歷騰越鎭總兵、密雲副都統、寧夏將軍。二十一年，予都統銜，授參贊大臣，督師廣東。尋命改赴浙江辦理軍務，駐守省城，署杭州將軍，遂實授。乍浦陷，坐革職留任。和議成，命籌辦浙江善後事宜。二十六年，調烏里雅蘇台將軍。二十九年，卒。

余步雲，四川廣安人。嘉慶中，以鄉勇從勦教匪，積功至游擊。平瞻對叛番，累擢重慶鎭總兵。道光七年，率本鎭兵從楊遇春征回疆，破賊洋阿爾巴特莊；偕楊芳擊賊於毘拉滿，大敗之，復和闐，追擒賊酋玉努斯，授乾清門侍衞，擢貴州提督。調湖南。十二年，率貴州兵勦江華瑤趙金龍，偕提督羅思舉破賊巢，金龍就殲，加太子少保。復破粵瑤於永州藍山，擒其渠。從尚書禧恩赴廣東勦連州瑤，平之，賜雙眼花翎，予一等輕車都尉世職。歷四川、雲南提督，復調貴州。十八年，擒仁懷匪首謝法眞，加太子太保，調福建提督。

二十年，英兵初陷定海，率師赴援，調浙江提督。二十一年，定海既收還，步雲駐防鎭海。裕謙來督師，疏言步雲不可恃，未及易而英兵猝至，復陷定海，三鎭戰歿。步雲屯招寶山，總兵謝朝恩分守金雞嶺。步雲號宿將，實巧猾無戰志，又嗛裕謙剛愎，將戰，裕謙召與盟神誓師，託疾不赴，且獻緩敵之策。敵攻其前，而以小舟載兵由石洞攀援登後山，步雲遽棄礮臺走，敵乃據招寶山俯擊鎭海城，金雞嶺及縣城先後陷。步雲退寧波，敵掩至，墜馬傷足，僅免，府城遂陷。步雲疏聞，委敗於裕謙。裕謙既歿，其妻赴京訟之。二十二年，從奕經規復寧波，不克，褫步雲職，逮京，命軍機大臣會刑部訊鞫。廷臣爭劾其罪，亦有原之者，獄久延，尚書李振祜堅持，讞乃定。詔曰：「余步雲膺海疆重寄，未陣獲一賊，身受一傷，首先退縮，以致將士效尤，奔潰棄城，直同兒戲。儻不置之法，不惟無以肅軍政而振人心，且何以慰死節諸臣於地下？」步雲遂棄市。

論曰：奕山、奕經，天潢貴胄，不諳軍旅，先後棄師，如出一轍，事乃益不可爲。其人皆庸闇不足責，當時廷臣不能預計，疆吏不能匡救，可謂國無人焉。奕山後復棄東北邊地，其貽患尤深。余步雲庸懦巧猾，卒膺顯戮。宣宗於僨事諸人，皆從寬典，伸軍律者，僅步雲一人耳。

# 清史稿卷三百七十四

## 列傳一百六十一

姚文田　戴敦元　朱士彥　何淩漢　李振祜　宗室恩桂

姚文田，字秋農，浙江歸安人。乾隆五十九年，高宗幸天津，召試第一，授內閣中書，充軍機章京。嘉慶四年一甲一名進士，授修撰。迭典廣東、福建鄉試，督廣東、河南學政，累遷祭酒。

十八年，入直南書房。會因林清之變，下詔求言，文田疏陳，略謂：「堯、舜、三代之治，不越教養兩端：爲民正趨向之路，知有長上，自不干左道之誅；爲民廣衣食之源，各保身家，自不致有爲惡之意。近日南方患賦重，北方患徭多，民困官貧，急宜省事。久督撫任期，則州縣供億少，寬州縣例議，則人才保全多。」次年復上疏，言：「上之於下，不患其不畏，而患其不愛。漢文吏治蒸蒸，不至於姦，愛故也。秦顓法律，衡石程書，一夫夜呼，亂者四起，畏故也。自數年來，開上控之端，刁民得逞其奸；大吏畏其京控，遇案親提，訐訴不過一人，牽涉常至數十，農商廢業，中道奔波，受胥吏折辱，甚至瘐死道斃。國家慎刑之意，亦曰有冤抑耳。從前馬譚氏一案，至今未有正兇，無辜致斃者累累。是一冤未雪，而含冤者且數十人。承審官刑撻橫加，以期得實，其中寃抑，正復不少。欲召天和，其可得乎？頃者林淸搆逆，搜捕四出，至今未已。小人意圖見長，不能無殃及無辜，奉旨嚴禁，仰見皇上如天之仁。臣以爲事愈多則擾愈衆，莠民易逞機謀，良善惟增苦累。應令大小官吏，可結速結，無多株引，庶上下相愛，暴亂不作矣。至所謂養民之政，不外於農桑本務。大江以南，地不如中原之廣，每歲漕儲正供，爲京畿所仰給者，無他，人力盡也。兗州以北，古稱沃衍；河南一省，皆殷、周畿內；燕、趙之間，亦夙稱富國。今則地成曠土，人盡惰民，安得不窮困而爲盜賊？歲一歉收，先請緩徵，稍甚則加錫貸，又其甚則截漕發粟以賑之，所以耗國帑者何可算也。運河屢淤，東南漕未可恃，設有意外，何以處此？臣見歷來保薦州縣，必首列勸課農桑，其實盡屬虛談，從無過問。大吏奏報糧價，有市價至四五千錢，僅報二兩內外，其於收成，又虛加分數，相習成風。但使董勸有方，行之一方而收利，自然爭起相效，田野皆闢，水旱有資，豈必盡資官帑，善政乃行哉？民之犯刑，由於不率敎；其不率敎，由於衣食缺乏而廉恥不興。其次第如此，故養民爲首務也。」奏入，仁宗嘉納之，特詔飭各省以勸課農桑爲亟，速清訟獄，嚴懲誣枉。

二十年，擢兵部侍郎，歷戶部、禮部。二十二年，典會試。二十四年，督江蘇學政。道光元年，江、浙督撫孫玉庭等議禁漕務浮收，明定八折，實許其加二。文田疏陳積弊曰：「乾隆三十年以前，並無所謂浮收。厥後生齒日繁，物價踴貴，官民交困，然猶止就斛面浮取而已。未幾而有折扣之舉，始每石不過折耗數升，繼乃至五折、六折不等。小民終歲勤動，事畜不贍，勢必與官抗。官卽從而制之，所舉以爲民罪者三：曰抗糧，曰包完，曰掗交醜米。民間零星小戶、貧苦之家，拖欠勢所必有。若家有數十百畝之產，竟置官賦於不問，實事所絕無。今之所謂抗糧者，如業戶應完若干石，多賫一二成以備折收，書吏等先以淋尖、踢脚、灑散多方糜耗，是已不敷；再以折扣計算，如准作七折，便須再加三四成，業戶必至爭執。間有原米運回，州縣卽指爲抗欠，此其由也。包完者，寡弱之戶，轉交有力者代爲輸納。然官吏果甚公正，何庸託人？可不煩言而自破。民間運米進倉，男婦老幼進城守待，陰雨溼露，猶百計保護，恐米色變傷。謂其特以醜米掗交，殆非人情。惟年歲不齊，米色不能畫一，亦間有之。然官吏非執此三者，不能相制，生監暫革，齊民拘禁，俟其補交，然後請釋。不知此皆良民，非莠民也。此小民不能上達之實情也。然州縣亦有不能不爾者，自開倉訖兌運，修整倉廒蘆席、竹木、繩索、油燭百需，幕丁胥役脩飯工食，加以運丁需索津貼滋甚，至其平日廉俸公項不能敷用。無論大小公事，一到卽須出錢料理。卽如辦一徒罪之犯，自初詳至結案，約須百數十金。案愈巨則費愈多。遞解人犯，運送糧鞘，事事皆需費用。若不取之於民，謹厚者奉身而退，貪婪者非向詞訟生發不可，吏治更不可問。彼思他弊獲咎愈重，不若浮收爲上下咸知，故甘受民怨而不惜。其藉以自肥者固多，而迫於不獲已者蓋亦不少。言事者動稱『不肖州縣』，州縣亦人耳，何至一行作吏，便行同苟賤？此又州縣不能上達之實情也。州縣受掊克之名，而運丁陰受其益，然亦有不能不然者。昔時運道深通，運丁或藉來往攜貨售賣以贍用；後因黃河屢經倒灌，運道受害，慮其船重難行，嚴禁多帶貨物。又從前回空帶鹽，不甚搜查；近因鹽商力絀，未免算及瑣屑，而各丁出息遂盡。加以運道日淺，反多添夫撥淺之費。此費不出之州縣，更無所出。此又運丁不能上達之實情也。數年前因津貼日增，於是定例只准給三百兩。運丁實不濟用，則重船不能開，州縣必獲咎戾，不免私自增給，是所謂三百兩者虛名耳。頃又以浮收過甚，嚴禁收漕不得過八折。州縣入不敷出，則强者不敢與較，弱者仍肆朘削，是所謂八折者亦虛名耳。然民間執詞抗官，官必設法箝制，而事端因以滋生，皆出於民心之不服。若將此不靖之民盡法懲處，則既困浮收，復陷法網，民心恐愈不平。若一味姑容隱忍，則小民開犯上之風，將致不必收漕，而亦目無官長。其於紀綱法度，所關實爲匪細。」疏入，下部議。時在廷諸臣多以爲言，文田持議切中時弊，最得其平。詔禁浮收，裁革運丁陋規，八折之議遂寢。四年，擢左都御史。七年，遷禮部尚書。尋卒，依尚書例賜卹，謚文僖。

文田持己方嚴，數督學政，革除陋例，斥僞體，拔眞才，典試號得士。論學尊宋儒，所著書則宗漢學。博綜羣籍，兼諳天文占驗。林清之變未起，彗入紫微垣；道光初，彗見南斗下，主外夷兵事：文田皆先事言之。

戴敦元，字金溪，浙江開化人。幼有異稟，過外家，一月盡讀其室中書。十歲舉神童，學政彭元瑞試以文，如老宿；面問經義，答如流。歎曰：「子異日必爲國器！」年十五，舉鄉試。乾隆五十五年，成進士，選庶吉士，散館改禮部主事，銓授刑部主事，典山西鄉試。累遷郎中。嘉慶二十四年，出爲廣東高廉道。道光元年，擢江西按察使。

敦元初外任，以情形非素習，蘇州多粤商，過訪風土利弊，久之始去，盡得要領。至江西，無幕客，延屬吏諳刑名者以助，數月清積牘四千餘事。二年，遷山西布政使，單車之任，輿夫館人莫知爲達官。藩署有陋規曰釐頭銀，上下取給，敦元革之，曰：「官有養廉，僕御官所豢，何羸餘之有？」調湖南，護理巡撫。三年，召授刑部侍郎，自此歷十年，未遷他部，專治刑獄，剖析律意，於條例有罅漏，及因時制宜者，數奏請更定。每日部事畢，歸坐一室，謝絕賓客。十二年，擢刑部尙書，典會試。十四年，卒，優詔賜卹，稱其淸介自持，克盡職守，贈太子太保，諡簡恪。

敦元博聞强識，目近視，觀書與面相磨，過輒不忘。每至一官，積牘覽一過，他日吏偶誤，輒摘正之，無敢欺者。奏對有所諮詢，援引律例，誦故牘一字無舛誤，宣宗深重之。至老，或問僻事，指某書某卷，百不一爽。嘗曰：「書籍浩如烟海，人生豈能盡閱？天下惟此義理，古今人所談，往往雷同。當世以爲獨得者，大抵昔人唾餘。」罕自爲文，僅傳詩數卷。喜天文、律算，討論有年，亦未自立一說。卒之日，笥無餘衣，囷無餘粟，庀其貲不及百金，廉潔蓋性成云。

朱士彥，字修承，江蘇寶應人。父彬，績學通經，見儒林傳。士彥承家學。成嘉慶七年一甲三名進士，授編修。纂國史河渠志，諳習河事。大考擢贊善，督湖北學政。累遷侍讀學士，入直上書房。歷少詹事、內閣學士。道光二年，擢兵部侍郎。四年，以南河高堰壞，疏陳河工事宜，論：「高堰石工宜切實估修；堰內二隄宜培補；黃河盛漲，宜兩岸分洩；山盱五壩宜相機開放；黃河下游無隄之處宜接築。」下勘河大臣文孚籌議酌行。尋督浙江學政。奏禁諸生包漕鬧漕，以端士習。御史錢儀吉劾士彥任性，詔嘉士彥能任勞怨；惟斥其父彬就養閱卷，及命題割裂，薄譴之。九年，典會試，督安徽學政，尋擢左都御史，召還京。

十一年，遷工部尚書。是秋，江蘇大水，河、淮、湖同時漲溢，命偕尚書穆彰阿往勘。穆彰阿先回京，遂偕左都御史白鎔察視江蘇、安徽水災賑務。疏言：揚河廳掣卸石工，及縴隄耳聞，應令工員賠修；又以淮、揚地方官多調署，情形未熟，請飭江寧布政使林則徐、常鎮通海道張岳崧總司江北賑務，從之。尋奏：「續查下河積潦之區，被災尤重，浮開戶口，爲辦賑積弊。應令委員查明後，卽於本鄉榜示，放賑時，州縣官據委員原查總發一榜，總查抽查，憑以核辦。」又奏：「山盱廳屬添建滾水石壩，本年啓放過水，現已無從查驗。工員面稱啓放時石底間有衝裂，壩下灰土亦損，請俟水落責修完固。堰、盱兩廳淮、湖石工掣卸二百餘丈，固限未滿，應令賠修。其石後軐工灰工間有殘缺，應令補築。又盱堰大隄，加幫土工間有蟄低浮鬆之處，應培補，責成河兵種柳護隄。其已估未辦之高堰頭、二兩堡，未估之智、信兩壩，應卽興辦。此項與黃河險要不同，向來保固一年。請嗣後各廳土隄及運河隄岸，均改保固三年。運河埽工於經歷一年後，再加保固二年，驗明堅整，始准埽汛修防。」「安徽無爲州江壩及銅陵縣壩工程緊要，均應借款興修。」並下所司議行。又劾鹽城、宿松、青陽等縣報災遲延遺漏，請懲處；捐賑紳民應給議敍；禁胥吏婪索挑剔：並從之。

十二年，事竣回京。南河于家灣奸民陳端等盜挖官隄，掣動河流，復偕穆彰阿往勘。

疏言：「九月初旬，清口出水二尺有餘，高堰長水二丈一尺，勢至危險。其時吳城七堡未開，洪湖吃重。此時旣開放，湖水分減。現交冬令，一月後卽難興工，湖多積水，風烈堪虞，請加緊趕辦。」尋命復偕侍郎敬徵往勘。十三年，奏于家灣正壩雖合龍，請飭加鑲追壓，以免出險。覆訊挖隄諸犯，治如律。又偕敬徵覆勘河、湖各工，請分別緩急，以次辦理。父憂歸。

十六年，服闋，署吏部尚書，偕尚書者英赴廣東、江西鞫獄。十七年，授兵部尚書。查勘浙江海塘，遂赴南河驗料埽工程，盤查倉庫。以庫存與卷册不符，劾河庫道李湘茝，褫職。又赴安徽、河南按事，疏陳常平倉糶買章程，「請各省囚糧遞糧作正開銷，毋動倉穀；平糶必市價在八錢以上始准出糶；採買須俟年豐穀賤，且必在出糶二三年後，以紓民力而祛宿弊」。如議行。十八年，兼管順天府尹事，典會試。調吏部尚書。士彥以綜覈爲宣宗所知，奉使按事皆稱旨。尋卒，詔嘉其性情直爽，辦事公正，贈太子太保，賜其四子舉人、副榜貢生有差，諡文定。

何凌漢，字仙槎，湖南道州人。拔貢，考授吏部七品小京官。嘉慶十年一甲三名進士，授編修。大考二等，擢司業。累遷右庶子。典廣東、福建鄉試，留福建學政。令諸生自注誦習何經，據以考校，所取拔貢多樸學。道光六年，授順天府尹。京畿獄訟繁多，自立簿籍，每月按簿催結，無留獄。遷大理寺卿，仍署府尹。在任凡五年，歷左副都御史、工部侍郎。典浙江鄉試，留學政。命偕總督程祖洛按訊山陰、會稽紳幕書役句結舞弊，鞫實，請褫在籍按察使李澐職，餘犯軍流有差。任未滿，調吏部侍郎，召回京，兼管順天府尹事。調戶部，復調吏部，仍兼署戶部侍郎。

御史那斯洪阿條陳地方官有錢糧處分，不准升調，及變通雜稅，下部議。淩漢兼吏、戶兩部，駁之，謂：「理煩治劇，每難其人，若格以因公處分，必至以中平無過者遷就升調。且吏治與催科本非兩事，未有因循良而帑藏空虛者，亦未有因貪濁而倉庫充盈者，是在督撫爲缺擇人，不爲人擇缺，正不必徒事更張，轉滋窒礙。」又謂：「地方各稅，有落地雜稅，及房屋典當等稅，已極周密；至京師九門外有鋪稅，天津、新疆沿壕鋪面有房租，因係官地、官房也。今欲盡天下之府、廳、州、縣仿照定稅，則布帛菽粟民生日用所需，市儈將加價而取諸民以輸官，水脚火耗，官又將取之於民；且閉歇無常，稅額難定，有斂怨之名，無裕國之實。」前議遂寢。

十四年，擢左都御史，遷工部尚書，仍兼管府尹如故。累署吏部尚書。十七年，吏部因京察一等人員有先由御史改官者議駁。淩漢以不勝御史，非不勝外任者比，如此苛繩，有妨言路。御史改部之員，例准截取。至京察雖無明文，從前有御史降調保送員外郎者，援以請旨。因面奏現任大員花杰、吳榮光，皆曾由御史改降，遂奉俞允。

十九年，調戶部尚書。四川總督寶興請按糧津貼防邊經費，議駁之，略謂：「川省地丁額徵六十六萬，田賦之輕，甲於天下。現議按糧一兩加津貼二兩，百畝之家，不過出銀三兩，卽得百萬兩，小民未必卽苦輸將。然較原課幾增兩倍，非藏富於民之義，軍需藉資民力，尤不可率以爲常。請於各省秋撥項下借撥百萬兩，以三十萬爲初設邊防經費，餘或發商，或置田，所獲息以四萬爲常年經費，二萬提還借款，於防邊恤民兩有裨益。」詔允行。是年，典順天鄉試。子紹基亦典試福建，父子同持文柄，時人榮之。二十年，卒，贈太子太保，謚文安。紹基官編修，見文苑傳。

李振祜，字錫名，安徽太湖人。嘉慶六年進士，授內閣中書。典廣西、雲南鄉試，遷宗人府主事。調兵部，遷員外郎，典陝甘鄉試，改御史、給事中。巡視淮安漕務，劾戶部郎中錢學彬係不勝外任之員，違例截取知府，詔譴吏、戶二部堂官，予振祜議敘；又劾都察院京察給事中色成額先經列入六法，自赴公堂辯論，干求改列三等，反覆視若兒戲，都御史被嚴議，色成額仍列有疾。

累遷內閣侍讀學士，督山東學政。應詔密陳山東積弊四事，略曰：「吏事叢脞，莫甚於官民不相安也。詞訟之繁，始由於官吏不辨，今又變而不敢辨。欲結一案，輒慮翻控；欲用一刑，輒慮反噬。鞫案之時，有倚老逞刁者，有恃婦女肆潑者，有當堂憤起者，有抗不畫供者，總由官吏恩信不結於平時，明決不著於臨事，以畏葸之才識，治刁悍之民風，殆於鑿枘不相入矣。案牘壅滯，半由外府不辦事也。各府州案件，動輒提省，委交首府，其中有不必提而輕提者，亦有各府州畏難而稟請提省者。濟南府統轄十六州縣，自治不暇，而舍己耘人，勢必兩廢。各府州畏難之事，輒以一稟提省卸責，轉得遂其取巧偷安之計。且疑難案件，本地聞見較眞，遠提至省，則茫無頭緒，必致訟師盤踞省城，遇事挑唆，一事株連數十人，一案壓擱一二載，是欲辦案而轉以延案，欲弭訟而適以滋訟矣。緝捕無策，則盜賊充斥也。東省盜賊，結黨剽掠，處處有之。護贓行強，雖小竊而情同大盜；分肥蔑法，雖士類亦甘作窩家。劫去馬牛，定價勒贖，明目張膽，毫不畏官。總緣捕役悉與勾連，平日分贓，臨時送信。甚至失事者以訴懇官捕爲累，以備價私贖爲便。州縣旣吝養捕之資，又不講練捕之法；旣無獲盜之賞，又不嚴通盜之誅。兼以自顧處分，動思諱飾，化大爲小，咸所不免。緝捕之弊如此。錢糧不淸，則虧空難杜也。東省州縣正雜錢糧，新舊挪掩，習爲故常。其弊由於交代不淸，自三四任以至十餘任，轇葛不淸者，比比皆是。官虧而外，更有書虧。

查書虧情弊，或串通幕丁，朦混本官；私雕假印，僞造串票。有滿其私槖而遠颺者，有挾制本官而自供不諱者。州縣迴護處分，隱忍代認，而奸書遂益以侵蝕爲得計。錢糧之弊如此。」疏入，上嘉納之。又劾泰安知府延璐、東昌知府熊方受請，飭交撫臣查察嚴參；又劾東昌知府王果陵辱生員，褫王果職；又察出假印試卷、勾結舞弊之人，奏請懲辦。

道光二年，遷太僕寺少卿。父憂去官，服闋，補順天府丞。歷通政司副使、光祿寺卿、太常寺卿、宗人府丞。十五年，署順天府尹。累遷內閣學士。十八年，授工部侍郎，調吏部，兼署倉場侍郎。二十一年，擢刑部尚書。浙江提督余步雲海疆僨事，逮問治罪。廷臣猶有爲議輕比者，振祜堅持，得伸法。二十八年元旦，加恩年老諸臣，加太子太保。二十九年，因病乞休，許之。三十年，卒，年七十四，謚莊肅。

宗室恩桂，字小山，隸鑲藍旗。道光二年進士，選庶吉士，授編修。九遷至內閣學士，兼副都統。十五年，授盛京工部侍郎，尋召爲兵部侍郎，調吏部。因曠文職六班，降內閣學士。歷工部、吏部侍郎，管理國子監事，兼護軍統領、左右翼總兵。十九年，典順天鄉試，偕大理寺卿何汝霖往浙江按學政李國杞被劾事，遂查勘南河、東河料垛，奏劾虛缺浮用者，議譴有差。二十年，充內務府大臣，管理上駟院。議增圓明園丁四百名，命偕尚書賽尚阿督率訓練。

二十一年，授理藩院尚書，兼署左都御史。劾太常寺丞豐伸及查倉御史廣祜不職，並罷之。署步軍統領。奏言：「京城巡捕五營槍兵一千名，不足以資捍衞，增設一千。裁撤籐牌弓箭等兵，改爲槍兵；不敷者，於各營兵丁內揀選足額。輪派二百名打靶，操演陣式。」詔議行。二十二年，調禮部尚書，又調吏部，實授步軍統領。上御閱武樓，親閱圓明園兵丁槍操，步式整齊，施放有準，嘉恩桂督率有方，賜花翎。時議節冗費，恩桂先已奏裁上駟院馬六百餘匹。又奏言南苑六圈，請裁其二，並裁各圈及京圈馬二百餘匹。上駟院、司鞍、司轡、蒙古醫生舊支馬乾銀，均減半給，如議行。以兼攝事繁，罷管內務府，二十五年，復之。

恩桂在吏部，嚴杜冒濫。兼步軍統領衙門最久，先後逾十年，綜覈整頓，釐定章程，訓練兵卒，皆有實效，宣宗甚倚之。二十六年，京察，特予議敍。又幸南苑，見草木牲畜蕃盛，嘉恩桂經理得宜，加一秩。迭奉命治倉胥舞弊，及戶部捐納房書吏賄充司員、收受陋規諸獄，並持正不撓法。二十八年，卒於官，上深悼惜，稱其任勞任怨，殫竭血誠，贈太保，賜金治喪，謚文肅。

論曰：姚文田建言切中時弊，戴敦元清介幹事，其風概越流俗矣。朱士彥之治河，何淩漢之掌計，李振祜之執法，並號稱職。恩桂奏績金吾，肅清輦轂，一時稱𫪉𫪉焉。

# 清史稿卷三百七十五

## 列傳一百六十二

白鎔 孫桓　史致儼　那清安　昇寅　李宗昉　姚元之

何汝霖　季芝昌

白鎔，字小山，順天通州人。嘉慶四年進士，選庶吉士，授編修，典福建鄉試。十八年，大考二等，擢贊善。督安徽學政，詔密詢地方利弊，疏言：「安徽錢糧，惟鳳陽、泗州遭湖、河之害，積逋較巨。遇豐稔之年，循例帶徵舊額。在小民以一年而輸數年之賦，雖樂歲不免拮据；而官吏懼譴，規避多方，積重難返。與其存徵之名，致小民日受追呼，國計依然無補，何如核徵之實，使官吏從容措理，舊額尚可漸清。請嗣後二屬錢糧，每年衹帶徵一年，儻遇歉收，再行遞緩，民力漸紓，催科者自顧考成，行之必有效。」詔允行。

青陽有孝子曰徐守仁，幼孤，事母孝。母沒，廬墓三年，鎔造廬贈賻，題請旌表。訪求明臣左光斗遺裔，取列縣庠。按試所至，集士人講學，以正人心厚風俗爲本。累遷少詹事。道光元年，督廣東學政。歷詹事、內閣學士。七年，擢工部侍郎，調吏部。九年，偕尚書松筠赴直隸按外委白勳被誣冤斃獄，護理總督屠之申以下降黜有差。督江蘇學政。尋偕侍郎寶興勘視南河埽料，舉實以聞。十一年，擢左都御史，召還京，未至，命查勘江南災賑。時尚書穆彰阿、朱士彥亦奉命勘湖，河汎溢狀，穆彰阿先回京，鎔遂偕士彥履勘沿河閘壩工程，與總督陶澍定議以工代賑。赴安徽，周歷太平、寧國、池州、安慶、廬州各郡，先後疏劾飾災侵賑諸弊。次年，回京，署翰林院掌院學士，典順天鄉試。十三年，擢工部尚書，典武會試。故事，武闈雙好不足額，始取單好。是科雙好不盡取中，坐降大理寺卿。十九年，乞病歸，卒於家，年七十四。

鎔事母孝，教子弟嚴。宣宗嘗嘉其家法之善，以勉朝臣云。

孫桓，字建侯。同治二年進士，授吏部主事。累遷郎中。掌選，清嚴愼密，吏不能欺，爲時所稱。光緒中，洊擢兵部侍郎，綜覈一如爲司官時。十七年，因病乞休，尋卒。

史致儼，字容莊，江蘇江都人。家酷貧。甫冠，爲諸生，學政謝墉器其才，給膏火，居尊經閣讀書。薦預召試，未與選。嘉慶四年，成進士，選庶吉士，授編修。督四川學政。累遷右庶子。二十一年，督河南學政。自滑縣匪平，猶有伏莽，密詔偵察。疏陳彰、衞二郡民間習邪教猶衆，州縣編查保甲，有名無實，撰敦俗篇，刊布以化導之。商丘廪生陳忠錦以不濫保被毆，知府、經歷受賕，反加斥責，忿而自經。疏劾，譴罪有差。

道光元年，典湖北鄉試。累遷內閣學士。三年，擢刑部侍郎，調禮部。五年，督福建學政。奏分臺灣舉人中額，增所屬四縣學額。漳、泉諸郡習械鬬，諸生與者，屏不與試，悍風稍息。九年，偕侍郎鍾昌赴山西鞫獄，平定知州故出人罪，鞫實，論兇犯如律，褫知州恆杰職。調刑部，歷左都御史，遷禮部尚書。兩典順天鄉試。調工部，又調刑部。勤於其職，竟日坐堂上閱案牘，擘析論難，視司員如弟子。任刑部凡四年，京察，以刑名詳慎，被議敍。十八年，乞解職。尋卒，年七十九，贈太子太保，祀鄉賢及名宦祠。

那清安，字竹汀，葉赫納喇氏，滿洲正白旗人。嘉慶十年進士，授戶部主事，遷翰林院侍講。累遷內閣學士。二十四年，授禮部侍郎，歷刑部、工部。道光元年，命赴直隸讞獄，擢左都御史，管光祿寺事，兼都統。尋遷兵部尚書，調刑部。四年，出爲熱河都統，偕左都御史松筠等赴土默特讞獄，事竣，疏言：「蒙古惡習，常有移屍詐詐，爲害滋甚。蒙古律例，凡軍流徒犯，罪止折枷，情重法輕。請嗣後遇有假捏人命詐財者，所擬軍流徒罪卽行實發，不准折枷，以懲刁惡。」下所司議行。六年，召授左都御史。逾年，復任熱河都統，召對，詢知其母年老，命仍還左都御史任。十一年，復授兵部尙書，典順天鄉試及會試。十四年，以疾乞解職，允之。尋卒，贈太子太保，諡恭勤。

那清安工爲館體應制詩，時皆誦習。因與穆彰阿同榜成進士，晚乃受宣宗知，迭秉文衡。旣卒，會兵部以慶廉送武會試有殘疾，爲監試御史所劾。先是那清安爲監射大臣，曾以慶廉殘疾扣除，上追念其持正，予其子全慶加二級。全慶，光緖初官大學士，自有傳。

昇寅，字賓旭，馬佳氏，滿洲鑲黃旗人。拔貢，考授禮部七品小京官。舉嘉慶五年鄉試。累遷員外郎，改御史。疏言學校爲人才根本，請嚴課程，務實用，戒奢靡；又疏陳防禁考試八旗生懷挾冒替諸弊：從之。改右庶子，累遷副都御史。二十一年，授盛京禮部侍郎，署盛京將軍。調刑部，召爲工部侍郎，又調刑部。道光六年，出爲熱河都統。以蒙古各旗招內地游民開採煤礦，往往生事械鬬，疏請諭禁，從之。八年，命赴甘肅偕總督鄂山按寧夏將軍慶山、副都統噶普唐阿互劾事，罷慶山，卽以昇寅代之。歷成都、綏遠城將軍。命鞫鄂爾多斯京控獄，奏言：「蒙古京控日繁，請自後各部落封禁地樹立界牌，以杜私墾；蒙古阿勒巴圖禁止餽贈，以息爭端；扎薩克王、貝勒等毋用內地書吏，以免教唆；各旗協理台吉，會同盟長選舉，以昭愼重；盟長會盟需用烏拉，應明定限制，以免浮索：庶積弊淸而獄訟息。」十一年，召授左都御史，兼都統。十二年，署工部尙書。京畿旱，疏請發米，設十廠煮粥以濟災民，從之。十三年，偕侍郞鄂順安按西安將軍徐錕貪縱，得實，議褫職。十四年，命閱兵山東、河南，就鞫桐柏知縣寧飛濱故出人罪，治如律。命赴廣東、湖南按事，授禮部尙書，未至，卒於途。優詔賜卹，稱其老成淸介，贈太子太保，謚勤直。

子寶琳，直隸保定知府，濬定州汚澤，有治績；寶珣，同治中，官兵部侍郞、山海關副都統。孫紹祺，咸豐六年進士，由編修官至理藩院尙書；紹誠，光緒中，山西布政使，從治鄭州河工，終駐藏大臣；紹英，宣統初，度支部侍郞，內務府大臣。

李宗昉，字芝齡，江蘇山陽人。嘉慶七年一甲二名進士，授編修，典陝甘鄉試。大考二等，擢贊善。督貴州學政，累遷侍讀學士，督浙江學政。歷詹事、內閣學士。道光元年，授禮部侍郞。次年，典會試，又典江西鄉試，留學政。值大水，歲饑，與巡撫籌賑務，多所全活。調戶部侍郞。初，宗昉督學貴州時，巡撫議丈全省田爲增賦計，民情惶駭，會檄學官徵集圖書，得御史包承祚奏疏，乾隆初，學政鄒一桂請丈田，而承祚奏駁之，極言黔中山多平地少，民每虛占不毛之地，胥吏高下其手，以丈高下不可準之田，賦未必增，民受其害。部議停止，宗昉持以示巡撫曰：「此事學臣嘗奏之，被駁。今必解其所駁乃可。」巡撫亦悟，事得寢。至是，官戶部，署巡撫麟慶因復奏上其事，部援故事詳覆之，乃定議不行。歷工部、吏部侍郎，兼管國子監、順天府尹事。自七年至十年，典順天鄉試二，會試一，浙江鄉試一，得士稱盛。擢左都御史、禮部尚書。二十四年，以疾乞休。二十六年，卒，依例賜卹。

姚元之，字伯昂，安徽桐城人。嘉慶十年進士，選庶吉士，授編修，典陝甘鄉試。入直南書房。給事中花杰劾戴衢亨、英和援引，詔元之文字本佳，斥杰詆訐，尋亦罷元之入直。十七年，大考一等，擢侍講。復以武英殿刊刻聖訓有誤，仍降編修。十九年，督河南學政，疏禁坊刻類典等書以杜剿襲；又密陳河南與安徽、湖北交界地多捻匪，陳州、汝寧鹽運迴殊，土匪把持：並嘉納之。累遷內閣學士。

道光十三年，授工部侍郎。疏陳臺灣營務積弊，窩娼聚賭，械鬬殺人，操演雇人替代，詔下閩督嚴察整頓。調戶部，又調刑部。迭典順天、江西鄉試。督浙江學政，未滿，十八年，擢左都御史，召回京。尋以南昌知府張寅爲江西巡撫裕泰劾罷，元之爲寅疏辯，臚陳政績，請查辦，詔斥冒昧，降二級調用。二十一年，海防方亟，疏陳廣東形勢，豫籌戰守，下靖逆將軍奕山等採行。授內閣學士。二十三年，京察，以年衰休致。

元之學於族祖鼐，文章爾雅，書畫並工。習於掌故，館閣推爲祭酒。愛士好事，穆彰阿素重之。後以論洋務不合，乃被黜。咸豐二年，卒。

何汝霖，字雨人，江蘇江寧人。拔貢，考授工部七品小京官。中式道光五年舉人，充軍機章京，累遷郎中。歷內閣侍讀學士、大理寺少卿。偕侍郎恩桂按事浙江，查勘南河料垛。命在軍機大臣上行走，歷宗人府丞、副都御史。二十二年，授兵部侍郎，調戶部。偕大學士敬徵勘東河工程。二十五年，擢兵部尚書。值太后七旬萬壽，汝霖母丁年九十，五世同堂，賜御書扁額，尋以母憂歸。江蘇大水，命在籍襄治賑務。先是，總督陶澍於江寧立豐備倉以備荒，縣令虧挪穀價，大吏許以他款抵。汝霖曰：「倉穀以備凶。今荒象如此，汝霖不敢欺朝廷，當各爲奏上。」乃以給賑用。服闋，命以一品頂戴署禮部侍郎，尋署戶部尚書，仍直軍機處，授禮部尚書。

汝霖久襄樞務，資勞已深，尚書陳孚恩由章京躋大臣，駸用事，厭汝霖居其前。汝霖年逾七十，一日在直，觸火爐幾仆。孚恩笑曰：「人當避鑪，鑪豈能避人？」汝霖知其諷己，咸豐二年，以足疾乞罷直，許之。未幾，卒，諡恪愼，祀鄉賢。子兆瀛，浙江鹽運使。

季芝昌，字仙九，江蘇江陰人。父麟，直隸鉅鹿知縣，居官慈惠。嘉慶十八年，捕邪教，焚其籍，免株連數千人。坐捕匪不力，戍伊犁。

芝昌年逾四十，成道光十二年一甲三名進士，授編修，散館第一。未幾，大考第三，擢侍讀，督山東學政。十九年，大考復第三，擢少詹事，晉詹事，典江西鄉試，督浙江學政。母憂歸，服闋，擢內閣學士。二十三年，授禮部侍郎，督安徽學政，調吏部，又調倉場。二十八年，命偕定郡王載銓籌辦長蘆鹽務，淸查天津倉庫，疏陳：「蘆鹽積累，各商憚於承運，懸岸至四十餘處。請將河南二十四州縣倣淮南例改票鹽，先課後引。直隸二十四州縣限半年招商招販，無商販卽責成州縣領運，或由鹽政遴員官運。支銷浮費及官役陋規，永遠裁汰。每年應完帑利，攤及通綱額引，與正課一律徵收。其協濟補欠充公等項加價名目，概行革除。並於各引鹽加斤免課，每斤准其減價敵私。」詔依議行。

二十九年，偕大學士耆英赴浙江閱兵，並淸查倉庫，籌辦鹽務。途經東河、南河，查詢節浮費、裁冗員事宜，奏減東河正款二十萬兩，裁泉河通判、歸河通判，南河每年用款以三百萬兩爲率，減省五六十萬兩，併揚運通判於江防廳，改爲江運同知，裁丹陽縣丞、靈壁主簿、呂梁洪巡檢，從之。耆英病留淸江浦，芝昌獨赴浙江，疏陳變通鹽務章程七事：杭、嘉、紹三所引鹽，分別加斤，止令完交正課；松所引鹽，酌裁科則；虛懸口岸，選商接辦，並籌款收鹽；緝私責成官商，由運司審覈；緝獲私鹽，分別充賞，及補課作正配銷；禁革引地陋規；覈裁巡驗浮費。尋查州縣倉庫，統計實虧之數，多至三百九十餘萬，請將虧數最多之員，革職，勒追；不足，則由原任上司按成分賠，或由本省各官分成提補；其有欠在胥吏者，尤嚴補追，毋任倖免：並從之。

授山西巡撫，未一月，召署吏部侍郎，命在軍機大臣上行走。尋授戶部侍郎。三十年，擢左都御史。咸豐元年，出爲閩浙總督。艇匪在浙洋劫掠山東兵船，被剿遁閩洋，遣水師截擊，賊衆畏罪投誠，分別安置。二年，兼署福州將軍。疏請停罷捐納舉人、附生之例；又奏禁鹽商代銷官運，以杜取巧：並從之。尋以疾乞休。

芝昌以文字受宣宗特達之知，嘗曰：「汝爲文，行所無事，譬之於射，五矢無一失。」及查辦長蘆、兩浙鹽務稱旨，遂驟進膺樞務。甫數月，宣宗崩，文宗猶欲用之，畀以外任。未一歲，謝職歸。久之，卒於家，未予卹典。光緒初，署閩浙總督文煜奏陳政績，追諡文敏。子念詒，道光三十年進士，官編修。孫邦楨，同治十二年進士，官至福建布政使。

論曰：承平，士大夫平進而致列卿，或以恪謹稱，或以文學顯，固不能盡有所建樹，或餘澤延世，子孫復繼簪纓，若白鎔、那淸安、昇寅諸人是也。季芝昌晚遭殊遇，已值宣宗倦勤之年，暫任兼圻，奉身而退，其見幾知止者耶？

# 清史稿卷三百七十六

## 列傳一百六十三

辛從益　張鱗　顧皐　沈維鐈　朱爲弼　程恩澤　吳傑

辛從益，字謙受，江西萬載人。乾隆五十五年進士，選庶吉士，授編修。遷御史，以母老陳請終養。嘉慶十七年，起復補原官。會京畿多雨，詔發廩平糶，從益在事，釐剔弊端，實惠及民，時稱之。疏請飭督撫詳愼甄別以澄吏治，略曰：「外省甄別，與京員不同。京師耳目甚密，稍有徇私，難逃聖明洞鑒。外省督撫權勢既尊，操縱甚易，豈知州縣有當切責之處，亦有當體恤之處，偏私則是非倒置，刻覈則下情不通。臣以爲大吏必持廉法之大綱，略趨承之末節；務幹事之勤能，責安民之實效；揣時勢之難易，量才分之優絀；而又常存敬畏之心，然後能愛惜人才，澄清吏治。」遷給事中。

十八年，滑縣匪平，軍中多攜養難民子女，從益疏請遣送歸家，如議行，並譴領兵大員。又面奏：「正教昌明，邪說自息，小民不識大義，故易爲邪教煽惑。而選人得官，不問風俗淳澆，祗計缺分肥瘠，何以教民？欲厚風俗，宜先責成牧令。」歷光祿寺少卿、通政司參議、內閣侍讀學士、光祿寺卿、太常寺卿。道光初，山西學政陳官俊鐫級回京，仍直上書房，從益疏劾曰：「上書房爲教胄諭德之地，視學政爲尤重，宜愼選德行敦厚、器識宏達之儒臣，使皇子有所觀法，薰陶養其德性。陳官俊在學政任，不能遠色避嫌，懲忿窒欲，性行之駁，器識之褊，不宜仍居授讀之任。」

二年，遷內閣學士。宣宗溫諭曰：「爾甚樸忠，無所希冀，亦無所揣摩。有所聞見，直言無隱，朕無忌諱也。」命偕尚書文孚赴陝西讞獄。渭南富民柳全璧殺其傭朱錫林，賄知縣徐潤得免死，巡撫朱勳庇之，獄久不決。從益等鞫得其狀，論如法。覆命，陳陝西馬政之害，地方官春秋計里買馬，實則民不得直，而官亦不需馬，第指馬索賕以爲民病，請禁革。三年，擢禮部侍郎，督江蘇學政。於是巡撫陶澍奏禁紳衿包漕，橫索漕規，下學政稽查懲治。從益上疏曰：「江蘇漕額本重，豈堪浮收無節？州縣自應調劑，閭閻尤宜體恤。久懸定額，尚肆苛求，明語浮收，必滋流弊。撫臣之意，謂控漕之人卽包漕之人，臣以爲未必盡然。官之收漕，必用吏役，吏役貪狠，必圖肥己。官旣浮收，吏又朘削，不特小民受害，卽循謹生監，亦被其累，激而上控，此中固有不得已者。撫臣又稱生監需索漕規，地方官費無所出，乃取償於純謹小民。臣伏思吏役貪得無厭，縱生監悉循循守法，而小民追呼徵比之煩，亦斷不能爲之少減。吏役倚官府爲城社，倘違例浮收，無人控訴，將何術以治之？夫劣衿律所不宥，苛政亦法所必裁。矯枉勢必過正，創法宜防流弊。管見所及，不敢不以上聞。」從益廉靜坦白，遇非理必爭，不爲權要詘。八年，卒於學政任所。著有奏疏、詩文內外集、公孫龍子注。

張鱗，字小軒，浙江長興人。嘉慶四年進士，選庶吉士。習國書，授檢討。仁宗臨幸翰林院，鱗獻詩册，被恩賚。十七年，大考二等，遷贊善。歷侍講、庶子。二十年，選翰林官入直懋勤殿，纂輯秘殿珠林、石渠寶笈，鱗與焉。歷侍講學士、國子監祭酒。二十四年，典江西鄉試。尋以齋戒未至齋所，降授太常寺少卿。遷通政使司副使、太僕寺卿。道光元年，命偕太常寺少卿明安泰赴楊村挑驗剝船，遂赴東光、盧龍兩縣訊鞫京控獄，各論如律；並劾承審官濫刑，巡道徇庇，褫黜有差。三年，轉太常寺卿，督安徽學政，擢內閣學士。七年，以繼母憂歸，服闋，補原官。擢兵部侍郎，督福建學政。十三年，補戶部，又調吏部。福建縣丞秦師韓控訐總督程祖洛，侍郎趙盛奎偕鱗同案鞫，白其誣，師韓遣戍。

鱗清廉儉素，杜絕干謁。兩爲學政，卻陋規，拔寒畯，閩人尤頌之。衡文力矯通榜之習。十五年，典會試，以校閱勞致疾，出闈，卒。福建士民請祀名宦祠。

顧皋，字歅齋，江蘇無錫人。嘉慶六年一甲一名進士，授修撰。九年，督貴州學政，釐剔弊竇，奏改黎平、開泰學額，士林頌之。超擢國子監司業。二十一年，直懋勤殿，編輯秘殿珠林、石渠寶笈。歷翰林院侍讀、左右庶子、侍講學士、侍讀學士。典陝甘鄉試。二十四年，入直上書房，甚被仁宗眷注。二十五年，扈蹕熱河。上升遐之日，御筆擢皋詹事。次日，宣宗卽位，執皋手大慟。道光元年，遷內閣學士，擢工部侍郎，兼管錢法堂。二年，調戶部。連典順天、浙江鄉試，管理國子監事務。

皋在戶部，不爲激亢之行，考覈利病，愼稽出納，不可干以私。嘗曰：「學期見諸實用。吾久迴翔於文學侍從。及任經世理物之責，未能壹志專慮，以求稱職，爲自愧耳。」八年，以病乞歸。十一年，卒。

沈維鐈，字子彝，浙江嘉興人。嘉慶七年進士，選庶吉士，授編修。歷司業、洗馬。與修全唐文、西巡盛典、一統志，入直懋勤殿，纂輯秘殿珠林、石渠寶笈。二十一年，督湖北學政，禁習邪教，以端士風。累遷侍讀學士。道光二年，典福建鄉試，留學政。疏陳州縣私設班館之弊，請飭嚴禁，並禁監生充緝捕、催科諸役。四年，遷大理寺少卿。八年，督順天學政，轉太僕寺卿。任滿，遷宗人府丞，署副都御史，尋實授。十二年，督安徽學政，奏請增建壽州考棚，與鳳陽分試。瀕江水災，偕疆吏會籌賑撫，士民頌之。維鐈居官廉，屢視學，所至弊絕風淸，振拔多知名士，宣宗知之，期滿連任。擢工部侍郎。十七年，請回籍營葬，詔予假三月，毋庸開缺，事竣回京。十八年，以耳疾許免職，命病痊以聞。逾年，卒於家。

維鐈學以宋儒爲歸，謂典章制度與夫聲音訓詁當宗漢人，而道理則備於程、朱，務爲身心有用之學。校刊宋儒諸書以教士，時稱其醇謹焉。祀鄕賢祠。

朱爲弼，字右甫，浙江平湖人。嘉慶十年進士，授兵部主事，遷員外郎。道光元年，授御史，遷給事中。疏請整頓京師緝捕，劾倉場覆奏海運倉豆石黴變情形不實，命大臣按鞫，侍郎和桂、張映漢並被譴。又疏陳江蘇海口壅塞，浙江上游均受其害，請疏濬太湖下游劉河、吳淞諸水，爲一勞永逸之計，如所議行。四年，擢順天府府丞，遷府尹。有蝗孽，單騎馳視，卻屬官供張，曰：「吾爲蝗來，乃以我爲蝗耶？」六年，復降授府丞。歷通政司副使、太常寺卿、宗人府府丞、都察院左副都御史。十三年，擢兵部侍郎，權倉場侍郎，尋實授。

十四年，出爲漕運總督。時漕船水手恣橫，廬州幫在東昌械鬬，傷斃多命，下爲弼査辦，疏言：「漕督例隨幫尾，在前者無從遙制。請責成押運官弁會同地方官拏辦。」並定頭柁十家聯保，舉發徇隱賞懲之法，奏陳剔弊速漕章程八事，下所司議行。十五年，以病乞免，允之。二十年，卒。

爲弼精孳金石之學，佐阮元纂鐘鼎彝器款識，所著有蕉聲館詩文集。

程恩澤，字春海，安徽歙縣人。父昌期，乾隆四十五年一甲三名進士，累官至侍講學士，直上書房。恩澤勤學嗜奇，受經於江都淩廷堪，廷堪勗之曰：「學必天人並至，博而能精，所成乃大。」嘉慶十六年，成進士，選庶吉士，授編修。道光元年，入直南書房，宣宗曰：「汝父蘭翹先生昔年在上書房，朕敬其品學。汝之聲名，亦所深悉，宜更守素行。」典試四川。三年，督貴州學政，勸民育栗蠶，其利大行。重刊岳珂五經以訓士。鄭珍有異才，特優異之，餉以學，卒爲碩儒。六年，調湖南學政。任滿回京，洊擢國子監祭酒。命充春秋左傳纂修官，推本賈、服，不守杜氏一家之言。母憂歸。十一年，服闋，仍直南書房。未補官，特命典試廣東。知南海曾釗名，冀得之。釗未與試，榜發，大失望。所得多知名士。改直上書房，授惠親王讀。遷內閣學士。十四年，授工部侍郎，調戶部。以部務繁，罷直書房。十七年，卒，上甚惜之，優詔賜卹，賜其子德威舉人。

恩澤博聞强識，於六藝九流皆深思心知其意，天象、地輿、壬遁、太乙、脈經莫不窮究。謂近人治算，由九章以通四元，可謂發明絕學，而儀器則罕傳，欲修復古儀器而未果。詩古文辭皆深雅。時乾、嘉宿儒多徂謝，惟大學士阮元爲士林尊仰，恩澤名位亞於元，爲足繼之。所欲著書多未成，惟國策地名考二十卷、詩文集十卷傳於世。

吳傑，字梅梁，浙江會稽人。少能文，爲阮元所知。以拔貢生應天津召試，二等，充文穎館謄錄，書成，授昌化教諭。嘉慶十九年，成進士，選庶吉士，授編修，遷御史。道光二年，督四川學政，疏請以唐陸贄從祀文廟，下部議行。遷給事中，出爲湖南岳常澧道，歷貴州按察使、順天府丞。

十三年，川南叛夷犯邊，師久無功，傑疏言：「川夷作亂，提督桂涵連戰克捷，生擒首逆，清溪近邊遂無夷踪。楊芳繼任，用兵之區僅峩邊一處，夷寇不過數部落，當易獲勝。惟夷巢跬步皆山，夏令河水盛漲，徒涉尤難。楊芳自抵峩邊，頓兵三月。臣思其故，必逆夷退伏老巢，水潦既降，不易深入。楊芳不敢以軍情入告，但稱督兵進剿，實皆游移觀望之辭。曠日持久，邊事所關非細，請敕總督鄂山體察確奏，毋得徇隱。」

又疏言：「馭夷長策，當先剿後撫。未剿遽撫，良莠不分。兵至，相率歸誠；兵退，復出焚掠。層巒疊嶂，我師轉運爲艱。夷族因利伺隙，倏起倏伏，使我猝不及防。國家既厚集兵力，自當掃穴犂庭，除惡務盡，使諸夷望風震懾，一勞永逸。自古馭夷之法，討伐易而安撫難。善後之舉，至要者二：一曰除內奸。游手無業之徒，潛居夷地，爲之謀主，教以掠人勒贖，聚衆焚殺，及避火器敵官軍之策。夷悍而愚，得之乃如虎傅翼，必應名捕，盡法懲治。良民亦驅使回籍，毋任逗留異域；宣諭土司，不得容留漢民；營伍邏詰，絕其潛入之路，則奸人無緣搆煽矣。一曰分疆界。夷族愚惰，不諳農事，漢民租地，耕作有年，既漸闢磽鹵爲膏腴，羣夷涎其收穫，復思奪歸，搆衅之原，不外於此。今當勘丈清釐，凡漢民屯種夷地，强占者勒令退還，佃種者悉令贖歸。無主之田，墾荒已久，聚成村落，未便遷移，畫爲漢界，禁其再行侵占，庶爭端永息。」又奏：「越嶲廳設撫民通判，止治漢民，而熟夷皆受治土司，通判無專責，且營伍非其所轄，呼應不靈，每以細故釀爲大衅。請改爲撫夷通判，千把總以下皆受節制。」疏上，下鄂山議行。

遷內閣學士。十五年，擢工部侍郎，連典順天鄉試及會試。十六年，卒。

論曰：宣宗最重文學廉謹之臣，辛從益直言獻納，張鱗廉介絕俗，沈維鐈服膺理學，程恩澤博物冠時，皆負清望。顧皋、朱爲弼、吳傑並以雅材迴翔卿貳，亦足紀焉。

# 清史稿卷三百七十七

## 列傳一百六十四

鮑桂星　顧蒓　吳孝銘　陳鴻　鄂木順額　徐法績

鮑桂星，字雙五，安徽歙縣人。嘉慶四年進士，選庶吉士，授編修，遷中允。九年，典試河南，留學政。十三年，典試江西。十五年，督湖北學政。累遷至內閣學士。十八年，任滿，既受代，聞林清之變，疏陳十事，急馳至京，仁宗嘉之，曰：「汝所奏已次第施行矣。」擢工部侍郎，充武英殿總裁。桂星性質直，勇於任事。十九年，疏陳刊書及校勘事宜。又劾提調劉榮黼等不職，命王大臣按之。榮黼面訐桂星曾言滿總裁熙昌所校，不過偏旁點畫，修改徒延時日；且言近日有旨，旗人不足恃，故督撫多用漢人。上聞之，怒，命傳詢。桂星對聞自侍郎周兆基，且言在部與滿員共事，多有徇私背公，而兆基不承；又指同官熙昌及慶溥囑託部事，兩人亦不承。以任性妄言，下部嚴議，詔斥桂星指訐慶溥、熙昌囑託無據，其咎小，妄言朝廷輕滿洲重漢人，亂政之大者：革職，不准回籍，令在京閉門思過，責五城御史嚴察；如私著詩文有怨望誹謗之詞，從重治罪。越五年，上意解，復官編修。宣宗即位，召對，諭曰：「汝昔所劾，今已罷斥。」擢侍講，又擢通政司副使，意頗嚮用。道光四年，擢詹事。未幾，卒。

桂星少從同縣吳定學，後師姚鼐，詩古文並有法，著有進奉文及詩集，又嘗用司空圖說輯唐詩品。

顧蒓，字南雅，江蘇吳縣人。嘉慶七年進士，選庶吉士，授編修。十七年，大考一等，擢侍讀。督雲南學政，道經河南，見吏多貪墨，奸民充斥，密疏陳謂不早根治，恐釀巨患。仁宗問樞臣，樞臣微其事，不以爲意，明年遂有滑縣之亂。在雲南，課士嚴而有恩，以正心術端行誼爲首，次治經史、辨文體。按試所至，聞賢士必禮遇之，士風丕振。任滿，充日講官。二十五年，遷侍講學士。值宣宗初政，疏請停捐例。再疏陳崇君德、正人心、飭官方三事。上召對，嘉納其言。故事，大臣子弟不得充軍機章京，時值考選，許一體與試。蒓謂貴介不宜與聞樞要，請收回成命。事尋止。

左都御史松筠出爲熱河都統，蒓上疏，謂松筠正人，宜留置左右，失上意，降編修，九歲不調。先是嘉慶中蒓在史館，撰和珅傳，及進御，經他人竄改，和珅曾數因事被高宗詰責，並未載入傳。仁宗怒其失實，嚴詔詰問。大臣以蒓原稿進，仁宗深是之，而奪竄改者官。宣宗一日閱實錄至此事，嘉蒓直筆，因言前保留松筠，必非阿私，特擢蒓右中允。未一歲，復侍講學士原職。

時回疆張格爾亂甫定，蒓疏："請於喀什噶爾沿邊增重兵，以控制安集延，杜回人窺伺；又其地密邇英吉沙爾、葉爾羌、和闐，皆有水草可耕牧，宜募民屯田，爲戰守備。更請愼選大臣，無分滿、漢，務得讀書知大體有方略者任之，而以廉靜明信能拊循民、回者爲之佐，庶可永永無事。"

道光十一年，遷通政司副使。湖南北、江南、江西、浙江大水，蒓疏言："饑民與鹽梟糾合易生事，鹽梟不盡去，終爲巨患。緩治之則養禍深，急治之則召禍速，欲禁其妄行，必先謀其生路。現兩淮鹽場漂沒，三江、兩湖勢必仰給蘆、粵之鹽，宜聽民往販，隨時納課，收課後，不問所之，俟鹽產盛，丁力紓，卽令課歸丁，不限疆域。"事下所司，格未行。

蒓性嚴正，尚氣節，晚益負時望，從游者衆，類能砥勵自立，滇士尤歸之，其秀異者至京師多就問業焉。十三年，卒。

吳孝銘，字伯新，江蘇陽湖人。嘉慶十四年進士，選庶吉士，散館授工部主事，充軍機章京。十八年，林清之亂甫定，大軍會攻滑縣，孝銘從大臣行，參軍事。累遷郎中。道光中，回疆用兵，首逆張格爾潛逋未獲，議者欲以克復四城，分封回部酋長。孝銘密言於樞臣曰：「是可行於乾隆時，不可行於今日，行之邊患且益甚。」議中止。張格爾旋就俘，賜花翎。瀕年大水，江、浙、兩湖被災尤數，承回疆兵事後，度支大絀。戶部擬議，宗室日以蕃衍，衣食悉仰之官，耗財之大者，請自系出世祖以上子孫皆改爲覺羅，爲覺羅者以次遞革。孝銘曰：「茲事當密陳，不宜顯言。法當緩更，不宜驟易。宗室久受恩養，一旦降爵減糧令下，即大困，因而呼籲，朝廷不得已，將必復之，是良法美意終於不行也。」部臣是其言，即使草奏上之。歷鴻臚寺少卿、光祿寺少卿、通政司參議、順天府丞，仍留直軍機處。十四年，擢太僕寺卿，再遷宗人府丞。

孝銘前後在樞廷二十餘年，練於掌故，持議悉合機宜；屢膺文衡，有公明稱。母憂，以毀致疾，服闋，至京。尋乞病歸，卒於家。

陳鴻，字午橋，浙江錢塘人。嘉慶十四年進士，選庶吉士，授編修。遷御史，剛直有聲。典試山西還，力陳驛站煩擾，請申定例，肅郵政。二十五年，疏陳浙江水利，略曰：「杭城地當省會，用上下兩塘之水，溉仁和、錢塘、海寧之田數萬餘頃。源出西湖，近廢不治。水淤葑積，塘河津耗，夏旱少雨，上塘枯涸，菑害尤劇。海寧長安鎮號產米之鄉，許村黃灣場爲產鹽之地，杭、嘉、湖、寧、紹諸郡賴是挽運。擬請仿江蘇浚吳淞例，歸民間按畝出貲，並飭疆臣躬履屬境，凡隄塘牐壩，悉復舊制，俾農田旱潦有備。」又請：「北省多闢水田，兼收秔稻之利，庶使畿輔爲沃野，無凶年。」皆被採納。道光初年，疏陳浙鹺不綱，請裁鹽政，歸巡撫兼理，令整頓緝私，嚴禁掣規重斤科派供應諸弊，如議行。糾劾工部弊竇最多，不避權貴。遷給事中。

二年，奉命稽察銀庫，其妻固賢明，曰：「今而後可送妾輩歸矣！」驚問之，曰：「銀庫美差也，苟爲所染，昵君者麕至。禍且不測，妾不忍見君棄市也。」鴻指天自誓，禁絕賂遺。中庭已列花數盆，急揮去，墮地盆碎，中有藏鏹，益聳懼。遂奏庫衡年久鐵陷，請敕工部選精鐵易之。送庫日，責成管庫大臣率科道庫員較驗，然後啓用。禁挪壓餉銀、空白出納及劈鞘諸弊。庫吏百計餂之，不動。復請戶部逐月移送收銀總簿，別立放銀簿，鈐用印信，以資考覈。先是御史趙佩湘馭吏嚴，其死也，論者疑其中毒。鴻莅庫，勺水不敢飲。出督雲南學政，奏革陋規，嚴束書吏，弊風頓革。遷通政司參議，卒於官。

鄂木順額，字復亭，鈕祜祿氏，滿洲正藍旗人。父明安泰，江蘇按察使。鄂木順額，嘉慶二十五年進士，選庶吉士，授編修，累遷右庶子。道光四年，大考一等，擢翰林院侍講學士，遷少詹事。扈從東巡，命分視御道，內監前驅者多率意馳踐，鄂木順額執而鞭之，則愬於御前。召問，鄂木順額對曰：「關外地與關內異，先驅蹂踐則路壞，慮驚乘輿。且御道非大駕不得行，臣不敢不執法。」上韙之。命爲湖南學政，以在母憂，引禮力辭。服闋，督安徽學政，遷光祿寺卿。十一年，大雨江溢，學政駐當塗，鄂木順額捐廉以賑，督守令勸捐，士民踊躍。知縣趙汝和盡心民事，而戇直忤大吏，調爲鄉試同考官。鄂木順額堅留治賑，事得辦，後上聞。宣宗以爲賢，期滿留任，遷大理寺卿。十二年，鄉試，往江寧考錄遺才，卒於試院。

鄂木順額以氣節自勵，在滿洲京僚中稱最。大學士松筠尤重之，曰：「君光明挺直，行且大用，願自愛。」爲英和門下士，在翰林，非有故不通謁。及英和謫戍，獨送至數十里外。英和太息曰：「吾愧不知人，平日何曾好待君耶？」嘗謁掌院學士玉麟，閽人弗爲通，怒叱曰：「英相國獲罪，卽若曹爲之，奈何猶不知儆！」翼日，玉麟自往謝。

徐法績，字熙庵，陝西涇陽人。嘉慶二十二年進士，選庶吉士，授編修。以親老歸養，家居十年。道光九年，遷御史，謂諫臣當識大體，不宜毛舉細故瀆上聽，致久褻生厭。疏陳求人才、捐文法、重守令、繩貪墨四事。會直隸、河南地震成災，劾罷監司不職者二人。遷給事中，稽察銀庫，無所染。十二年，分校會試，同官與吏乘隙爲姦，匿雲南餉銀，法績出闈亟按之，謀始沮。典試湖南，其副病歿，獨專校閱，徧搜遺卷，拔取多知名士，而得於遺卷者六人，大學士左宗棠其首也。以薦赴東河，學習河工，周歷兩岸，詳詢利弊，著錄爲東河要略一篇。十四年，遷太常寺少卿。尋以病乞歸，踰二年卒。

論曰：鮑桂星、顧蒓以鯁直獲譴，卒見諒於明主，蒓之建白，尤卓卓矣。吳孝銘通達政體，鄂木順額樸誠持正，陳鴻、徐法績清操相繼，冀挽頹風，而庫藏大獄，卒發於十數年之間，甚矣實心除弊之罕覯其人也！

# 清史稿卷三百七十八

## 列傳一百六十五

黄爵滋　金應麟　陳慶鏞　蘇廷魁　朱琦

黄爵滋，字樹齋，江西宜黄人。道光三年進士，選庶吉士，授編修，遷御史、給事中。以直諫負時望，遇事鋒發，無所回避，言屢被採納。十五年，特擢鴻臚寺卿。詔以爵滋及科道中馮贊勳、金應麟、曾望顏諸人均敢言，故特加擢任，風勵言官，開忠諫之路，勉其勿因驟得升階，卽圖保位，並以詰誡臣工焉。尋疏陳察天道，廣言路，儲將才，制匪民，整飭京城營衞，申嚴外夷防禁六事，又陳漕、河積弊，均下議行。

時英吉利船艦屢至閩、浙、江南、山東洋面游奕，測繪山川地圖。爵滋疏言：「外國不可盡以恩撫，而沿海無備可危。」十八年，上禁烟議疏曰：「竊見近年銀價遞增，每銀一兩，易制錢一千六百有零，非耗銀於內地，實漏銀於外洋也。蓋自鴉片流入中國，道光三年以前，每歲漏銀數百萬兩，其初不過紈袴子弟習爲浮靡。嗣後上自官府搢紳，下至工商優隸，以及婦女僧道，隨在吸食。粵省奸商勾通兵弁，用扒龍、快蟹等船，運銀出洋，運烟入口。故自道光三年至十一年，歲漏銀一千七八百萬兩；十一年至十四年，歲漏銀二千餘萬兩；十四年至今，漸漏至三千萬之多；福建、浙江、山東、天津各海口合之亦數千萬兩。以中土有用之財，塡海外無窮之壑，易此害人之物，漸成病國之憂，年復一年，不知伊於胡底。各省州縣地丁錢糧，徵錢爲多，及辦奏銷，以錢爲銀，前此多有贏餘，今則無不賠貼。各省鹽商賣鹽得錢，交課用銀，昔之爭爲利藪者，今則視爲畏途。若再數年，銀價愈貴，奏銷如何能辦？積課如何能淸？設有不測之用，又如何能支？今天下皆知漏巵在鴉片，而未知所以禁也。夫耗銀之多，由於販烟之盛；販烟之盛，由於食烟之衆。無吸食自無興販，無興販則外洋之烟自不來矣。宜先重治吸食，臣請皇上准給一年期限戒烟，雖至深之癮，未有不能斷絕者。至一年仍然服食，是不奉法之亂民，加之重刑不足恤。舊例吸烟罪止枷杖，其不指出興販者，罪止杖一百、徒三年，俱係活罪。斷癮之苦，甚於枷杖與徒，故不肯斷絕。若罪以死論，臨刑之慘急，苦於斷癮之苟延，臣知其願死於家而不願死於市。況我皇上雷霆之威，赫然震怒，雖愚頑沉溺之久，自足以發聾振聵。皇上之旨嚴，則奉法之吏肅，犯法之人畏。一年之內，尙未用刑，十已戒其八九。已食者藉國法以保餘生，未食者因炯戒以全身命，止辟之大權，卽好生之盛德也。伏請飭諭各督撫嚴行淸查保甲，初先曉諭，定於一年後取具五家互結，准令舉發，給予優獎。倘有容隱，本犯照新例處死，互結之家照例治罪。通都大邑，往來客商，責成店鋪，如有容留食烟之人，照窩藏匪類治罪。文武大小各官，照常人加等，子孫不准考試。官親幕友家丁，除本犯治罪外，本管官嚴加議處。滿、漢官兵，照地方官保甲辦理；管轄失察之人，照地方官辦理。庶幾軍民一體，上下肅淸，漏巵可塞，銀價不至再昂，然後講求理財之方，誠天下萬世臣民之福也。」疏上，上深韙之，下疆臣各抒所見，速議章程。

先是，太常寺少卿許乃濟疏言，烟禁雖嚴，閉關不可，徒法不行，請仍用舊制納稅，以貨易貨，不得用銀購買，吸食罪名，專重官員、士子、兵丁，時皆謂非政體。爵滋劾乃濟，罷其職，連擢爵滋大理寺少卿、通政使、禮部侍郎，調刑部。十九年，廷臣議定販烟、吸烟罪名新例，略如爵滋所請。

林則徐至粵，盡焚躉船存烟，議外國人販烟罪。英領事義律不就約束，兵釁遂開。二十年，命爵滋偕左都御史祁寯藻赴福建查辦禁烟，與總督鄧廷楨籌備海防。洎英兵來犯，廷楨屢挫敵於廈門，上疑之。爵滋與寯藻方至浙江按事，復命赴福建察奏。疏陳：「廷楨所奏不誣；定海不可不速復；水師有專門之技，宜破格用人。」具言戰守方略。又言浙江為閩、粵之心腹，與江蘇為脣齒，請飭伊里布不可偏聽琦善，信敵必退。及回京，復極言英人勞師襲遠不足慮，宜竟與絕市，募兵節餉，爲持久計，以海防圖進。既而琦善在粵議撫不得要領，連歲命將出師，廣東、浙江皆不利。二十二年，英兵由海入江，乃定和議於江寧，烟禁自此弛矣。尋丁父憂去官。

爵滋爲御史時，稽察戶部銀庫，嘗疏言庫丁輕收虧帑之弊。二十三年，銀庫虧空九百萬兩事發，追論管庫、查庫諸臣，罪皆褫職責賠，賠既足，次第予官。爵滋以員外郎候補，病足家居，上猶時問其何在。三十年，至京，會上崩，遂不出。逾三年，卒。

爵滋以詩名，喜交游，每夜閉閤草奏，日騎出，偏視諸故人名士，飲酒賦詩，意氣豪甚。及創議禁烟，始終主戰，一時以爲淸流眉目。所著奏議、詩文集行於世。

金應麟，字亞伯，浙江錢塘人。以舉人入貲爲中書。道光六年，成進士，授刑部主事，總辦秋審，先後從大臣讞獄四川、湖北、山西。累擢郎中，改御史，遷給事中。疏請修改刑例，於鬬毆、報盜、劫囚、誣告、私鑄、服舍違式、斷罪引律、奴婢毆主、故禁故勘平人、應捕人追捕罪人、犯罪存留養親、官司出入人罪、徒流遷徙地方、外省駐防逃人，逐條論列，多被採取改定；又論銅船恣横不法及驛站擾累諸弊，並下各省督撫禁革。先後封事數十上，劾疆臣琦善、河臣吳邦慶尤爲時稱。宣宗嘉其敢言，擢太常寺少卿。遭憂歸，服闋，授鴻臚寺卿。

疏論水師廢弛，漕政頹紊。十九年，出爲直隸按察使，鞫護理長蘆鹽運使楊成業等得贓獄，論遣戍，前運使陳崇禮等並罣議。尋召爲大理寺少卿。

二十二年，疏言：「海疆諸臣欺罔，其故由於爵祿之念重，而趨避之計工。欲破其欺，是在乾斷。資格不可拘，嫌疑不必避，舊過不妨宥，重賞不宜惜。近頃長江海口鎭兵足守，而敵船深入，逃潰時聞。竭億萬氓庶之脂膏，保一二庸臣之軀命。議者諉謂無人無兵無餉無械。竊以無人當求，無兵當練，無餉械亦當計度固有，多則持重，少則用謀，作三軍之氣，定邊疆之危，在皇上假以事權，與任事者運用一心而已。」復疏進預計度支圖、火器圖、籌海戰方略甚悉。二十三年，以親老乞歸省，不復出。著有鳶華堂奏議及駢體文。

陳慶鏞，字頌南，福建晉江人。道光十二年進士，選庶吉士，散館授戶部主事，遷員外郎，授御史。二十三年，海疆僨事，獲罪諸臣寖復起用。

慶鏞上疏論刑賞失措，曰：「行政之要，莫大於刑賞。刑賞之權，操之於君，喻之於民，所以示天下之大公也。大學論平天下之道，在於絜矩。矩者何，民之好惡是已。海疆多事以來，自總督、將軍以至州縣丞倅，禽駭獸奔。皇上赫然震怒，失律之罪，法有莫逭。於是辱國之將軍奕山、奕經，參贊文蔚，總督牛鑑，提督余步雲，先後就逮，步雲伏法。血氣之倫，罔不拊手稱快，謂國法前雖未伸於琦善，今猶伸於余步雲。乃未幾起琦善爲葉爾羌幫辦大臣。邸報既傳，人情震駭，猶解之曰：『古聖王之待罪人，有投四裔以禦魑魅者。』皇上之於琦善，殆其類是，而今且以三品頂戴用爲熱河都統矣，且用奕經爲葉爾羌幫辦大臣，文蔚爲古城領隊大臣矣。琦善於戰事方始，首先示弱，以惰軍心，海內糜爛，至於此極。既罷斥終身不齒，猶恐不足饜民心而作士氣。奕經之罪，雖較琦善稍減，文蔚之罪，較奕經又減。然皇上命將出師，若何慎重。奕經頓兵半載，曾未身歷行間，騁其虛憍之氣，自詭一鼓而復三城；卒之機事不密，貽笑敵人，覆軍殺將，一敗不支。此不待別科騷擾供億、招權納賄之罪，而已不可勝誅。臣亦知奕經爲高宗純皇帝之裔，皇上親親睦族，不忍遽加顯戮。然卽幸邀寬典，亦當禁錮終身，無爲天潢宗室羞，豈圖收禁未及三月，輒復棄瑕錄用？且此數人者，皇上特未知其見惡於民之深耳。倘俯采輿論，孰不切齒琦善爲罪魁，誰不疾首於奕山、奕經、牛鑑、文蔚，而以爲投畀之不容緩？此非臣一人之私言也。側聞琦善意侈體汰，跋扈如常，葉爾羌之行，本屬怏怏；今果未及出關，卽蒙召還。熱河密邇神京，有識無識，莫不撫膺太息，以爲皇上嚮用琦善之意，尚不止此。萬一有事，則熒惑聖聰者，必仍係斯人。履霜堅冰，深可懍懼。頃者御試翰詹，以『烹阿封卽墨』命題，而今茲刑賞顧如此，臣未知皇上所謂阿者何人？卽墨者何人？假如聖意高深，偶或差忒，而以卽墨爲阿，阿爲卽墨，將毋謈之毀之者有以淆亂是非耶？所望皇上立奮天威，收回成命，體大學絜矩之旨，鑒盈廷毀謈之眞，國法稍伸，民心可慰。」疏上，宣宗嘉之，諭曰：「朕無知人之明，以致琦善、奕經、文蔚諸人喪師失律，惟有反躬自責，不欲諉罪臣工。今該御史請收回成命，朕非文過飾非之君，豈肯回護？」復革琦善等職，令閉門思過。於是直聲震海內。

二十五年，遷給事中，巡視東城，以事詿吏議，左遷光祿寺署正。二十六年，乞歸。文宗卽位，以大學士朱鳳標薦，復授御史，蹶而再起，氣不少撓，疊上疏多關大計。自粵匪起，福建羣盜蠢動，蔓延泉、漳、興、永諸郡。咸豐三年，慶鏞疏陳利害，命回籍治團練。惠安妖婦邱氏煽亂，偵獲置諸法，賜花翎。俄以病請開缺。七年，逆匪林俊糾莆陽、仙遊、永春、南安羣賊犯泉州，慶鏞激厲士民固守，賊攻圍數日而退。論功，以道員候選。八年，卒於泉州，贈光祿寺卿，賜祭葬，廕一子知縣，祀鄉賢祠。

慶鏞精研漢學，而制行則服膺宋儒，文辭樸茂，著有籀經堂文集、三家詩考、說文釋、古籀考等書。

蘇廷魁，字賡堂，廣東高要人。道光十五年進士，選庶吉士，授編修。二十二年，遷御史。海疆兵事方亟，迭上疏論列，請修築虎門礮臺及燕塘墟、大沙河、龜岡諸要隘，以防敵回擾粤，既而和議成。二十三年春，有白氣自天西南隅直掃參旗，因災異上疏數千言，極論時政乖迕，歸罪樞臣穆彰阿等，請立罷黜；並下罪己詔，開直諫之路：語多指斥。宣宗覽奏動容，嘉其切直，朝野傾望丰采。遭憂去官，服闋，遷給事中。

咸豐元年，上謹始疏，請求宏濟之道，執勞謙之義，防驕泰之萌，推誠任賢，愼始圖治，選擇翰詹爲講官，嚴取孝廉方正備採用，文宗嘉納之。賽尙阿出督師，援引內閣侍讀穆蔭擢五品京堂，在軍機大臣上學習行走。廷魁疏劾其壞舊制，用私親，超擢太驟，易啓倖進之門，請俟賽尙阿還，令回章京本任，詔斥擅預黜陟，猶以素行端方，不之罪。上先隱其名，出疏示賽尙阿，賽尙阿退，飲臺垣酒，問：「誰實彈我？」廷魁出席曰：「公負國，某不敢負公。」再以憂歸。四年，廣東紅巾匪起，將犯省城。或獻議借外兵，以鋪捐爲餉糈，力爭，罷其議。

八年，英法聯軍踞廣州，廷魁與侍郎羅惇衍等倡設團防局，嚴淸野，絕漢奸，招募東莞及三元里、佛山練勇得數萬人，聲言戒期攻城，敵師出，擊斬百餘級。敵始有戒心，稍戢，連艘北犯，既而天津議和，廣東敵兵未退，民益憤，廷魁等請留練局以防土寇。敵謂旣媾和何復募勇，且以懸金購領事巴夏禮爲責言。議和大臣桂良慮撓成議，奏請撤局。初，艇匪擾廣寧，圍四會、肇慶，兵疲糧罄，或勸之去，廷魁曰：「予團防大臣也，誓與城爲存亡！」會提督崑壽克梧州，以兵來援，城得完。疆臣屢欲上其功，皆固辭。

同治初，以中外大臣薦，授河南開歸陳許道，歷布政使，擢東河總督。七年，河決滎澤，未奪溜，革職留任，閱三月工竣，復之。踰年，內召，去官，稱疾歸。光緒四年，卒。

朱琦，字伯韓，廣西臨桂人。父鳳森，嘉慶六年進士，官河南濬縣知縣，有政聲。滑縣教匪起，率團練禦之，屢破賊，城守卒完。遷河南府通判。歿，祀名宦。

琦，舉鄉試第一。道光十五年，成進士，選庶吉士，授編修。慕同里陳宏謀之爲人，以氣節自勵。遷御史，值海疆事定，禍機四伏，而上下復習委靡，言路多容默，深以爲憂。著名實說，略曰：「天下有鄉曲之行，有大人之行。鄉曲、大人，其名也，考之其行，而察其有用與否，其實也。世之稱者，曰謹厚，曰廉靜，曰退讓，三者名之至美也，而不知此鄉曲之行也，非所謂大人者也。大人之職，在於經國家、安社稷，有剛毅之大節，爲人主畏憚；有深謀遠慮，爲天下長計。合則留，不合以義去。身之便安，不暇計也；世之指摘，不敢逃也。今也不然。曰：吾爲天下長計，則天下之釁必集於我；吾爲人主畏憚，則不能久於其位；不如謹厚、廉靜、退讓，此三者可以安坐而無患，而名又至美也。夫無患而可久於其位，又有天下美名，士何憚而不爭趨於此？故近世所稱公卿之賢者，此三者爲多矣。當其峩冠襜裾，從容正步，趨於廊廟之間，上之人不疑，而非議不加，其沉深不可測也。一旦遇大利害，搶攘無措，鉗口撟舌而莫敢言，而所謂謹厚、廉靜、退讓，至此舉無可用，於是始思向之為人主畏憚而有深謀遠慮者，不可得矣。且謹厚、廉靜、退讓三者，非果無用也。古有負蓋世之功而思持其後，挾震主之威而唯恐不終，未嘗不斤斤於此，故又於鎮薄俗、保晚節。後世無其才而冒其位，安其樂而避其患，假於名之至美，倜然自以為足。是藏身之固，莫便此三者。孔子之所謂鄙夫也，其究鄉愿也。是張禹、胡廣、趙戒之類也，甚矣其恥也！」於是數上疏切論時務，皆留中不報。時咸推其抗直，稱為名御史。

琦以言既不見用，二十六年，告歸。越數年，廣西羣賊蠭起，其言皆驗。家居治團練，助守禦。賊中梟傑張家祥者，悔罪投誠，當事猶疑之。琦知其忠勇可用，以全家保之，乃受降，改名國樑，卒為名將。琦以守城勞議敍，以道員候選。咸豐六年，再至京師。居兩歲，從欽差大臣桂良至江蘇，無所遇，王有齡獨重之，有齡撫浙，辟贊軍事。十一年，粵匪犯杭州，總理團練局。守清波門，城陷，死之。贈太常寺卿，予騎都尉世職，祀昭忠祠。

琦學宗程、朱，詩古文皆有法，著有怡志堂集、臺垣奏議。

論曰：禁烟之議，創自黃爵滋，行之操切，而邊釁遂開，繼之游移而國威愈墮，誠不可以此歸咎始議之人。然謀國萬全，決勝千里，非恃意氣為也。行固維艱，言亦豈易易哉？金應麟同被拔擢，亦始終主戰。陳慶鏞、蘇廷魁、朱琦時稱「三直」；合之應麟，又稱「四虎」。所言有用有不用，凜凜然有生氣，要足以砭頑振懦矣。

# 清史稿卷三百七十九

## 列傳一百六十六

趙愼畛　盧坤 曾勝　陶澍

趙愼畛，字笛樓，湖南武陵人。爲諸生時，學政錢灃器之，曰：「人英也！」嘉慶元年，成進士，選庶吉士，授編修。遷御史、給事中。條上川、楚善後屯田保甲事宜。巡通州漕，革陋規，廉得楊村通判科索剝船，奏褫其職。湖南學政徐松矜愎失士心，欲附愼畛自固，常列其弟子優等，愼畛列款糾劾罷之。兩廣總督蔣攸銛薦其才可大用。

十七年，出爲廣東惠潮嘉道。嚴治械鬬，捕南澳、澄海、潮陽盜甚衆；沿海民寮居爲逋逃藪，悉編入保甲。踰年，擢廣西按察使。天地會匪結黨搆亂，脅有貲者入其中，愼畛惟嚴罪匪首，被脅者不坐。廣東洋匪投誠後，漸入廣西爲盜。設水路巡船以護商旅，督守令以捕盜多少爲殿最。遠郡招解重囚煩費，吏因諱盜，省文法，嚴舉劾，緝捕始力。二十年，遷廣東布政使。州縣多積虧，展轉相承，悉心鉤稽，除其糾轕，庫儲頓增。南海、高要瀕河隄防多圮，民苦水患，籌款生息資歲修，屯田五千餘頃。賦重爲累，請減糧額，攤抵於沙坦輕則之地。粵俗奢靡，刊發陳宏謀行政訓俗遺規，躬行節儉以示勸。

二十三年，擢廣西巡撫。習知粵西地勢如建瓴，旬日不雨即旱竭，勸民修隄塘，造龍骨車，開蔭井，設井筒架，皆頒式俾倣行。地連黔、楚，羣盜出沒，宜山會匪廖五桂、藍耀青分踞新、舊兩墟，糾衆分黨，僞立名目，勒索殷戶，爭利相擾，親往捕誅之。飭屬行保甲，置望樓，練民壯互相守望，縣建卡房數十座，府各督屬會營巡緝。柳州至省千餘里，設水汛四十三所，終任凡獲盜千七百餘人。盜多出於流匪，編客民籍，驅其單身游蕩者，礦廠窯榨傭丁皆立册，有保者留，否則逐。故事，梧、潯二關，巡撫例得動用盈餘。慎畛曰：「吾家衣食麤足，身爲大臣，取盈將安用之？當爲國家布仁澤耳。」乃於桂林設預備倉，增設書院，柳州、慶遠、思恩三府皆創設之；繕城濬河，廣置棲流所，並取給焉。

道光二年，入覲，宣宗嘉其誠實不欺，溫諭褒勉，擢閩浙總督。嚴申軍律，課諸鎮營汛勤訓練。浙江提督沈添華玩縱，劾罷之。責水師緝海盜，盜多就擒。上游四府多山，客民租山立廠，游匪羣聚，遣兵搜山，捕誅其魁。閩安所轄有琅琦島，居民多爲奸利，擒治之，移駐水師，建礮臺，遂爲省城門戶。臺灣自來多亂，動煩大兵，慎畛尤以爲慮，盡選賢能以治。

鳳山莠民楊良斌煽衆起事，檄巡道孔昭虔、知府孔傳穟剿治，未一月而定，不煩一兵渡海。璫瑪蘭初設治，部議賦則較重，奏減之。民入山伐木，歲供道廠船料，匠首苛斂激變，捕誅首亂，更定採木章程，乃相安。戍兵萬四千，更代時皆赴厦門，由提督點驗，遠者千里，改由各提鎭分驗，兵困以蘇。臺灣產米，漳、泉數郡仰給商運，江、浙、天津民無蓋藏，米貴輒生亂，於海口稽米船出數，酌豐歉爲限制，常留有餘。疏請漳浦明儒黃道周從祀文廟，下廷臣議行。侯官謝金鑾、德化鄭兼才皆以學行著，素所敬禮，歿而舉祀鄕賢。又旌表義烈，以振風俗。

五年，調雲貴總督。銅鑛、鹽務積疲，疏陳變通整頓之法。以邊防莫便於屯田，方考訪形勢利便，未及議行而疾作。病中拜疏劾貪黷不職者數十人。未幾，遂卒。代者急遞追回原疏，滇人惜之。遺疏上，優詔賜卹，贈太子少保，謚文恪，祀名宦、鄕賢祠。

愼畛服膺儒先，凡有益身心可致用者，皆身體力行。好善嫉惡，體恤屬僚，訓戒懇切，如師之於弟子。所至於文武官吏，常能識別其才否，人亦樂爲之用。所著奏議、從征錄、載年錄、讀書日記、惜日筆記等書及詩文集凡數十卷。

盧坤，字厚山，順天涿州人。嘉慶四年進士，選庶吉士，散館授兵部主事，洊遷郎中。

扈隨木蘭，校射，賜花翎。十八年，出爲湖南糧儲道，丁本生父母憂，服闋，歷廣東惠潮嘉道、山東兗沂曹濟道、湖北按察使、甘肅布政使。道光元年，護理陝西巡撫。二年，擢廣東巡撫，未之任，調陝西。議者謂南山老林易藪奸，不宜開墾。坤歷陳漢、蜀、唐、宋史事，及漢李翕郙閣頌，以徵墾治之利；專任嚴如熤，假以便宜，墾務大興。勘修南山各屬城工，漢江隄岸，築壩濬淤，審度形勢，移駐文武，增改官制。又修復咸寧、長安、涇陽、盩厔、岐山、寶雞、華州、榆林河渠水利，籌補榆林、綏德兩屬常平倉穀，勸民捐建社倉。疏陳：「察吏之要，不獨親民，官貪廉爲民身家所係，其勤惰、明昧、寬嚴，皆關民生休戚。」宣宗深韙之。五年，以母憂去官。

六年，回疆用兵，特起駐肅州，偕總督鄂山治轉餉。以托古遜爲運糧首站，自烏魯木齊至阿克蘇，置三十二站，大兵五萬餘，日需糧五百石，每站備駝五百有奇，由山西、陝西採購；又蒙古阿拉善部進駝千，烏里雅蘇台調撥官駝四千。疏請軍需從寬籌備；兵丁量增口糧；給皮衣皮帽，以禦寒；出口駝馬芻秣；時給買補缺額營馬，預備續調；監造軍械務期堅實；撥運陝省制錢，平市價；添設台站夫馬；雇用車輛，定例價；招募護台民丁；後路糧台亦添兵守護：凡十一事，並如議行。回疆平，加太子少保。及張格爾就擒，賜頭品頂戴。服闋，授山東巡撫，調山西。八年，裁撤肅州軍局。始抵任，尋調廣東巡撫。

十年，又調江蘇，未至，擢湖廣總督。兩湖鹺務，狃於封輪之例，道光初議散輪，七年復因加價，仍改封輪，引滯商疲。坤至，疏請實行散輪，建鹽倉於漢岸，俾商船源源攬運。尋量減售價，以銷楚岸積鹽。設塘角總卡，按船編號，以杜內私外私之弊。復湖南永興粵鹽定額，以保淮綱。湖北水災，請免米稅，借帑十萬兩，購川米平糶。疏調前兩淮鹽運使王鳳生綜理水利，擇要疏濬河道，修築隄堰，皆以次舉行。

十二年，湖南江華瑤趙金龍作亂，粵瑤應之，湖南提督海凌阿及副將、游擊等皆戰歿，坤親往督師，密陳湖北提督羅思舉能辦賊。時桂陽、常德諸瑤蠭起應賊，常德水師、荆州駐防兵皆不習山戰，坤至，悉罷之，改調鎮筸苗疆兵，分屯要隘，堅壁淸野，與賊相持。俟兩湖兵大集，貴州提督余步雲、雲南副將曾勝亦率軍至，乘雷雨襲擊洋泉街。羅思舉督諸將晝夜環攻，斃賊數千，破其巢，擒金龍子女及頭目數百人。金龍乘間逸，爲亂軍所殲，獲其屍及劍印木偶諸物。捷聞，賜雙眼花翎，世襲一等輕車都尉。尙書禧恩、將軍瑚松額方奉命視師，未至，賊已平。粵瑤趙靑仔糾衆數千入楚界，聲言爲金龍復仇，連敗之於濠江、銀江，擒靑仔磔於市。廣東連山黃瓜寨瑤猖獗，兩廣總督李鴻賓剿治不力，以罪逮，調坤代之。偕禧恩等先後往督諸將進剿，瑤疆悉平。合疏陳兩省善後事宜，改移文武官制駐所，並允行。

十三年，越南盜陳加海結邊地游民嘯聚狗頭山，潛入內洋，遣水師擊沉八船，擒加海誅之。尋越南內訌，愼固邊防，拒其請兵，詔嘉得大體。

英吉利兵船擅入海口，要乞推廣通商，坤依故事停其貿易。領事律勞卑挾二船入虎門，礮擊不退，且以礮拒，進泊黃埔。坤設方略扼其歸路，斷其接濟，集水陸師臨以兵威，律勞卑窮蹙，引罪求去。澳門洋商代請命，坤持之良久，乃驅之出口。疏聞，詔嘉獎，先奪宮銜、花翎並復之。於是嚴海防，勤訓練，自南山至大虎分三段，與沙角、大角相聯絡。省河中流沙地增建礮台，以資保障，夷情斂懾。坤久任封圻，所蒞皆有名績，宣宗深倚之。十五年，卒，贈太子太師、兵部尚書，從優卹，謚文肅。子端黼，襲世職。

曾勝，廣西馬平人。以行伍從剿湖南苗匪、川、楚教匪，積功至都司。累遷雲南參將，以計擒梟渠徐黑二及宣威小梁山匪首，爲時稱。遷維西協副將。瑤匪趙金龍之亂，率師會剿，擢湖南永州鎭總兵，殲金龍，及擒粵瑤趙青仔，戰皆力。尋赴廣東剿連山瑤，迭戰大拱橋、分水嶺、礮台山、火燒坪、軍僚里、大匡沖、上坻園。瑤平，論功最，加提督銜，賜號瑚爾察圖巴圖魯，予雲騎尉世職。調南韶連鎭，擢廣東陸路提督。當英吉利兵船入內河，水師提督李增堦不能阻，勝獻策，以巨船載石沉塞海口老洲岡隘道，聚草船數百橫內河，備火攻，勝率兵臨之，英領事律勞卑悚懼聽命，事乃定。十七年，卒於官，謚勤勇。

陶澍，字雲汀，湖南安化人。嘉慶七年進士，選庶吉士，授編修，遷御史、給事中。疏劾吏部重籤，河工冒濫，及外省吏治積弊。巡中城，決滯獄八百有奇。巡南漕，革陋規，請濬京口運河。二十四年，出爲川東道，日坐堂皇，剖決獄訟如流。請減鹽價，私絕課增。總督蔣攸銛薦其治行爲四川第一。歷山西按察使、安徽布政使。

道光三年，就擢巡撫。安徽庫款，五次淸查，未得要領。澍自爲藩司時，鉤覈檔案，分別應劾、應償、應豁，於是三十餘年之糾轕，豁然一淸。嚴交代，禁流攤，裁捐款，至是奏定章程，俾有司釋累，得專力治民。瀕江水災，購米十萬石，勸捐數十萬金，賑務覈實，災民賴之無失所。治壽州城西湖、鳳臺蕉岡湖、鳳陽花源湖；又懷遠新漲沙洲阻水，並開引河，導之入淮。淮水所經，勸民修隄束水，保障農田。各縣設豐備倉於鄉村，令民秋收後量力分捐，不經吏役，不減糶，不出易，不假貸，歲歉備賑，樂歲再捐，略如社倉法而去其弊。創輯安徽通志，旌表忠孝節烈以勵風俗。

五年，調江蘇。先是洪澤湖決，漕運梗阻，協辦大學士英和陳海運策，而中外紛議撓之。澍毅然以身任，奏請蘇、松、常、鎭、太五府州漕糧百六十餘萬石歸海運，親赴上海，籌雇商船，體恤商艱，羣情踴躍。六年春，開兌，至夏全抵天津，無一漂損者，驗米色率瑩潔，過河運數倍。商船回空，載豆而南，兩次得值船餘耗米十餘萬石，發部帑收買，由漕項協濟天津、通倉之用，及調劑旗丁，尙節省銀米各十餘萬。事竣，優詔褒美，賜花翎。明年，遂偕總督蔣攸銛合疏陳海運章程八條，冀垂令甲，永紓漕累，格於部議，未果行。又以紳衿包完漕米，横索陋規，爲漕務之害，奏請懲辦。學政辛從益意不合，爭之。澍復疏言：「陋規日增，勢必取償小民。若預計有司不減浮收，置陋規於不問，非釜底抽薪之計。」仍執前議，治包抗從嚴焉。

江蘇頻遭水患，由太湖水洩不暢。疏言：「太湖尾閭在吳淞江及劉河、白茆河，而以吳淞江爲最要。治吳淞以通海口爲最要。」於是以海運節省銀二十餘萬興工，擇賢任事，至八年工竣。又以江以南運道，徒陽運河最易淤阻，而練湖爲其上游，孟瀆爲其旁支。澍自巡漕時，條奏利害，至是先濬徒陽河，將以次舉劉河、白茆、練湖、孟瀆諸工。後在總督任，與巡撫林則徐合力悉加疏濬，吳中稱爲數十年之利，語詳則徐傳。

十年，以捕獲戶部私造假照要犯，加太子少保銜，署兩江總督，尋實授。時淮鹽敗壞，商困課絀，岌岌不可終日。澍疏陳積弊，請大刪浮費，以爲補救。議者多主改法課歸場竈，命尚書王鼎、侍郎寶興赴江南查議。澍謂除弊卽以興利，無事輕改舊制，偕鼎等合疏臚陳利害，條上十五事。鼎等復請裁鹽政歸總督管理，報可。澍受事，繳還鹽政養廉五千兩，裁減衙門陋規十六萬兩有奇，凡淮南之窩價，淮北之壩槓，兩淮之岸費，分別減除，歲計數百萬兩，分設內外二庫，正款貯內庫，雜項貯外庫，杜絕挪墊。革總商以除把持，散輪規以免淹滯，禁糧船回空帶蘆鹽，及商船借官行私，令行禁止，弊肅風清。淮北尤疲累，先借款官督商運，繼倣山東、浙江票引兼行之法，於海州所屬中正、板浦、臨興三場擇要隘設局給票，注明斤數運地，無票越境以私論。仍留暢銷之岸，江運八州縣、湖運十一州縣，歸商運。十二年，奏淮開辦，越半歲，溢銷逾額，復推廣於江運、湖運各岸，減價裁費，商販爭趨，而窩商蠹吏、壩夫岸胥一旦盡失其中飽需索之利，羣議沸騰。言官摭浮言，屢事彈劾，賴宣宗鑒其忠誠，倚畀愈專。屢請復鹽政專職，皆不許，澍益感奮，力排衆議，毅然持之，卒獲成效。道光元年至十年，淮南行六綱，淮北僅行三綱。澍承極弊之後，自十一年至十七年，淮南已完六綱有餘，淮北率一歲行兩綱之鹽，盡完從前滯欠，且割淮南懸引，兩淮共完正雜銀二千六百四十餘萬兩，庫貯實存三百餘萬兩。兩屆京察，並被褒獎優敍。晚年將推淮北之法於淮南，已病風痺，未竟其施，然天下皆知票鹽減價敵私，爲正本清源之計。後咸豐中乃卒行之。十九年，卒。遺疏上，優詔軫惜，稱其「實心任事，不避嫌怨」，晉贈太子太保，依尚書例賜卹，賜其子桄主事，謚文毅。祀名宦祠，於海州建專祠。

澍見義勇爲，胸無城府。用人能盡其長，所拔取多至方面節鉞有名。在江南治河、治漕、治鹽，並賴王鳳生、俞德源、姚瑩、黃冕諸人之力。左宗棠、胡林翼皆識之未遇，結爲婚姻，後俱爲名臣。所著奏議、詩文集、蜀輶日記、陶桓公年譜、陶淵明詩輯注並行世。

論曰：趙愼畛學有本源，察吏治民，嚴而能恕，所至政無不舉。盧坤治回疆軍需，平湖南瑤，馭廣東夷商，皆有殊績。陶澍治水利、漕運、鹽政，垂百年之利，爲屏爲翰，庶無媿焉。道光中年後，海內多事，諸臣並已徂謝，遂無以紓朝廷南顧之憂。「人之云亡，邦國殄瘁」，其信然哉！

# 清史稿卷三百八十

## 列傳一百六十七

陳若霖　戴三錫　孫爾準　程祖洛 馬濟勝　裕泰　賀長齡

陳若霖，字宗覲，福建閩縣人。乾隆五十二年進士，選庶吉士，散館授刑部主事，累遷郎中。東鹿縣民王洪中爲人聚毆，訟不得直，自經死。若霖鞫得其實，被議敍。秩滿當外用，仍留部。數從大臣赴各省讞獄，以寬恕稱。嘉慶十三年，出爲四川鹽茶道，擢山東按察使。調廣東，署布政使，以佐總督百齡平海盜，賜花翎。調湖北，復調四川，就遷布政使。二十年，擢雲南巡撫。水尾土州目黄金珠結內地奸民，殺副州目李文政，掠其家，鞫實，置於法。

歷廣東、河南、浙江巡撫。浙省南北新關科罰無度，限以半正額爲止，恤商而課裕。修蕭山新廟隄，建盤頭以禦潮。次年，新林塘圮，親往勘，疏言：「新林塘舊爲險工，今距海日遠，塘以外爲竈地，外復爲牧地，中有馬塘，足爲新林屏蔽，宜補築以遏潮汐。疏通竈地各溝洫，引入牧地之莫家等灣以排洩之，即以竈地之土培護新林隄基。西築橫塘以禦江水。責令竈牧各戶及蕭山、山陰、會稽三縣，分別修築。」又奏修會稽、上虞等縣塘隄，並如議行。二十四年，擢湖廣總督。湖南鳳凰等廳屯丁額多爲官佔，失業者衆，悉淸釐發還徵租。官入苗寨多婪索，或冒名詐財，嚴禁之。又以屯地磽瘠租額重，爲奏減苗租二萬餘石，免逋賦七萬餘石，苗民感之。

道光二年，調四川。中江覃萬典、犍爲道士蕭來修等假神惑衆，捕誅首犯，不坐株連。九姓長官司不諳吏治，奏請考試，獄訟別由瀘州及州判兼理。四年，召授工部尙書，調刑部，兼管順天府尹事。文安縣地形如釜底，自道光初隄防衝決，積水不能耕種，議請急行修築。七年，命勘湖北京山黃家陵隄工，疏言：「下游災民籲請修治潰隄，上游居民謂口門下游乃襄河故道，復請廢之。河流經行二百餘年，舍此不由，而別尋二百年以前故道，其說殊謬。潛江、天門、漢川俱屬下游，而天門、漢川尤當衝要，何忍委之巨浸？惟有開通江流，堵合口門，因勢利導。胡家灣沙洲當下游之衝，以四十餘丈之地束全江之水，下壅上潰，理有必然。今洲已衝潰，乘勢挑濬新灘，展寬水道，使江流無衝突之患，然後增築京山、鍾祥口門隄壩，再於潰口築石壩二，以護隄攻沙，庶可經久。」報可。十二年，乞休歸，卒於途，賜卹。

戴三錫，順天大興人，原籍江蘇丹徒。乾隆五十八年進士，授山西臨縣知縣。連丁父母憂，嘉慶六年，服闋，發四川，補南充。歷馬邊、峩邊兩廳通判，署資州、眉州、邛州，並有政聲。邛州民黃子賢以治病爲名，倡立鴻鈞教，捕治之。事聞，仁宗命送部引見，擢茂州直隸州知州。歷寧遠知府、建昌道、四川按察使。道光二年，遷江寧布政使，迴避本籍，仍調四川。三年，署總督，五年，實授，兼署成都將軍。

三錫自牧令洊陟封疆，二十餘年，未離蜀地。盡心民事，興復通省書院，增設義學三千餘所。四川舊有義田，積儲備賑，穀多則變價添置良田。三錫以歲久將膏腴多成官產，留穀太多，又虞霉變虧挪，差定三千至萬石爲額。溢額者出糶，價存司庫，以備凶歲賑卹之用。又以蜀地惟成都附近俱平疇沃野，餘多山谷磽瘠，遇水衝塞，膏腴轉爲砂石，因地制宜，多設渠堰，以資捍衞宣洩。新都奸民楊守一倡立邪教，造妖書惑衆，擒誅之。越巂生番刦奪商旅，掠漢民婦女，捕驵黠者數十人置之法，救出被掠男婦，給貲安撫。屢被詔褒獎。九年，因年老召來京，署工部侍郎。尋致仕，未幾，卒。詔嘉其「宣力有年，官聲素好」，贈尚書銜，依贈銜賜卹。

孫爾準，字平叔，江蘇金匱人，廣西巡撫永清子。嘉慶十年進士，選庶吉士，授編修。十九年，出爲福建汀州知府。寧化民斂錢集會，大吏將治以叛逆。爾準訊無他狀，論誅首要，鮮所株連。歷鹽法道、江西按察使，調福建，就遷布政使。道光元年，調廣東布政使，擢安徽巡撫。河南邪匪邢名章等糾衆竄潁州，檄按察使惠顯率兵馳剿，格殺名章，殲其餘黨。蠲緩被災各屬，災甚者賑卹之。先是有言賑務積弊，毋得以銀折錢，爾準疏其弗便，仍循舊章。

三年，調福建巡撫。延、建各屬山徑叢錯，多盜劫，以萬金爲緝捕費，連獲賊首置之法，盜風衰息。巡閱臺灣，疏言：「臺灣南北袤延千餘里，初抵鹿耳門，可行舟楫。嗣增設鹿仔港，而淺狹多沙，內山溪水赴海，別開港在嘉彰間，曰五條港，頗利商船。又噶瑪蘭山峻路險，負戴難行，其地有烏石港、加禮遠港，可通五六百石小舟，皆宜設爲正口。」

五年，擢閩浙總督。奏請噶瑪蘭收入版籍，設官治理。彰化匪徒械鬬焚劫，旁近蠭起，全臺震動，檄水師提督許松年剿捕，副將邵永福等趨艋舺，阻其北竄；總兵陳化成以兵渡鹿仔，防其入海。爾準親駐廈門，遣副將佟樞等分往彰化、淡水，搜山圍捕，詗知賊黨煽誘日衆，移陸路提督馬濟勝守廈門，自渡海駐彰化督剿，賊首李通遁，捕得伏誅。令各莊舉首事，緝餘匪，閩人捕閩人，粵人捕粵人，以免誣累。

臺人有與生番貿易遂娶番婦者，俗名「番割」，其魁黃斗乃等久踞三灣，潛出爲盜。當亂起時，誘生番出山助鬬，遣參將黃其漢等分路偵擊。番竄後山，士卒攀藤躡葛而登，擒黃斗乃等二十一人，斬以徇。爾準疏陳匪徒起事，由於造謠焚掠，非叛逆，當以强盜論；淡水以北分黨報復，當以械鬬論；焚殺有據者始坐辟，餘俱末減。其脅從旋解散者，多所保全。又奏臺灣北路至艋舺幾五百里，僅有守備一員，巡防難周。調南路游擊一員駐竹塹，並於大甲、銅鑼灣、斗換坪諸處添駐營汛，改建淡水土城。頭道溪爲生番出入總路，亦建土城，以屯丁駐守。事平，加太子少保。七年，入覲，宣宗嘉其治臺灣匪亂悉合機宜，迅速蕆功，賜其子慧翼官主事。

木蘭陂者，創自宋熙寧間，溉民田四十萬畝，築石隄千一百餘丈以禦海潮，歲久傾壞，爾準道經莆田，親勘修復。工蕆，以宋長樂室女錢創陂實功首，建祠列入祀典。爾準治閩最久，諳悉其風土人情，吏民皆相習，政從寬大，閩人安之。九年，坐失察家僕收賄，鐫二級留任。十一年，以病乞休。逾年，卒，贈太子太師，賜子慧惇進士，慧翼員外郎，謚文靖，祀福建名宦及鄉賢祠。

程祖洛，安徽歙縣人。嘉慶四年進士，授刑部主事，洊遷郎中。諳練刑名，爲仁宗所知。京察記名道府，久未外簡，以截取銓授甘肅平涼知府。部臣請留，詔斥規避邊遠，撤銷記名，留部永不外用。久之，擢內閣學士。尋授江西按察使，遷湖南布政使，調山東。

道光二年，擢陝西巡撫，調河南。教匪朱麻子由新蔡竄安徽阜陽，捕獲置之法。與直隸、山東、安徽、湖北毗連諸縣素多盜，撥庫帑五萬兩生息，爲緝捕經費。漳水決安陽樊馬坊，河流北徙，命大學士戴均元往會勘。祖洛周歷上下游，合疏言：「漳水自乾隆五十九年南徙合洹以來，衞水爲所遏，每致潰溢。今河流既分，不可使復合。議於樊馬坊上下距洹水最近處，及南岸衝決成溝，並築土壩，使二河分流，冀減漫溢之勢。」至四年春，積水消涸，地形顯露。田市之北，漫水與溝隔斷，不能引歸正河。乃就其上游龍家莊窪地抽溝啓放，復於內黃馬家窪開引河，添築田家營大壩，使溜勢南趨。自是漳、衞合併之患遂息。虞城橫河、惠民溝，夏邑巴清河，永城減水溝，舊爲豫東宣洩潦水要區，迭經黃河漫淤，濱河連歲被災，並疏濬之。初，河南、安徽治捻匪從重典，嗣部議有所減改。祖洛疏言：「匪徒結捻，倡劫黨衆，一呼而集，其豫謀早在結捻之時。新例以是否豫謀分別輕重，諸多窒礙，請復舊例。」並論匪徒拒捕及捕人治罪各條。又言：「獲盜究出舊案，免究從前失察處分。請遵嘉慶間諭旨，俾除瞻顧。」並從之。

七年，丁母憂，服闋，署工部侍郎。尋署湖南巡撫，調江蘇。十二年，擢閩浙總督。命查辦浙江鹽務，嚴定裁汰浮費章程，下部議行。臺灣奸民張丙、陳辦等倡亂，命將軍瑚松額督兵進剿，祖洛專治後路軍需。十三年，提督馬濟勝破賊，張丙等就擒，赴臺灣籌辦善後事宜，劾戰守不力之都司周進龍等，褫黜有差。改營制，增防守。優敍，賜花翎。疏陳福建吏治，略曰：「安民必先懲蠹，不可以迴護瞻顧而曲縱奸惡。閩省吏治無子惠之政，而務寬大之名，始因官之庸劣，釀成頑梗之風，今又因民之譸張，遂有疲難之勢。官曰民刁，民曰吏虐，互相傳播，漸失其眞。官不執法，幕不守法，因而愚民犯法，書役弄法，棍徒玩法。必先懲不執法之官，然後能治犯法、弄法、玩法之人。」於是連劾官吏不職者，略無假貸，吏治始肅。已革縣丞秦師韓京控提督馬濟勝矇奏邀功，並訐祖洛偏袒欺蒙，命侍郎趙盛奎偕學政張鱗按鞫，白其誣，師韓遣戍新疆。十五年，疏陳閩洋形勢，以漳州之南澳、銅山為藩籬，泉之廈門、金門為門戶，興化之海壇為右翼，閩安為省會咽喉，福寧之銅山為後戶。巡緝守禦，全資寨城礮臺。就最要者四十四處，由官民捐貲修築。十六年，丁父憂去官，服闋，引疾不出。二十八年，卒，宣宗甚惜之，贈太子太保，謚簡敬。

馬濟勝，山東菏澤人。以武生入伍，從剿川、陝教匪，積功累擢江蘇撫標參將。嘉慶十八年，會剿山東教匪，擢河北鎮總兵。道光初，擢浙江提督，調福建陸路提督。張丙等倡亂嘉義，臺灣鎮總兵劉廷斌困守孤城。濟勝率兵二千渡海赴援，戰於嘉義城下，大破賊，追至苹港尾，擒斬甚衆；進屯鹽水港，分兵搜剿，張丙及其悍黨先後就擒。時命將軍瑚松額督師猶未至，詔褒成功迅速，賜雙眼花翎。餘匪萬餘復來犯，俟其怠，擊之大潰，擒頭目賴滿等，追剿盡毀其巢，賊遂平。宣宗深嘉其謀勇，錫封二等男爵。又以馭兵安靖，御書「忠勇廉明」四字賜之。召入覲，年逾七旬，猶壯健，溫詔褒獎，晉二等子爵，在御前侍衞上行走。十六年，卒於官，贈太子太保，謚昭武，四子皆予官。

裕泰，滿洲正紅旗人。由官學生考授內閣中書，遷侍讀。嘉慶末，出爲四川成綿龍茂道，歷四川、湖南、安徽按察使，湖南、陝西、安徽布政使。道光十一年，擢盛京刑部侍郎，調工部，兼管奉天府尹事。查勘科爾沁蒙旗荒地，奏禁私墾。十三年，召授刑部侍郎，尋出爲貴州巡撫。十六年，古州、黎平土匪起，擒其渠徐玉貴等誅之。

調湖南巡撫。鎮筸標兵滋事，劾總兵向遵化、辰沅道常慶不職，罷之。疏言：「苗疆屯田，嘉慶中道員傅鼐所經營，寓兵於農，籌邊良策。治安日久，諸弊叢生。今鎮筸標兵因借餉倡亂，苗人遂生觀望。重以苗官苛刻，屯長侵欺，後患堪虞。急應清釐損益，妥定章程，俾將弁兵練咸知經費有常，絕其覬覦，仍責成鎮道實力整飭，恩威並行。」尋議定苗疆兵勇不准客民充補，預借銀穀限以定制，拔補備弁屯長，嚴絕苞苴。辰沅道缺，以湖南知府題陞。並如所議行。十七年，調江西，復調湖南。

二十年，擢湖廣總督。二十一年，湖北崇陽逆匪鍾人杰作亂，踞縣城，陷通城。裕泰馳駐咸寧，檄按察使郭熊飛率都司玉貴等進剿。崇陽在萬山中，賊盡塞孔道，築砦抗拒，選精銳出賊後夾攻，分股犯蒲圻，連爲官軍所敗，踞崇陽西嶺爲負嵎計。提督劉允孝迭敗之石盤山、黑橋，進毀其巢，擒人杰及其黨陳寶銘、汪敦族等。尋復通城，盡俘其孥。事平，加太子太保，賜雙眼花翎。時英吉利兵由海入江，詔募勇習水戰。裕泰倣粵艇造大船六、快船四，簡漢陽水師，每船百人，按旬操練。裁舊有巡船，以節經費。荆州駐防每出營滋事，奏請飭地方官拘拿，報將軍秉公嚴懲。乾州苗竄擾，剿撫解散。

二十九年，李沅發倡亂新寧，踞城戕官。巡撫馮德馨、提督英俊往剿，復縣城。妄傳沅發已死，而賊竄山中，勾結黔、粵交界伏莽，勢益蔓延。馮德馨逮治，專任裕泰往督師，與黔、粵諸軍合擊，數捷。三十年春，搜剿山內，擒殲多名。賊竄永福草鞵塘，四面抄圍，漸窮蹙。裕泰度賊不南趨廣西全州，即入新寧瑤峒，令提督向榮由武岡進屯廣西懷遠，遇賊擊破之。賊退踞金峯嶺，分三路進擊於深箐陡石間，斬獲殆盡，沅發就擒，晉太子太傅。尋調閩浙總督。咸豐元年，調陝甘，入覲，卒，優詔以尚書例賜卹，謚莊毅。子長善，廣州將軍；長敍，侍郎。

賀長齡，字耦耕，湖南善化人，原籍浙江會稽。高祖上振，官湖南司獄，卹囚有隱德，貧未能歸，遂家湖南。

長齡，嘉慶十三年進士，選庶吉士，授編修，遷贊善。道光元年，出爲江西南昌知府。歷山東兗沂曹濟道、江蘇按察使，就遷布政使，佐巡撫陶澍創行海運。調山東。七年，署巡撫。臨清州教匪馬進忠爲逆伏誅，復有揭帖僞立名號，刻期舉事，臚列旁州縣民名數百。長齡曰：「謀不軌詎以姓名月日告？此移禍也。」詗知果出邀功者，欲藉興大獄，遂置不問。調江寧布政使，乞歸養親。十五年，母喪服闋，補福建布政使，調直隸。

十六年，擢貴州巡撫。黔民苦訟累而多盜，以聽斷緝捕課吏，設旬報爲考覈。十八年，仁懷奸民穆繼賢糾四川綦江匪肆劫，遣兵與川軍會勦，焚其巢，首從並就殲擒。郎岱、普安、淸鎭諸縣多種罌粟，拔除申禁，勸民種木棉，玉屛、婺川皆有成效。黔省安置流犯三千餘人，與苗民錯處，釁隙易生，疏請改發新疆；又以鎭遠、黎平、都勻、古州苗俗桀驁，以盜爲生，州縣差役緝捕難周，疏請綠營每百名內精選數名，分隸府、廳、州、縣文員管轄，勤加訓練，專司捕盜：並下部議行。

長齡治黔九載，振興文教，貴陽、銅仁、安順、石阡四府，普安、八寨、郎岱、松桃四廳，黃平、普定、天柱、永從、甕安、淸平、興義、普安諸州縣，皆建書院義學；省會書院分上內外三舍，親試考覈，刊刻經籍，頒行州縣。

二十五年，擢雲貴總督，兼署雲南巡撫。漢、回連歲互鬭，永昌回變敗退後，復圖攻城，城回謀內應，迤西道羅天池悉捕誅之。長齡親往督勦，擊走叛回，以肅淸入告。二十六年，回衆藉口善良不別，復叛，自請議處，撤銷獎敍，赴大理、永昌督勦。匪尋竄散，請免投誠張富罪，軍犯王芝異團練出力，亦請釋回。詔斥其庸懦，降補河南布政使。二十七年，乞病歸。滇回復擾雲州，多屬永昌遺孽，且得羅天池濫殺狀，追論長齡，褫職。逾年，卒。

論曰：陳若霖、戴三錫盡心民事，而三錫久任蜀疆，治效較多。孫爾準、程祖洛先後治閩有聲，寬嚴殊途，其相濟之道乎？裕泰兩殄楚寇，勛施爛然。賀長齡儒而不武，不足以奠巖疆也。

# 清史稿卷三百八十一

## 列傳一百六十八

帥承瀛 孫遠燡 弟承瀚 左輔 姚祖同 程含章 康紹鏞
朱桂楨 陳鑾 吳其濬 張澧中 張日晸

帥承瀛，字仙舟，湖北黃梅人。嘉慶元年一甲三名進士，授編修，累遷國子監祭酒。先後督廣西、山東學政，歷太僕寺卿、通政使、副都御史，署倉場侍郎。授禮部侍郎，調工部、吏部。丁母憂，服闋，補原官，調刑部。論劾郎中寶齡婪賄狀，仁宗以承瀛到官浹月，釐剔宿弊，予議敍。奉命按山西雁平道福海、陝甘總督先福，罷之。又按山東徐文誥寃獄，得平反，劾承審官吏，降黜有差。

十五年，授浙江巡撫。浙鹽疲敝，議裁浙江鹽政，歸巡撫兼理，詔責承瀛整頓，疏言：「浙江運庫尚無虧挪，惟多移墊。擬以報存餘價追補，須足額後撥解。至收支數目，務劃清綱款，卽有急務，不再以內款墊支。每年加價，應許停輸。向例灑帶鹽引，豫估年額，愈積愈多，請並停止，以紓商力。」又酌改章程十事：定鹽務官制，裁鹽政養廉，革掣規供應，竃課由場徵解，銷引先正後餘，引目通融行銷，收支力杜弊混，梟私商私並禁，掣驗改復兩季，甲商酌裁節費，下部議行。浙鹺自此漸有起色。寧波、溫、台諸府濱海，土盜出沒，令兵船巡緝以遏其外，嚴詗口岸以防其內，洋面漸安。

兩江總督孫玉庭上八折收漕之議，廷臣多言其不可，下疆臣覆議。承瀛疏言：「漕弊始由州縣浮收，以致幫丁需索，而幫丁沿途用費亦因以漸增。迨幫丁用費愈大，需索愈多，州縣迫於幫費，有難循舊例徵收之勢，其究耗費歸之小民。由此包戶侵漁，刁衿挾制，積弊至不可回。八折之議，原以去其太甚，補救目前。無如因弊立法，而弊卽因法以生。誠有如廷臣所議，惟嚴禁官役需索，沿途之規費除，卽幫丁之用費省，而州縣浮收勒折之弊，亦力絕其萌，庶愛民恤丁兩有裨益。」疏上，前議遂寢。淸釐倉庫虧缺，奏請先就現任各官次第彌補；又以浙西頻遭水患，應與江蘇合力疏濬，察勘形勢，偕孫玉庭等疏陳兩省水道原委，實共一流，請專任大員綜攬全局：詔韙之。尋去官。後陶澍至江蘇，乃先治吳淞江焉。

承瀛治浙數年，以廉勤著。陸名揚者，歸安鄉民，以抗浮收得一鄉心，久爲官吏所嫉，請兵掩捕，鄉民集衆抗拒，而名揚逸。巡撫陳若霖遽以入告，遣兵往治，久之名揚始就獲。

承瀛初至浙，誅名揚，後乃知由於官吏之釀變，深悔之。道光四年，丁父艱，服闋，至京，以目疾久不愈，乃乞歸。二十一年，卒於家。優詔軫惜，依總督例加卹，賜其孫遠燡舉人，尋祀浙江名宦祠。

遠燡，成道光二十七年進士，官編修。咸豐初，上書言軍事。納貲爲道員，奏留江西勸辦捐輸。七年，總兵李定爲粤匪困於東鄉，遠燡募勇往援。戰歿，予騎都尉世職，建專祠，謚文毅。

承瀛弟承瀚，嘉慶十年進士，由翰林院檢討歷官至副都御史，方正負時譽，名亞於承瀛。歿，祀鄉賢。

左輔，字仲甫，江蘇陽湖人。乾隆五十八年進士，授安徽南陵知縣，調霍丘。勤政愛民，坐催科不力免官，嘉慶四年，復之，補合肥，復以緝私役爲鹽販毆斃獄坐奪職。尋初彭齡爲安徽巡撫，薦輔人才可用，仁宗亦素知輔循名，能得民心，送部引見，復職，仍發安徽，補懷寧，遷泗州直隸州知州。河決，州境被災，輔躬親賑撫，民無失所。總督百齡疏保潔己奉公，政聲爲一時最，以應升升用，擢潁州知府。十八年，盱眙民孫國柱誣周永泰謀逆，疆吏以聞。詔那彥成偕滑縣匪平，移師會剿，檄輔先率兵往。輔力言泗州屬縣無邪敎，單騎往按之，得國柱誣告狀，大獄以息。尋捕誅阜陽教匪李珠、王三保等，予議敍。擢廣東雷瓊道，遷浙江按察使、湖南布政使。二十五年，就擢巡撫。

苗疆稅重，又苦官役苛擾，侍郎張映漢陳其弊，命輔偕總督陳若霖察治。奏減租穀二萬餘石，籌款買補倉儲六萬餘石，免民、苗積逋租穀七萬餘石。復挑補兵勇，裁撤委員，禁差役不得入苗寨，聽苗食川鹽，民、苗便之。長沙妙高峯有宋儒張栻城南書院舊址，康熙中移建城內，已圮，規復重建，課通省士子，疏請御書扁額，以示嘉惠士林，詔嘉許焉。

輔官安徽最久，時稱循吏，晚被拔擢，數年中至封圻，年已老。道光三年，召來京，原品休致。十三年，卒於家。

姚祖同，字亮甫，浙江錢塘人。乾隆四十九年，南巡，召試，賜舉人，授內閣中書，充軍機章京，累遷兵部郎中。以纂輯勦平教匪方略，擢四五品京堂，補鴻臚寺少卿。歷通政司參議、內閣侍讀學士、鴻臚寺卿。二十年，出爲河南布政使。請限制河工提款，清釐州縣交代，庫儲頓充。

二十一年，調山西，又調直隸。嚴查虧空，令州縣自報虧數，凡新任不得私受前任舊虧，其新虧者，勒停升補。倉穀自經饑祲，兼軍需支領，蕩然無餘。祖同飭各屬糴補數十萬石。雄縣、安州、高陽諸縣水道淤阻，連年漫溢，並遴員治理，相機疏濬。二十二年，畿輔旱災，重者二十有九州縣。先令停徵，截漕備賑，徧歷災區，劾屬吏辦賑不實者；發米賈囤積數十萬石，責令平糶，民賴以濟。二十三年，仁宗東巡，灤河漲溢，祖同督造橋工成，賜花翎。面諭曰：「是非爲橋工，因汝能實心辦事耳。」

二十四年，擢安徽巡撫。會河南大水，灌入渦河，下游諸縣被災，祖同乘小舟巡視賑卹。二十五年，調河南。時儀封大工未竣，黃、沁並漲，漫及馬營工壩尾，祖同相機堵禦。疏陳政務雖多，河工爲重；學習河務，以履勘爲先。宣宗初卽位，命祖同每屆旬以大工進占丈尺奏聞。及冬，口門漸狹，而大河冰堅，祖同親乘小舟督工鑿冰，歲杪大工始告蕆。道光元年，祖同疏陳河南情形，略曰：「河工之敝壞顯而易見，民生之凋瘵隱而難治。河工加價，自常賦三百六十餘萬外，逾額攤徵。衡工未已，睢工繼之；睢工未已，馬工、儀工又相繼接徵。此外復有各處隄工隨時攤徵之款，民力其何以堪？請概停緩三年，以紓積困。」從之。開封護城大隄，河溢時半圮，請繕完以資保障。

二年，河督嚴烺奏請馬營壩工拋護碎石，已奉俞允，復命祖同籌度。祖同言時當大隄放淤，遏其奔衝，既非順水之性，伏秋盛漲，壩西水勢加高，上游隄埝愈險，則河北可虞，且慮攔沁轉致攔黃，於實事爲未便。乃下烺覆議，卒如祖同言。初，儀工經費，自祖同嚴覈弊賓，省帑金甚鉅。迨工員報銷，截長補短，蘄合成例，言官以浮冒入奏。是年，命左都御史玉麟、王鼎按之，事得白，而以八子錢五萬六千餘緡責祖同償補。八子錢者，工員以雜用不敷，議以銀易錢，銀一兩加扣八十文，祖同置弗問，卒以罣議，降補太常寺少卿。五年，授陝西按察使。請建流芳祠以祀關中士女之死節義者。六年，詔來京另候簡用。七年，授廣東按察使。尋偕尚書陳若霖赴湖北察勘京山王家營隄工。未幾，召授通政司副使，累遷左副都御史。十八年，以年老重聽，原品休致。二十二年，卒。

程含章，雲南景東人。其先佐官吏捕殺土寇，懼禍，改姓羅。乾隆五十七年舉人。嘉慶初，大挑知縣，分廣東，署封川。坐迴護前令諱盜，革職，投効海疆，屢殲獲劇盜，擢知州，署雷州府同知，率鄉勇破海盜烏石大，遷南雄直隸州；又坐失察屬縣虧空，革職，尋復官。以勘丈南雄州屬田畝，總督蔣攸銛疏薦，擢知府，補惠州。歷山東兗沂曹道、按察使、河南布政使。道光二年，疏言：「欲治河南，必以治河爲先務。正本清源之道，在河員大法小廉，實心修築，加意隄防，自能久安長治。」宣宗韙其言，命每屆汛期，赴工稽查工料及工員才否。擢廣東巡撫，入覲，面奏請復姓，許之。調山東，又調江西。修築德化諸縣被水圩隄，設義倉，行平糶。

四年，召署工部侍郎，治直隸水利，上疏略曰：「雍正、乾隆間四次興大工，皆歷數年蕆事，費帑數百萬，自此畿內無水患者數十年。迨嘉慶六年後，河道漸淤。道光二三兩年淫雨，被水者多至百餘州縣。治水如治病，必先明病之源流，急則治標，緩則治本。循古人經驗之良方，參今時變遷之證候，然後疾可得而治也。天津爲衆水出海孔道，諸減河皆所以洩水入海。東淀廻環數百里，大淸、子牙、永定、南運、北運五大川流貫其中。西淀容納順天、保定、河間三府二十餘河之水，南北兩泊容納正定、順德、廣平三十餘河之水，各有河道爲傳送之區。今則消洩之尾閭無不阻塞，停蓄之腹部無不淺溢，流貫之腸無不壅滯，收納之脾胃無不平淺，傳送之機軸無不淤積，吐納之咽喉無不塡閼，流通之血脈無不凝滯，加以隄埝、閘壩、橋梁無不殘缺，霪潦一至，輒虞泛溢。此畿輔水道受病之情形也。伏思直隸河渠淀泊，前代不聞大患。自康熙三十九年以後，乃恆苦水潦，則永定、子牙二濁河築隄之所致耳。孫嘉淦有言，永定、子牙向皆無隄，泥塗得流行田間，而水不淤淀。自永定築隄束水，而勝芳、三角淀皆淤；自子牙築隄束水，而臺頭等淀亦淤。淀口旣淤，河身日高，則田水入河之道阻，於是淀病而全局皆病。卽永定一河，亦已不勝其弊，以致斯疾。此又畿輔水道致病之根原也。永定河自築隄以來，於今百有餘年。河身高出平地一丈有餘，旣不能挑之使平，又不能廢隄不用，明知痼疾所在，無術可治。亦惟見病治病，多開閘壩以分其勢，高築隄埝以禦其衝，使不致潰決爲害而已。至通省全局工段繁多，自不能同時並舉。惟有用治標之法，先將各河淀挑空寬深，取出之土卽以築隄，使窪水悉得下注，然後廓清中部。俟大端就理，乃用治本之策，諸州縣支港溝渠，逐一疏通，俾民間灌溉有資，旱潦有備，三五年後，元氣漸復。此又辦理之先後次第也。造端宏大，倍於乾隆時，與其緩辦費多，不如速辦費少，計非一二百萬所能成事。請飭部寬籌經費，庶不致有始無終。」又疏陳應修各工，略謂：「治水在一『導』字。欲治上游，先治下游；欲治旁流，先治中流。挑賈家口以洩永定、子牙、北運、大清四河之水，挑西隄頭引河以洩塌水淀之水，挑邢家圪以洩七里海之水。另開北岸一河以分罾口之勢，修復減河以宣白、楡之源；挑濬三河頭水道，添建草壩，爲東淀之扼要；挑濬馬道河、趙北口水道，爲西淀之扼要。十二連橋橫亘淀中，亟應興修以利往來。修復增河，分白溝上游之勢，修復窯河，分白溝下游之勢，則水得就下之性，支派旁流，乃可次第導引。」疏上，並被嘉納。實授工部侍郎。尋調倉場侍郎。

五年，授浙江巡撫。六年，以病辭職，上以含章精力未衰，不許，調山東。七年，因浙江巡撫劉彬士治鹽操切，密疏劾其不職，命總督孫爾準按治不實，詔斥含章聽不根之言，無端入告，解職嚴議。彬士亦劾含章提用商綱銀，額外濫支，漏追餘款等事。含章疏辨，命總督琦善、學政朱士彥按之。詔以提用綱銀，歸還捐墊，僅屬見小，而先發妄奏之咎重，念其居官尚好，降補刑部員外郎。八年，授福建布政使，以病乞歸。十二年，卒。

康紹鏞，字蘭臯，山西興縣人，江西廣信知府基淵子。嘉慶四年進士，授兵部主事，充軍機章京。累遷郎中，擢鴻臚寺少卿。十八年，滑縣教匪起，紹鏞隨扈，以畿輔、山東、河南地形險易，將帥賢否，各鎮兵籍，列册進御，受仁宗知。會有大名民人司敬武等十餘人傭工熱河、錦州，聞畿南寇起，馳歸，過山海關，關吏執之，誣其預聞逆謀，命紹鏞偕內閣學士文孚往鞫，白其誣，釋之。劾副都統以下，論如律。歷通政司參議、大理寺少卿。

十九年，出爲安徽布政使。值大水，被災者四十餘州縣，倉穀缺乏，庫儲不給，勸紳商輸貲各恤其鄉，與官賑並舉，災民賴之。二十三年，就擢巡撫。宿州、靈壁以睢河隄堰崩圮，比年患水，紹鏞親往相視，奏請修復；又築無爲州黃絲灘臨江隄千二百餘丈。先後捕獲鳳、潁等府土匪五十餘人，置諸法。二十四年，調廣東巡撫。

道光元年，詔各直省清查陋規雜稅，紹鏞疏陳，略曰：「廣東州縣所資辦公，專在兵米折價。因產穀少，民間皆願折納，相沿已久。在馴謹良民，向依舊規完納，而刁生劣監，不能無抗欠。有於正數之內絲毫無餘者，更有於正賦之內收不足數者，州縣往往以贏補絀，自行償補。今若定爲折收額數，則所浮之價，悉爲應輸之額，其掛欠代償，恐較前益甚。況貪官汙吏，視所加者爲分內應得之數，以所未加者爲設法巧取之數。雍正時將地丁火耗酌給養廉，議者謂正賦之外又加正賦，將來恐耗羨之外又加耗羨。八九十年以來，錢糧火耗，視昔有加，不出前人所慮。兵米折價，與之事實相近。卽能明察暗訪，堅持於數年之間，斷難遠慮周防，遙制於數十年之後。至雜稅及舟車、行戶、鹽當、規禮等欵，名目不一，或此有而彼無，或此多而彼寡，愿者減其數以求悅，黠者浮其數以取贏。究之浮者卽浮，數已定而難改；減者非減，事甫過而仍加。此時毫髮未盡之遺，卽將來積重難返之漸。其中更有强狡之徒，向不完納平餘，致饋規禮。今以案經奏定，在有司視爲當然，在小民視爲非舊，兩相脅制，互爲告訐。既不能指爲官吏分外婪索，予以糾彈；又不能因民間不繳陋規，懲以官法：寬嚴兩窮。是雜稅諸項之難於清釐，較兵米折價尤甚。且各項所入，既名陋規，逐欵臚列，上瀆聖聽，於國家體制，亦殊未協。事有窒礙，不敢不據實密陳。」疏入，與兩江總督孫玉庭所議同，其事遂寢。

二年，召署禮部侍郎。丁母憂歸，服闋，授廣西巡撫。禁土司科派擾累，懲土民刁訟者，緝治逸匪，邊境稍安。五年，調湖南，編查洞庭湖漁船，以軍法部伍之，盜無所容。澧州諸湖，上承涔水，下洩洞庭，兩岸悉垸田，地低下，洩水不暢，檄道府率屬履勘疏濬，得可耕田萬四千餘畝，奏蠲淤田賦萬一千餘畝，從之。九年，入覲，面陳苗疆設立苗弁額數過多，倚勢虐使苗人，易激事端，請酌其可併省者，缺出不補，總督意不合，格不行。十年，召授光祿寺卿。尋值京察，以在湖南任內廢弛，降四品頂戴，休致。十四年，卒。

朱桂楨，字幹臣，江蘇上元人。嘉慶四年進士，授吏部主事。累擢郎中，遷御史。二十一年，出爲貴州鎮遠知府。鎮遠民、苗雜居，無紡績之利，募工教織，於是始有苗布。大旱，民饑，急發庫藏平糶施粥，郡無殍人。事畢，自請擅動庫帑之罪，民感其惠。次年，歲稔，爭醵金還庫。黃平州有盜，或告變，單騎臨之，呼衆縛爲首者出，不戮一人，戍五人而已。興義苗鬨，大吏已勒兵，桂楨曰：「此苗忿民欺，保不爲變。」使人開諭，果服。在任三年，治行稱最，擢陝西潼商道。歷浙江按察使，甘肅、山東布政使。

道光三年，擢山西巡撫。丁父憂，服闋，署禮部侍郎，授倉場侍郎，嚴治花戶侵漁。初行海運，奏定漕糧到天津起卸撥運收貯章程，清覈於到壩之先，愼重於入倉之後，著爲令。九年，遷漕運總督。疏言：「漕政之艱困，由於旗丁疲累，而水手多係無業游民，性成强悍，無以恤其力而服其心，寬猛皆無當，欲其不滋事甚難。惟密訶於未然，而重繩其既往。請責成督運官弁，遇有滋事者，立時拿辦者免議；日久無獲者重處。」時漕弊已深，桂楨力加整頓，必究弊源，不爲苛刻，羣情翕服。

十一年，調廣東巡撫，却洋行陋規，遇事執法，外商獨嚴憚之。每月勾捕，不動聲色，臨事集官弁，曰往某所，閭里不擾，莠民斂迹。以儉素率屬，一日微服勘災歸，至西關，見千總輿從甚盛，叱止之，千總叩頭請罪乃已。惠、潮兩郡多械鬬，數興大獄，痛繩以法，稍戢。創議諸郡山場荒地，援雷、瓊例，給照聽民墾種。設鄉約義塾，教養兼施，以弭匪僻。誡僚屬慎刑獄，治民以無冤濫始，每屆秋讞，多所平反。十三年，以病乞歸，宣宗時時詢其病狀，冀其出。二十年，卒，詔嘉「居官清正，勤政愛民」，依總督例優卹，賜其子鎭舉人，謚莊恪，祀鎭遠名宦祠。

陳鑾，字芝楣，湖北江夏人。嘉慶二十五年一甲三名進士，授編修。道光五年，出爲江蘇松江知府。創行海運，鑾駐上海，多所贊助。署江寧，值下河諸縣水災，流民劫掠，預設防禁。設賑廠郊外，議宜散不宜聚，分各縣留養，大縣二千人，小縣千人，賑畢資遣，竟事無譁。調蘇州，歷蘇松太道、江西糧道、蘇松糧道、廣東鹽運使、浙江按察使，署布政使。水災治賑，親勘災湖州，諏訪土人，知湖高於田，漊港宣洩不暢，規建隄防，修築圩岸，以保田疇。十二年，遷江西布政使，調江蘇，護理巡撫。

鑾自爲諸生時，兩江總督百齡辟佐幕，歷官江蘇最久，周知利病。會陶澍、林則徐先後爲督撫，百廢俱舉，凡治漕，治運，濬吳淞江、劉河、白茆河，修寶山、華亭海塘，鑾並在事，澍、則徐皆倚如左右手。十六年，擢江西巡撫。明年，復調江蘇。十九年，陶澍以病解職，代署兩江總督。方嚴烟禁，籌海防，甚被倚畀。疏言：「自嘉慶以來，鄉曲細民多受邪教誘脅，爲風俗人心之害，由於正教不明。請敕儒臣闡明聖諭廣訓，黜異端之旨，撰爲韻言，布之鄉塾，俾士民童年誦習，以收潛移默化之效。」特詔允之。是年冬，卒於官，贈太子少保，依尙書例優卹。賜其子慶涵舉人，慶滋，光緒中官至江西按察使。

吳其濬，字瀹齋，河南固始人。父烜，兄其彥，並由翰林官至侍郎，屢司文柄。其濬初以舉人納貲爲內閣中書。嘉慶二十二年，成一甲一名進士，授修撰。二十四年，典試廣東，其彥亦督順天學政，詞林稱盛事。道光初，直南書房，督湖北學政，歷洗馬、鴻臚寺卿、通政司副使，超遷內閣學士。十八年，擢兵部侍郎，督江西學政，調戶部。二十年，偕侍郎麟魁赴湖北按事，總督周天爵嫉惡嚴，用候補知縣楚鏞充督署讞員，製非刑逼供，囚多死，爲言官論劾，大冶知縣孔廣義列狀訐之，訊鞫皆實，復得楚鏞榷鹽稅貪酷，及天爵子光岳援引外委韓雲邦爲巡捕事，天爵論褫職戍伊犂，革光岳舉人，鏞荷校，期滿發烏魯木齊充苦役，巡撫伍長華以下降黜有差。命其濬署湖廣總督，尋授湖南巡撫。

二十二年，崇陽逆匪鍾人杰作亂，進窺巴陵，其濬偕署提督台湧赴岳州防剿，檄鎮筸兵分布臨湘、平江諸隘，其濬移駐湘陰，賊襲平江，擊卻之。及人杰就擒，餘黨竄湖南者以次捕誅，被優敍。部議裁冗兵，其濬疏言：「湖南地逼苗疆，人情易擾。裁者無多，徒生驕卒之疑，而啓苗、瑤之伺。」總督裕泰尋定議苗疆近地並仍舊額。二十三年，調浙江，未行，武岡匪徒聚衆阻米出境，戕知州，捕治如律。奏請於洪崖洞設巡卡，編保甲，以靖禍萌。尋調雲南巡撫，署雲貴總督。二十五年，調福建，又調山西，兼管鹽政。奏裁公費一萬兩，嚴捕烟販，時稱其清勤。二十六年，乞病歸。尋卒，贈太子太保，照例賜卹。尋復以其濬在山西裁革鹽規，潔己奉公，特加恩子孫以彰清節：子元禧主簿，崇恩知縣，榮禧通判，皆卽選；又賜其子承恩、洪恩及孫樽讓舉人。

張澧中，字蘭沚，陝西潼關人。嘉慶二十二年進士，授刑部主事，充提牢廳，累遷郎中。執法明允，數從大臣讞獄黑龍江、奉天、江南、山東。道光十二年，出爲直隸大順廣道。奸民倡無生教惑衆，澧中率兵役探其巢穴，得圖卷及名册，悉焚之，歸正者概不株連。署按察使，遷福建按察使。署布政使，授直隸布政使，未之任，調山西，署巡撫。二十年，擢雲南巡撫，於刑獄尤矜慎。二十三年，召署刑部侍郎，尋實授。

二十七年，河南洊饑，頒庫帑百萬，命澧中偕尚書文慶治賑務。至，卽飭查造丁口，按册抽查戶口；調取藩庫戥抽查賑銀；令州縣按旬具報錢價，以備考覈；劾冒賑之考城令及造報舛錯各員。

尋授山東巡撫。清查交代，定追賠章程，考察鎭道等官失察盜案多寡，分別劾議。嚴責捕盜，先後獲匪盜七百餘名，治如律。疏言：「山東地廣民稠，一遇歉歲，曹州之捻匪，沂州之掖匪、幅匪，武定、臨淸屬之梟匪，聚衆每至百餘人，隨地裹脅，蔓延不已。羣匪多起於曹、沂，而兗、濟受害爲尤甚。地方官輾轉稽延，不能卽正典刑，匪徒遂無顧忌。惟官不以盜爲事，民始敢與盜通聲氣。殲厥渠魁，脅從自散。卽牧令中亦非無長於緝捕勇敢任事之員，惟大法則小廉，人存則政舉。凶匪之橫行，咎在牧令；牧令之不職，責在上司。」詔嘉勉之。尋卒，依侍郞例賜卹。

張日晸，貴州貴筑人。嘉慶二十二年進士，選庶吉士，授編修。道光九年，出爲四川敍州知府，調成都。日晸勤於吏職，刻樹桑百益書以勸民蠶，創「勵節堂」以贍節婦貞女之無依者。政暇，招諸生於署，講析經義、語錄。郡屬馬邊、屏山等廳縣，毗連倮夷，令附近居民建修碉堡，編聯保甲，民賴以安。擢建昌道。十九年，越巂、峩邊夷匪滋事，偕總兵包相卿督兵平之。招復逃亡，編集練勇，修築碉堡，於要隘建城，以資保障。遷浙江鹽運使，再遷湖北按察使，調四川。治獄平恕，不以平反矜能，遇有疑竇，飭另緝改辦，告戒屬吏以哀矜爲重。遷河南布政使。河決中牟，值祥符工甫竣，兩次災區二十五州縣，附省災尤重。每馳詣賑所監視，於郊外隙地捐俸搆屋，安戢災黎，遂成村聚。二十六年，擢雲南巡撫，未之任，丁母憂。服闋，仍授雲南巡撫。勤於察吏，免銅廠民欠工本銀六千餘兩。在任一年卒，祀四川、雲南名宦祠及鄉賢祠。

論曰：宣宗以恭儉爲治，一時疆臣多清勤之選。帥承瀛等或由卿寺受知，或以守令拔擢，雖間有旋僵旋起、晚置閒散者，其猷爲要並可觀焉。朱桂楨實心實政，治績稱最，獨膺易名之典，蓋非倖云。

# 清史稿卷三百八十二

## 列傳一百六十九

瑚松額　布彥泰　薩迎阿

瑚松額，巴岳忒氏，滿洲正黃旗人，西安駐防。嘉慶初，以前鋒從將軍恆瑞剿湖北教匪，後隸那彥成、德楞泰部下，積功擢協領。十八年，滑縣教匪起，瑚松額率馬隊從副都統富僧德戰道口及滑縣城下，屢有功，賜花翎。二十三年，擢福州副都統，署福州將軍。道光三年，授察哈爾都統。五年，擢成都將軍。乾隆中，西寧玉舒巴彥囊謙千戶分三百戶與其弟索諾木旺爾吉爲小囊謙，由德爾格忒土司居間調處，辦事大臣斷定。既而索諾木旺爾吉之子諾爾布不能服其屬戶，大囊謙欲兼幷之，諾爾布訴於德爾格忒土司；大囊謙復以土司有欺淩小囊謙情事，互控不已，下瑚松額按之。奏請仍遵原斷，大囊謙不得覬覦屬戶，德爾格忒土司亦毋預鄰封事，以杜爭端，事乃定。七年，署四川總督。九年，調吉林將軍。會宣宗東巡，扈蹕，校射，中三矢，賜黃馬褂。十年，母憂回旗。尋署盛京將軍。

十二年，命偕尚書禧恩督師剿湖南瑤匪趙金龍，至則金龍已就戮，其黨趙青仔率餘匪竄廣東、湖北境，督兵剿平之。廣東連山排瑤亦叛，率提督余步雲等進剿，擒匪首鄧三、盤文理等，瑤衆投誠，全境肅清，賜雙眼花翎，予一等輕車都尉世職。命署福州將軍，臺灣土匪張丙等作亂，授爲欽差大臣，偕參贊哈哴阿赴剿。及抵福建，提督馬濟勝已擒匪首，臺灣略定。十三年春，命仍渡臺搜捕餘黨，擒各路匪首二十餘人，賊黨三百餘人，分別置之法，械送張丙、陳辦、詹通、陳連至京誅之，加太子太保，復調成都將軍。十四年，峩邊、馬邊夷匪勾結焚掠，提督楊芳擊斃夷目，以肅清入奏。旣而夷復滋擾，瑚松額以芳辦理未善，劾罷之，自請議處，降一級留任。

十五年，授陝甘總督。疏陳兵丁驕縱，應加意訓練駕馭；又密陳吏治情形，優詔嘉納。十七年，京察，詔嘉其不露鋒鋩，細心任事，予議敍。西藏堪布入貢，爲四川番匪劫掠。瑚松額捕賊數十人，得贓物；奏請貢道改由柴達木，由青海大臣遣兵護送。又以野馬川地連野番，請於大通河北岸立栅，山巖築設墩卡，派兵防守；提標前後二營廠馬合併，以厚兵力：並允行。二十一年，因病請開缺，尋致仕，許食全俸。二十七年，卒，贈太子太傅，賜卹，謚果毅。

布彥泰，顏扎氏，滿洲正黃旗人。父珠爾杭阿，嘉慶初，官鑲黃旗滿洲副都統，以軍功予騎都尉世職。布彥泰由廕生授藍翎侍衞，襲世職，洊升二等侍衞。二十三年，充伊犂領隊大臣。道光初，擢頭等侍衞。歷喀什噶爾參贊大臣、辦事大臣，伊犂領隊大臣，烏什辦事大臣。九年，授喀什噶爾總兵，病歸。十年，予副都統銜、乾淸門行走，充哈密辦事大臣，調西寧辦事大臣。將軍玉麟薦其習邊事，調伊犂參贊大臣，再調塔爾巴哈台參贊大臣。十四年，復以病歸。十八年，署正藍旗漢軍副都統，擢察哈爾都統。

二十年，授伊犂將軍，入覲，命在御前行走。及赴任，授鑲黃旗蒙古都統。二十二年，疏陳開墾事宜，略言：「惠遠城三棵樹地方可墾地三萬餘畝，請就本地民戶承種輸糧。阿勒卜斯地方可墾十七萬餘畝，請責成阿奇木伯克等籌計戶口，酌量勻撥。」至二十四年，疏報塔什圖畢等處開墾疊著成效，詔嘉其「忠誠爲國，督率有方」，加太子太保。又命會勘烏魯木齊未墾之地，及各城曠地，一律興辦。尋疏言：「惠遠城東阿齊烏蘇廢地，前任將軍松筠奏撥八旗餘丁耕種，因乏水，不久廢棄。今欲墾復，必逐漸開渠，極東且須引哈什河水，方可用之不竭。經營浩費，較前次各案不啻數倍。現委員勘估，又以伊犂歷屆捐墾成案，皆係收工而非收銀。蓋辦工以工爲主，計銀不如計工之直捷，亦不如計工之覈實。此次用夫匠五十三萬四千工，實墾得地三棵樹、紅柳灣三萬三千三百五十畝，阿勒卜斯十六萬一千餘畝。荒地之開墾成田，由於渠工之開通水利，故不能劃出某頃某畝爲某員所捐辦者，仍請免其造册報銷。」從之。時前兩廣總督林則徐在戍所，布彥泰於墾事一以諮之，阿齊烏蘇卽由則徐捐辦。事旣上聞，命布彥泰傳諭則徐赴南路阿克蘇、烏什、和闐周勘。布彥泰疏留喀喇沙爾辦事大臣全慶暫緩更換，與則徐會勘。凡歷兩年，得田六十餘萬畝，事具全慶傳。

二十五年，授陝甘總督。青海番匪連年肆擾，自二十三年總督富呢揚阿奏報進剿，驅回河南，實僅邀番僧賚撫，約不北犯。次年，復擾河北，掠涼州營馬匹，戕守備。富呢揚阿諉稱匪乃四川果克黑番，大雪封山難剿，而西寧鎭總兵慶和出口會哨，又遇賊被戕。惠吉繼任總督，檄提督胡超進剿。肅州兵不聽調，譁噪，胡超不能制。惠吉籌辦未有緖，歿於任，乃以布彥泰代之，未至，命林則徐先署總督，並授達洪阿西寧辦事大臣，同治其事。二十六年，布彥泰抵任，奏劾胡超畏葸，罷之；又論總兵站住攻剿不力，褫職遣戍。達洪阿率兵剿平番莊，惟黑錯寺匪衆抗拒，攻下之。又破果岔賊巢，拉布楞等寺僧收合四溝散番乞降，事乃定。布彥泰以調度有方，被優敍。親巡邊隘，疏陳西寧地勢因河爲固，扼險設備，請於哈拉庫圖爾之南山根、南川營之青石坡，移建營堡；黃河北岸頭岱、東信、忙多各渡口設卡；又奏復防河舊章，安置營汛：並如議行。

二十七年，安集延布魯特糾合回子圍喀什噶爾、英吉沙爾，詔布彥泰率兵赴肅州，授爲定西將軍，奕山爲參贊大臣，將大舉出師。會奕山率邊兵戰捷，賊退，二城解圍，軍事告竣，布彥泰回任。二十九年，因病請罷，許之。時爲固原知州徐寀饒等所訐，命協辦大學士祁寯藻往會總督琦善按之，坐關防不密、清查歧誤，及失察家人，議降調革任。尋予二等侍衞，充葉爾羌幫辦大臣，調伊犂參贊大臣，偕將軍奕山會議俄羅斯通商事宜，語詳奕山傳。咸豐二年，授正白旗漢軍副都統，仍留邊任。四年，回京，命赴王慶坨軍營，以疾未行，請開缺。光緒六年，卒，年九十。詔念前勞，依都統例賜卹。

薩迎阿，字湘林，鈕祜祿氏，滿洲鑲黃旗人。嘉慶十三年舉人，授兵部筆帖式。擢禮部主事，洊升郎中。道光三年，出爲湖南永州知府，調長沙。歷山東兗沂曹道、甘肅蘭州道。七年，就遷按察使。以治回疆軍需，賜花翎。六年，擢河南布政使，未任，予副都統銜，充哈密辦事大臣。調喀喇沙爾辦事大臣。十年，安集延擾喀什噶爾邊卡，薩迎阿赴土爾扈特、霍碩特召兵赴援，又襄治南路糧運。授盛京工部侍郎，兼管奉天府尹事。十一年，留京署鑲白旗漢軍副都統，充烏什辦事大臣。歷哈密辦事大臣、葉爾羌幫辦大臣，仍調哈密辦事大臣。十五年，授盛京禮部侍郎，兼管府尹事，調戶部。二十年，召授禮部侍郎，兼鑲紅旗漢軍副都統，調戶部，兼管錢法堂。二十三年，擢熱河都統。

二十五年，授伊犂將軍。烏魯木齊興辦喀喇沙爾渠道隄壩，下薩迎阿籌議。疏言：「喀喇沙爾城西開都河，道光十七年，築護隄，有屯田頭工、二工兩渠，自裁屯安戶後，又於上游大河開一大渠，嗣頭二工又各添新渠，共有五渠。上年大水，各渠口衝塌，護隄亦壞。今擬挑濬北大渠，接長二千三百丈，共長九千丈；修築龍口石工，外設木閘，自龍口至坡心灘嘴，築碎石長壩四十餘丈，中設洩水閘，隨時啓閉；接長舊隄三十餘里，至北大渠口爲止；其餘諸渠挑濬深通，庶期經久。」又言：「吐魯番掘井取泉，由地中連環導引，澆灌高田，以備渠水所不及，名曰閘井，舊有三十餘處。現因伊拉里克戶民無力，飭屬捐錢籌辦，可得六十餘處，共成百處。」尋以開墾挑渠辦有成效，薩迎阿履勘，籌議招種升科。疏言：「墾地在渠水充盈，用有餘裕，升科不必求急，期實有裨益，行之久長。新疆水利，泉水少而雪水多，雪水之遲早無定，收穫之豐歉難齊，請援鎭、迪舊例，減半升科。」下部議行。英吉沙爾領隊大臣齊清額誤聽伯克言，誣指回子胡完爲張格爾逆裔，薩迎阿平反之，詔嘉其詳愼。

二十七年，安集延布魯特回衆入卡，圍喀什噶爾、英吉沙爾二城，薩迎阿檄調諸城兵往剿，葉爾羌參贊大臣奕山率諸軍由巴爾楚克進，三戰皆捷。薩迎阿別遣兵扼樹窩子，二城圍尋解。時方命陝甘總督布彥泰督師，未出關而事平。咸豐元年，召授正白旗滿洲都統，會陝甘總督琦善劾青海番匪，言官劾其妄殺，命薩迎阿赴西寧按之。奏調刑部司員梁照、奎椿、武汝清隨同鞫訊，得番子十四名無辜誣服狀，疏陳琦善劾辦黑城撒拉回子及黃喀逹番賊，尚非無故興師，惟將雍沙番族殺斃多名，實係妄加誅戮，並及文武妄拿、刑求逼供，詔褫琦善職，逮京訊治，命薩迎阿暫署陝甘總督。

甘肅營務廢弛，雖議整頓，而番匪時復出擾。新授福建巡撫王懿德途經金縣，士民呈控，奏下薩迎阿察治，屢被詰責。二年，解任回京。自琦善之逮治也，刑部尙書恆春以薩迎阿論劾過當，欲令原訊司員對簿，獨侍郎曾國藩持不可。及廷臣會訊讞上，琦善遣戍吉林，司道以下文武論罪有差，被誣番子免罪，略如原讞。薩迎阿坐未取應議各員供詞，遽行擬罪，又因子書紳與司員同坐問供，下部議，書紳降三級調用，薩迎阿降四級留任。歷署鑲藍旗、正紅旗蒙古都統。六年，出署西安將軍。逾歲卒，詔念回疆軍務會著勞績，賜卹，謚恪僖。

論曰：瑚松額川、陝舊將，屢任專征，雖無赫赫功，尙持大體，晚膺疆寄，稱厥職焉。布彥泰新疆開墾，西寧平番，胥賴林則徐之擘畫。薩迎阿平反番獄，持正不阿，而治番亦無良策。蓋番族生計無資，營伍廢弛已久，議剿議撫，補苴一時。林則徐謂治番自古無一勞永逸之計，亦慨乎其言之也。

# 清史稿卷三百八十三

## 列傳一百七十

張文浩　嚴烺　張井　吳邦慶　栗毓美　麟慶　潘錫恩子駿文

張文浩，順天大興人。入貲爲布政司經歷，投効東河，工竣，發南河。嘉慶十年，授山清外河同知，屢以河溢奪職，尋復之，補外河南岸同知。十九年，河督吳璥奏調赴睢工委用，擢署淮海道。二十四年，河溢儀封，復決武陟馬營壩，調辦馬營壩工，工竣，賜花翎。儀封決口猶未塞，仁宗以吳璥年老，命文浩署河東河道總督，專駐工次。疏陳築壩挑河估銀四百五十萬，報可。工竣，晉二品頂戴，兼兵部侍郎銜。道光元年春，欽天監奏彗星出東壁，分野在衞地，占主大水，敕文浩防範。侍郎吳烜請加高河隄，文浩疏言：「河灘高下不齊，長隄千餘里，未能一律增高，請加子堰二三尺。」從之。實授河道總督。三年，丁母憂，服未闋，以畿輔連年水患，召署工部侍郎，偕三品卿繼昌勘南北運河及永定河漫溢。詔繼昌還，文浩駐工會辦。工竣，與總督蔣攸銛合疏陳：「直隸河道漫水未涸，無從查勘，考詢各處隄埝，無不堙塞殘廢。每年二月方可動工，五月卽須停止，工繁時促，斷難同時興作。請於來歲春融，周歷履勘，分別緩急估辦。」又言：「永定河爲患，固由下口不能暢流，亦由上游無所宣洩。請修築重門閘，添設減水壩。又近年河流每多側注北岸，宜添築越隄以爲重障。」

四年春，授江南河道總督。其秋，糧艘回空，黃河高於淸水，停阻河北者數月，詔切責，降三品頂戴，命設法蓄淸以資浮送。十一月，始全數渡黃。會洪澤湖漲水未消，高堰十三堡隄潰萬一千餘丈，山盱、周橋、悉浪菴亦過水八九尺，各壩漫溢。宣宗怒，褫文浩職，命尙書文孚、汪廷珍馳勘，劾文浩禦黃壩應閉不閉，五壩應開不開，蓄淸過旺，以致潰決。命於工次枷號一月，遣戍新疆。回疆軍事起，隨營効力，事平，請釋回，不許。十六年，卒於戍所。

嚴烺，字小農，浙江仁和人。嘉慶中，入貲爲通判，發南河，累擢徐州道，丁母憂。道光元年，服闋，授河南河北道。尋命以三品頂戴署河東河道總督，三汛安瀾，乃實授。汶水漫決既塞，疏言：「運河北路以蓄汶敵衞爲最要機宜，必使汶水層層擡高，然後能敵衞水。」請加高臨清口磚閘資收蓄。」從之。初，黎世序治南河多用碎石，乃奏請敕東河仿行，烺取其說，請於馬營北岸挑壩，仿南河拋護碎石，估工需銀十萬兩。布政使程含章、巡撫姚祖同先後言其不便，而馬營既放淤，壩前水勢已緩，烺仍請於壩尾沁水灌注之所拋護碎石，從之。

四年，南河高家堰潰決，調烺江南河道總督。五年，與尚書文孚、汪廷珍合疏陳：「蓄清敵黃爲河務第一關鍵。蓄清全賴湖隄，隄潰則清水洩枯，重運經臨，無以資浮送。擬遵古人成法，借黃濟運。所慮運河窄小，黃流湍悍，多則不能容納，少則必致膠淺。議於禦黃壩外建壩三道，鉗束黃流，俾有節制。又添築縴道，以資束水行縴。裏、揚兩廳長河挑挖淤淺，幫培隄身，並豫儲料物，隨時築壩，逼溜刷淤。禦黃壩未啓，則先挑高堰引河，導清水入運；將啓，則嚴堵東清，杜黃水入湖。至修復湖隄，必乘天寒水涸，取土較易。擬就近採料，大限大汛前砌高十層，備湖水漸長。共需帑銀三百萬。」又議覆侍郎朱士彥條上南河事宜，大要：「拆修高家堰壩工，先築越壩以便工作，並於石隄外拋碎石坦坡，可期永無塌卸。又於王家壩減壩內鹽河加築隄埽，及仁、義、禮舊壩處所添建石滾壩，以防異漲。」並如議行。於是偕孫玉庭等會辦重運。至五月禦黃壩啓放後，河道仍淺滯，漕船不能通行，就近盤壩，剝運難繼，玉庭被重譴，烺亦鐫級留任。

烺既因濟運事不敢擅離，不能巡河勘工，兩江總督琦善以爲言，乃命烺周歷履勘，仍諭蓄足清水，爲來年敵黃濟運之計。烺疏言：「從前黃河底深，湖水收至數尺，即可外注，隄身不甚喫重。今則湖水必蓄至二丈，始可建瓴而刷黃。以四百里浩瀚之湖水，恃一綫單隄爲之護，西風衝擊，勢必潰決。擬仿成法，於隄外築碎石坦坡，護隄既固，則湖水可蓄。」又偕琦善奏陳：「刷黃必須湖水收至二丈。上年湖水丈七寸餘，即致失事。刻下清水萬難蓄足，惟有蓄清減黃二法並行。碎石護隄，所以蓄清；改移海口，所以減黃。」詔妥籌具奏。尋又會陳：「由王營減壩至灌河口，可導黃入海。查灌河口外海灘高仰，轉無把握，惟拋碎石坦坡，可漸收蓄清刷黃之益，需費六百餘萬，應分年辦理。」

六年，洪湖石工既竣，烺知工未堅固，實不足恃，遂堅主碎石之工，每年拋石三十萬方，八年始能告成。宣宗怒斥：「烺調任以來，一籌莫展。禦黃壩至今不能啓放，辦理不善。念在東河修守尚無貽誤，降三品頂戴。」署河東河道總督；七年，實授，復二品頂戴。以蘭陽柴壩西北頂衝，前拋碎石已著成效，遇伏秋汛漲，仍形喫重，請加寬坦坡。八年，請續拋下北、蘭儀兩廳碎石，並於中河、祥河險工儲石備防。十一年，命侍郎鍾昌等抽查東河料垛；祥河、曹考兩廳料垛虛鬆殘朽，烺坐失察，降三品頂戴，鐫四級留任。尋以病請開缺。

十三年，病痊到京，疏陳浙江海塘事宜。十四年，命偕侍郎趙盛奎往勘，請分別緩急，改修柴埽，以護塘根，歲撥銀五萬備修費，從之。尋命毋庸在工督辦。復以病乞歸。十五年，河東河道總督吳邦慶劾煺虛抛碎石，並收受紅封盤費，以運同降補。二十年，卒。

張井，字芥航，陝西膚施人。嘉慶六年進士，以內閣中書用，改知縣，銓授廣東樂會。引見，特命改河南正陽，調祥符，遷許州直隸州知州。襄辦馬營壩大工，加知府銜，署汝寧知府。道光四年，擢開歸陳許道。尋以三品頂戴署河東河道總督。五年，秋汛安瀾，乃實授。增培黃河兩岸隄工，並修泉河隄，濬各湖斗門引渠，疏陳河工久遠大計，略曰：「今日之黃河，有防無治。每遇伏秋大汛，司河各官奔走搶救，竭蹶情形，惟日不足。及至水落霜清，則以目前可保無虞，不復求疏刷河身之策。漸致河底墊高，清水不能暢出，並誤漕運。又增盤壩起剝及海運等費，皆數十年來斤斤於築隄鑲埽，以防爲治，而未深求治之之要有以致之也。當此河底未能疏濬之時，惟仍守舊規，以隄束水，而水不能攻沙，河身日形淤墊，必得有刷深之方，始可遂就下之性。」宣宗韙其言，命偕兩江總督琦善、南河總督嚴煺、河南巡撫程祖洛籌議，遂赴南河會勘。

六年，疏言：「黃河病在中滿，淤墊過甚，自應因勢利導。擬仿前大學士阿桂改河避險之法，導使繞越高淤，於安東東門之北別築新隄，以北隄改作南隄，中間抽挑引河，傍舊河而行。至絲網濱以下，仍歸海口，無淤灘阻隔，似可暢順東趨。去路既暢，上淤必掣深，得黃與清平，立啓禦黃壩，挑逼清水暢出刷黃，自有建瓴之勢。」詔嘉其有識，調江南河道總督，與總督琦善及副總河潘錫恩會議。以改河避淤，口門有碎石阻遏，諸多窒礙，請開放王營減壩，以期減落黃水，刷滌河身，從之。

既而給事中楊煊奏「啓放減壩，黃流湍急，鹽河勢難容納，恐滋流弊」，援嘉慶間減壩兩次漫口情形爲證。復下詳議，井言：「煊稽考成案，於今昔情形似未周知。昔年開壩漫口時在五月，本年啓放定在霜後，來源無慮續漲。惟現據委員稟稱，去路未見通暢，是煊所奏不爲無見。因思啓壩時水勢或可暢達，堵合後全河仍必抬高，恐徒深四邑之災，無補全河之病。請仍改河避淤。」上斥井持論游移，不許。是秋，開放減壩，如期堵合，被褒敍。七年，春汛，黃水倒漾，仍高於清水，禦壩驟難啓放，漕船倒塘灌運，自請治罪，降三品頂戴。命大學士蔣攸銛、尚書穆彰阿往勘。會黃水低落，啓禦壩，運船幸得全渡。詔斥井急於求功，泥於師古，革職留任，以觀後效。

八年，疏陳要工四事：黃河接築海口長隄，並於下游多築埽壩以資刷掣；洪澤湖添建滾壩，加寬湖隄；南運河移建昭關壩，加幫兩岸縴隄；北運河修復劉老澗石滾壩，補還南岸縴隄。命都統英和會同蔣攸銛查勘，以添築埽壩不能疏通積淤，海口築隄可從緩辦，餘如議行。九年，以兩屆安瀾，復二品頂戴，諭相機規復河湖舊制。疏言：「南河利害，全係淸江，必淸水暢出，助黃刷淤，則河與漕兩治。惟黃水積淤，必淸高於黃數尺，又必啓壩時多、閉壩時少，乃能暢出滌刷。現在淸水能出，僅免倒灌，不誤漕行，殊未易收刷滌之效。」十二年，桃源縣民聚衆私掘官隄挈溜，致成決口，革職，暫留任効力。御史鮑文淳、宗人府府丞潘錫恩並言黃水入湖，恐妨運道，命穆彰阿、陶澍會勘籌議。疏陳：「黃水入湖後，即由吳城七堡仍入黃河，僅淤沿隄，不及湖中，未入東淸壩，不致病及運河。正河乾涸，正可將桃南、桃北兩廳間大加挑濬，除去中滿之患。」十三年，于家灣合龍，予四品頂戴。尋引疾歸。十五年，卒於家。

井任兩河凡十年。初治南河，銳意任事，洎興大工，糜帑三百餘萬而無成效，仍爲補苴之計，用灌塘法，較勝借黃之險。勤於修守，世稱其亞於黎世序云。

吳邦慶，字霽峯，順天霸州人。以拔貢官昌黎訓導。嘉慶元年，成進士，選庶吉士，授編修，遷御史。巡視東漕，奏請重浚運河，並復山東春兌春開舊制。數論河漕事，多被採用。十九年，擢鴻臚寺少卿，命偕內閣學士穆彰阿督濬北運河。累遷內閣侍讀學士。二十年，出爲山西布政使，調河南，護理巡撫。二十三年，擢湖南巡撫，調福建，未之任，湘潭土客民羣鬭，死傷甚衆。侍郎周系英面陳與邦慶疏奏有異，命總督慶保往按。邦慶亦發系英私書，系英獲譴；邦慶鐫級，以三品京堂用，補通政使。二十五年，擢兵部侍郎，調刑部，尋授安徽巡撫。

黃水注淮，鳳、潁被災，而皖南苦旱，親赴災區賑撫。涇縣民徐飛瀧傷斃，邦慶誤聽承審官謂由於徐孝芳捏傷圖賴，奏捕之，激衆拒捕。命兩江總督孫玉庭鞫治，得其狀，詔斥邦慶幾釀寃獄，部議革職，予編修。累遷少詹事。道光十年，授貴州按察使，未之任，予三品卿銜，署漕運總督，尋實授。禁糧船裝載蘆鹽，請緝拿沿河窩頓。十一年，調江西巡撫。

十二年，授河東河道總督，以不諳河務辭，不許。初，嚴烺在東河，多用碎石拋護，歷年歲料未有節省，詔飭覈減。邦慶疏請：「酌改舊章，每年防料經費四成辦稭，六成辦石。蘭儀、商虞、下北三廳現工險要，仍專案請辦碎石。所議六成之石，積儲數年，使各廳皆存二千，方緩急可恃，則專案之石亦可逐年遞減。」從之。武陟攔黃堰民築民修，嗣歸廳管，工段歲增。十三年，奏定畫界立石，官民分守，如有新生埽工，先借帑辦理，按河北三府攤徵歸欵。以山東運河全賴泉源灌注，請復設泉河通判，以專責成。壽東汛滾水壩外舊有土堰，爲蓄汶敵衞，以利漕運，大水鄉民私開釀事，奏立誌樁。濟運之水以七尺爲度，重運過竣，啓堰以利農田，如議行。

初，邦慶著畿輔水利叢書，後在官，考河南通省志乘所載有水田處，臚列其水之衰旺，溉田多寡之數，爲渠田說。修防之暇，率道廳捐貲造水車，就馬營壩北及蔡家樓大窪積水地七千餘畝試行墾治。先是，邦慶因碎石工劾嚴烺，罷之。既而給事中金應麟亦劾邦慶保舉過濫，動撥過多，十五年，命大學士文孚、山東巡撫鍾祥按之，坐違例調地方人員改歸河工，及以屬員爲幕僚，廳員餽銀不奏參，褫職。詔復斥其參劾嚴烺遲至三年之久，亦屬取巧，念在任三屆安瀾，加恩復予編修。年已七十，遂告歸。二十八年，卒。

栗毓美，字樸園，山西渾源人。嘉慶中，以拔貢考授知縣，發河南。歷署溫、孟、安陽、河內、西華，補寧陵，所至著績。父憂歸，道光初，服闋，補武陟。遷光州直隸州知州，擢汝寧知府，調開封。歷糧鹽道、開歸陳許道、湖北按察使、河南布政使，護理巡撫。十五年，擢河東河道總督。

毓美自爲令時，於黃、沁隄工，馬營壩工皆親其事，勤求河務。時串溝久爲河患，串溝者，在隄河之間，始僅斷港積水，久而溝首受河，又久而溝尾入河，於是串溝遂成支河，而遠隄十餘里之河變爲切近隄身，往往潰隄。毓美蒞任，乘小舟周歷南北兩岸，時北岸原武汛串溝受水已三百丈，行四十餘里，至陽武，溝尾復灌入大河；又合沁河及武陟、滎澤諸灘水畢注隄下。兩汛素無工無稭，石隄南北皆水，不能取土築壩。毓美乃收買民甎，拋成甎壩數十所。工甫就而風雨大至，支河首尾皆決數十丈而隄不傷，於是始知甎之可用。疏陳辦理情形，以圖說進。

尋又疏言：「王屋莊進水之口，較前更寬百餘丈，由中泓大灘益向南淤，溜勢南緩而北緊。南股正河成爲迂道，北股之溜勢轉建瓴。其故由廣武山前老灘坍千餘丈，溜趨山根，爲山所遏，折回東北，中泓挺生淤灘。水口既日見刷寬，從省估計，約需銀十餘萬兩。至原陽兩岸隄根，因沿陂試拋甎塊，深資偎護。月石壩堵合，加高幫寬，迤下楊村、封丘二汛，灘水已停淤，壩下七十餘村莊居民安堵。惟串溝分溜，關繫北岸全局，不能緩至來年興工，已借撥銀兩估辦。」允之。是役支河危險，賴甎工化險爲平。

尋偕巡撫桂良勘奏：「老河分溜已有六分，王屋莊口寬勢順，甎土各壩未可深恃。原武十六堡當其頂衝，並有秦家廠、鹽店莊各灘水串溝分注，十七堡當支河尾閭皆險要，請購料豫防。」如議行。十六年，擇要挑濬修築魚臺汛隄岸，改民堰歸運河廳。十八年，旱，漕艘阻滯。濬泉源及各湖進水渠道，嚴諸閘啓閉。又濬曹州、濟寧河渠。十九年，奏定微山湖收納運水章程，但計水存丈三尺以內，卽築壩蓄水，加高戴村壩以防旁洩。

初，毓美以甎工屢著成效，奏請許設窰燒造。御史李蒓疏言其不便，命尚書敬徵往勘，仍請改辦碎石，停止設窰。毓美上疏爭之曰：「豫省歷次失事，皆在無工處所。隄長千里，未能處處籌備。一旦河勢變遷，驟遇風雨，輒倉皇失措。幸而搶護平穩，埽工費已不貲。鑲埽引溜生工，久爲河工所戒，昧者轉謂非此別無良策。查北岸爲運道所關，往者原陽分溜，幾掣動全河，若非用甎抛護，費何可數計？今祥符下汛、陳留一汛灘水串注，隄根形勢，正與北岸同。濱河士民多有呈請用甎者，誠有見於甎工得力，爲保田廬情至切也。夫事之有利於民者，斷無不利於國。特事近於創，難免浮言。前南河用石之始，衆議紛如，良由工程平穩，用料減少，販戶不能居奇。工簡務閒，游客幕友不能幫辦謀生，是以妄生浮議，賴聖明獨斷，敕下東河試辦，至今永慶平成。惟自用碎石，請銀幾七十餘萬，嗣改辦六成碎石，然因購石不易，埽段愈深愈多，經費仍未能節省。自試辦甎壩，三年未生一新工，較前三年節省銀三十六萬。蓋豫省情形與江南不同，產石祇濟源、鞏縣，采運維艱。甎則沿河民窰不下數十座，隨地隨時無悞事機。且石性滑，入水流轉，甎性澀，入土即黏，卸成坦坡，自能挑溜。每方甎塊直六兩，石價則五六兩至十餘兩不等。碎石大小不一，堆垛半屬空虛。尺甎千塊爲一方，平鋪計數，堆垛均實。每方石重五六千斤，而甎重九千餘斤，是一方石價購甎兩方，而抛甎一方可當石兩方之用也。或謂甎塊入土易損裂，不知甎得水更堅，拋成甎壩，一經淤泥，卽已凝結；或謂拋築甎壩，近於與水爭地，不知隄前之地，尺寸在所必爭。自來鑲埽之法，隄前必先築土壩數十丈，然後用埽鑲，設甎壩則無須乎埽。師土壩之意，不泥其法，拋作坦坡，大溜自然外移，未有可築土壩而不可築甎壩者。上年盛漲，較二年及十二年尤猛迅，甎壩均屹立不移。儀睢、中河兩廳，河水下卸，塌灘滙壩，搶鑲埽段，旋卽走失，用甎拋護，均能穩定。是用甎搶辦險工，較鑲埽更爲便捷。昔衡工失事，因灘陷不能鑲埽；馬工失事，因補隄不能得碎石。使知用埽不如用甎，運甎易於運石，則費省而工已固。現在各廳無工之處，串溝隱患，必應未雨綢繆。若於黃、沁下南豫儲甎塊，則可有備無患。應儲之甎，仍令向民間採買，不必廳員燒造，此外別無流弊。」卒如所議行。遂請以四成辦稭之欵改辦甎塊。

又疏言：「從前治河用捲埽法，並有竹絡、木囷、甎石、柳葦。自用料鑲埽，以稭料爲正宗，而險無定所，亦無一勞永逸之計。緣鑲埽陡立，易激水怒。其始水深不過數尺，鑲埽數段，引溜愈深，動輒數丈，無工變爲險工。溜勢上提，必須添鑲；溜勢下坐，必須接鑲。片段愈長，防守愈難。新工旣生，益形勞費。埽工無法減少，不得已而減土工，少購碎石，皆爲苟且因循之計。自試拋甎壩，或用以杜新工，或用以護舊工，無不著有成效。且甎工不特資經久，而堆儲亦無風火堪虞。從此工固瀾安，益復培增土工，專用力於根本之地，旣可免漫溢之患，亦保無衝決之虞。」宣宗深嘉納之。巡撫牛鑑入覲，諭以毓美治河得手，遇事毋掣其肘。二十年，京察，特予議敍。尋卒，優詔褒惜，贈太子太保，依總督例賜卹，賜其子燿進士，謚恭勤，祀名宦祠。

毓美治河，風雨危險必躬親，河道曲折高下嚮背，皆所隱度。每曰：「水將抵某所，急備之。」或以爲迂且勞費，毓美曰：「能知費之爲省，乃眞能費者也。」水至，乃大服。在任五年，河不爲患。歿後吏民思慕，廟祀以爲神，數著靈應，加封號，列入祀典。

麟慶，字見亭，完顏氏，滿洲鑲黃旗人。嘉慶十四年進士，授內閣中書，遷兵部主事，改中允。道光三年，出爲安徽徽州知府，調潁州，擢河南開歸陳許道。歷河南按察使、貴州布政使，護理巡撫。十三年，擢湖北巡撫。尋授江南河道總督，丁母憂，改署理，服闋，乃實授。疏陳籌辦南河情形，略曰：「近年河湖交敝，欲復舊制，不外蓄清刷黃。古人引導清水，三分濟運，七分刷黃，得力在磨盤埽。自廢棄後，河務漸壞，擬規復磨盤埽舊制。洪澤湖水甚寬，高家堰工絕險，各壩多封柴土蓄水，盛漲啓放，輒壞壩底，糜費不貲。應仿滾水壩成法，抬高石底，至蓄水尺寸爲度。山圩五壩暨下游楊河境內車邏等壩，一遵奏定丈尺啓放，水定卽行堵合。至黃河各工，當體察平險，節可緩之埽段，辦緊要之土工。一切疏浚器具，祗備運河挑挖。若黃河底淤，非人力所能强刷，惟儲備料工，遇險卽搶，以防爲治，而其要全在得人。又以蘆葦爲工程必需，右營蕩地荒廢，產蘆不足，請築圩蓄水以資灌漑。」疏入，詔嘉其言正當，勗慎勉從事。

十四年，以洪澤湖老子山西北挑砌石壩，東西沙路加築碎石，高出湖面，以便水師巡哨及商民停泊，疏請淮海、常鎭等道另案用銀。詔以南河連歲安瀾，而工用日增，切責之。十九年，修惠濟正閘、福興越閘。會河湖並漲，險工疊生，請例外撥銀五十萬，詔允之，戒嗣後不得援例。署兩江總督。二十一年，河決祥符，黃水匯注洪澤湖，南河無事，詔嘉其化險爲夷，予議敍。二十二年，英吉利兵艦入江，命籌淮、揚防務以保運道，請以鹽運使但明倫備防揚州，以清江爲後路策應，捕內匪陳三虎等誅之。秋，河決桃北崔鎭汛，值漕船回空，改由中河灌塘，通行無誤，詔念防務及濟運勞，革職，免罪。二十三年，發東河中牟工効力，工竣，以四品京堂候補。尋予二等侍衞，充庫倫辦事大臣，乞病未行。病痊，仍改四品京堂。尋卒。著有黃運河口古今圖說、河工器具圖說。子崇實、崇厚，並自有傳。

潘錫恩，字芸閣，安徽涇縣人。嘉慶十六年進士，選庶吉士，授編修。大考第一，超擢侍讀。道光四年，復大考一等，擢侍讀學士。時河患急，錫恩上疏條陳河務，略曰：「蓄清敵黃，爲相傳成法。大汛將至，急堵禦黃壩，使黃水全力東趨。今年漕艘早渡，因禦黃壩遲堵，以致倒灌停淤，釀成大患。且欲籌減洩，當在下游，乃輒開祥符牐，減黃入湖。壩口已灌於下，牐口復灌於上，黃水俱無出路，湖底淤墊極高。若更引黃入運，河道淤滿，處處壅溢，恐有決口之患。」宣宗韙其議。五年，命以道員發往南河，補淮揚道。六年，加三品頂戴，授南河副總河。九年，母憂去官，服闋，授光祿寺卿。歷宗人府府丞、左副都御史，督順天學政。擢兵部侍郎，調吏部，仍留學政。十九年，內監狄文學以劈考試被黜，至錫恩私宅言所取錄多出請託，挾制訛詐，錫恩疏聞，特詔論文學大辟。二十二年，疏言：「黃河自桃北崔鎮汛、蕭家莊北決口穿運河，壞遙隄，歸入六塘河東注。正河自揚工以下斷流，去清口約有六七十里之遠，回空漕船，阻於宿遷以上。臣前任淮揚道時，詳辨戽水通船之法，行之十餘年，幸無貽誤。今若於中河西口外築箝口壩，添設草牐，以爲黃水啓閉之用，卽將楊家壩作攔清堰，以爲清水啓閉之用。就中河運道爲一大塘，道里長則容船衆，兩次啓閉，漕船可以全渡。惟黃水先已灌入運河，中泓淤墊，兩岸縴隄亦恐有衝缺，趕緊修濬，計需費亦不甚多。此時果可回空，來年卽可出重，則蕭莊決口不妨從緩堵築。儻此法趕辦不及，祇有竟用引黃濟運之法。其臨黃箝口壩草牐照式築作，引黃水入壩送船，沿途多築對頭小壩，以偪溜刷深，庶免淤滯之患。迨出楊莊，匯入清河之水，卽可牽挽南行。蓋南岸不可借黃者，恐其淤湖淤運。今所引黃水，一出楊莊口，仍歸舊河，自可用淸口之水以刷滌之，應無流弊。」並以圖說進，下河督麟慶議行。麟慶亦主用灌塘法，與錫恩言合，尋代麟慶爲江南河道總督。

時揚工漫溢，尙書敬徵等查勘，堵築決口，開挖引河，接挑長河淤墊，估銀五百七十萬兩有奇。御史雷以諴奏決口無庸堵合，祇須改舊河爲支河，以通運道而節糜費，下錫恩會議。錫恩奏覆：「灌口非可行河之地，北岸無可改河之理，請仍堵築決口。漕船回空，仍由中河灌塘。」命侍郎成剛、府尹李僡赴工會同錫恩督辦。二十三年，夫工以下挑河四萬一百九十餘丈，工竣，啓除界壩，放水通暢。會河南中牟河決，黃水注湖，請放山盱各壩宣洩湖水，並將夫工導出湖水，引入中河，暫濟鹽柴轉運。復以上游河水陡落，間有淤墊，請改估蕭工以下未挑之工，並挑築大隄單薄卑矮處。是秋，湖水接長，掣卸高堰石工四千餘丈，搶護未決。二十四年，黃流未復故道，急籌濟運，並宣洩湖水，請啓放外南廳屬順淸河，導引入河歸海。軍船抵壩，卽由其處放渡，並於外南之北攔黃壩址築鉗口土壩，以資停蓄。尋奏：「黃河上游六月間陡長水丈餘，山盱林家西壩、舊義河直壩、及仁義河中間攔堰，間有掣塌，補修完密。裏、河、揚三廳承受洪湖之水，兩岸縴隄舊有護埽者，致多刷蟄，亦擇要加鑲。」二十五年，中牟工始合龍，南河連年無險。

二十八年，以病乞歸。咸豐中，命在籍治捐輸團練。八年，前江西巡撫張芾劾其勸捐無狀，褫職。同治三年，捐京倉米折，復原銜，命赴安徽廬州會辦勸捐守禦事。五年，鄉舉重逢，加太子少保。六年，卒。漕運總督張之萬疏陳錫恩治績，賜祭葬，謚文愼，入祀鄉賢祠。

子駿文，入貲爲刑部郎中，改山東知府。咸豐末，捻匪犯省城，駿文率兵團迎擊於段家店，却之。署青州，平淄川鳳皇山土匪，擢道員。同治中，巡撫閻敬銘、丁寶楨皆倚之。從寶楨會剿捻匪，塞河侯家林，功尤多，授兗沂曹道。光緒中，遷按察使。坐事降調，以諳習河事，仍留山東。歷治上下游要工，調河南鄭工，專任西壩，以合龍愆期，革職留工，工竣，復原官。授山西按察使，護理巡撫，遷福建布政使。十九年，卒於官。山東士民以其治河功，請建專祠。

論曰：河患至道光朝而愈亟，南河爲漕運所累，愈治愈壞。自張文浩蓄淸肇禍，高堰決而運道阻。嚴烺畏首畏尾，湖河並不能治。張井創議改河，而不敢執咎，迄於無成，灌塘濟運，賴以彌縫。麟慶、潘錫恩循其成法，幸無大敗而已。吳邦慶講求水利，而治河未有顯績。栗毓美實心實力，卓爲當時河臣之冠，不獨磚工創法爲可紀也。東河自毓美後，朱襄、鍾祥、文沖繼之，祥符、中牟迭決，東河遂益棘矣。

# 清史稿卷三百八十四

## 列傳一百七十一

林培厚 李象鵾　李宗傳　王鳳生 黃冕　俞德淵　姚瑩

林培厚，字敏齋，浙江瑞安人。嘉慶十三年進士，選庶吉士，授編修。出爲四川重慶知府。嘓匪帶刀異常製，禁鍛者毋製賣，有犯則坐。沿江渡船爲盜資，籍而稽其出入，刻姓名船側，盜爲衰息。民習天主教，搜其書，批抉繆妄，聞者多悔悟。署川東道，所屬雷波廳民、夷忿爭，或覬覦邀功，請發兵，培厚不應，立縛治其魁，餘悉貸遣。總督蔣攸銛器之，稱爲蜀中良吏之最。母憂歸，服闋，授直隸天津府。畿輔大水，天津地窪下，災尤劇，培厚徧行屬縣，賑活饑民七萬有奇。奉天、臺灣商米先後抵海口，議以官錢收買，委曲劑量，商民交利，而官不費。時蔣攸銛移督直隸，詔舉賢吏，遂薦之，不旬日，擢大順廣道。畿南澇後，大興水利。培厚先在天津治淀河，至大名治新衞河、洺河，浚築悉中程度。培厚數以時事利病、屬吏賢否語攸銛，爲布政使屠之申所忌。及攸銛入相，那彥成代之，坐河北旱荒施賑不如法，解培厚任，宣宗夙知其能，改授湖北糧儲道。時河患淺涸，漕舟數阻。攸銛以大學士出督兩江，期八省漕以首夏畢渡河，乘清水盛漲，浮渡遄利。培厚所部尤速達，爲嘉慶以來數十年所未有，攸銛特疏陳給敍。歷三運無誤，上意方嚮用，以勞卒於通州運次。

李象鵾，字雲皋，湖南長沙人。嘉慶十六年進士，選庶吉士，授編修。道光二年，出爲直隸宣化知府。歲饑，禁姦販，安屯戶，煮粥以賑，民無失所。課士有法，一變邊郡弇陋之習。調正定，再調保定。蔣攸銛、那彥成先後爲總督，皆倚如左右手。象鵾持正無撓，擢通永道，調河南鹽糧道。治漕嚴，弁丁懍懍，禁胥役藉雇剝船擾民，請潞鹽仍歸商運，民便之。丁父艱歸，服闋，補江西吉南贛寧道。轄境與粵東犬牙相錯，多伏莽，屬縣僻瘠，幾不可治，象鵾掃除積弊，境內秩然。擢江蘇按察使，署江寧布政使。時陶澍爲總督，賴其佐理焉。調貴州按察使。仁懷奸民爲亂，株連衆，治之無枉縱。擢布政使，禁漢奸盤剝苗民，多惠政。二十四年，以假去職。洎入覲，詔以三品京堂候補。未幾，乞歸。

李宗傳，字孝曾，安徽桐城人。嘉慶三年舉人。授浙江上虞知縣，先攝麗水、平湖、瑞安、建德、平陽，所至求民隱，鋤豪强，平反寃獄。在麗水斷積案七百餘事，捐貲河工，敍知府，擢浙江督糧道。道光三年，杭、嘉、湖三府大水，宗傳建議，浙西諸水尾閭，下由江蘇入海，必宜江、浙兩省通籌疏濬，大吏用其言，疏請合治。坐事左遷，巡撫程含章薦之，以知府用，授湖南永州，葺濂溪書院，崇節義，勸種植。擢四川成緜龍茂道，累攝鹽道、布政使。

十三年，峩邊屬倮夷降復叛，勢甚張，總督鄂山旣奏劾提督楊芳，檄宗傳往察治。宗傳上言：「四廳夷環山爲巢，嗜利頑鈍，愈撫愈囂。去年添兵設防，夷轉四出焚掠，攻壘窺城，略無忌憚。雖擾一廳，實四廳安危所繫，不可姑息貽患。」乃建三路進勦之策，倡助軍需，治兵選士，聲威大振。三路大軍猶未至，宗傳先以計誘降十三支夷，縶之，勒還所掠人口，有業者復之，無業者給貲，縱俘歸，使諭威德。夷猶豫未決，大軍由冷磧關逼老林巢藪，大破之於石門坎，擒斬數百，毀賊寨二百餘所，夷落悉平。論功最，擢山東按察使。捕大盜劉二鞍子置之法，羣盜遠遁，遷湖北布政使。年逾七十，引疾歸。

宗傳征叛夷出奇有功，然居恆時以計取傷仁，意不自慊。嘗從同縣姚鼐遊，能文章。

王鳳生，字竹嶼，安徽婺源人。父友亮，乾隆四十六年進士。由中書充軍機章京，累遷刑部郎中，精究法律，治獄矜愼。改御史，巡城、巡漕，官至通政司副使，有淸直聲。以詩名。

鳳生，嘉慶中，入貲爲浙江通判，屢攝知縣事。任平湖，有民數百戶，誦經茹素，傳授邪教，鳳生憫其愚惑，開諭利害，治爲首數人罪，餘釋之。補嘉興府通判。道光初，浙江清查倉庫，以鳳生總其事。署嘉興知府，遷玉環廳同知。會浙西大水，江、浙兩省議合治，調鳳生乍浦同知，勘水道，乃由天目山歷湖州、嘉興，沿太湖以達松江。計畫甫就，事未行，値淮南高堰潰決，江南大吏疏調鳳生赴南河。未幾，擢河南歸德知府，濬虞城、夏邑、永城三縣溝渠。尋擢彰衞懷道，道屬河工五廳，歲修糜費，春秋防汛，虛應故事，鳳生力矯積習，事必躬親。以歲修有定例，另案無定例，在任三年，力删另案以杜弊。尋以疾乞歸。

九年，兩江總督蔣攸銛薦起原官，署兩淮鹽運使。鳳生以淮鹽極敝，條上十八事。攸銛採其議，改竈鹽，節浮費，濬河道，增屯船，緝場私、鄰私之出入，禁江船、漕船之夾帶，及清查庫款，督運淮北諸條，疏陳待施行，會詔捕鹽梟巨魁黃玉林，鳳生計招出首，責緝私贖罪。攸銛已入告，旋因告訐置之獄，又得玉林所寄其黨私書，意反復，密疏請處以重法。上以前後歧異，譴攸銛，鳳生亦降調。陶澍繼督兩江，與尙書王鼎、侍郎寶興會籌鹽法，合疏留鳳生襄議，於是大有興革，略與鳳生初議相出入；又奏以鳳生察湖廣銷引，勘議淮北改票事，鳳生雖去官，仍與鹽事終始。十二年，湖北大潦，總督盧坤疏留鳳生治江、漢隄工，袤亙數百里，半載告竣，秋水至，新隄有潰者，鳳生引咎乞疾歸。尋淮北票鹽大暢，陶澍以鳳生首議功上聞，促之出，未行而卒。

鳳生以仕爲學，尤篤好圖志，成浙西水利圖說備考、河北采風錄、江淮河運圖、漢江紀程、江漢宣防備考、淮南北場河運鹽走私道路圖。每吏一方，必能指畫其形勢，與所宜興革。四方大吏爭相疏調，少竟其用，惟治淮鹽尤爲陶澍所倚藉焉。

黃冕，字服周，湖南長沙人。年二十，官兩淮鹽大使，治淮、揚賑有聲。初行海運，巡撫陶澍使赴上海集沙船與議，盡得要領，授江都知縣。歷元和、上海，署太倉州，擢蘇州府同知，晉秩知府，署常州、鎮江，有大興作，大吏悉倚以辦。疏治劉河海口，上海蒲匯塘，常州芙蓉江、孟河，冕皆躬任之。海疆兵事起，從總督裕謙赴浙江。裕謙死難，冕牽連遣戍伊犂，既而林則徐亦至戍，議興屯田，冕佐治水利有功，赦還。江蘇巡撫陸建瀛復調冕治海運，革漕費，歲省銀數十萬，爲忌者所中，劾罷歸。咸豐初，粵匪圍長沙，冕建守禦策。及曾國藩治兵討賊，冕創釐稅，與茶鹽之利，軍餉取給焉。又開東征局，專餉曾國藩一軍。起授江西吉安知府，復以事劾免歸，仍以餉事自任，湘軍賴以成功。尋授雲南迤西道，辭病不赴，卒於家。

冕仕宦初爲陶澍、林則徐所知，晚在籍爲駱秉章所倚任。時稱其幹濟，被謗亦甚云。

俞德淵，字陶泉，甘肅平羅人。嘉慶二十二年進士，選庶吉士，散館授江蘇荆溪知縣。始至，遮訴者百十輩，逾年，前訴者又易名來控，一見卽識之，羣驚爲神。調長洲，甚得民心。遷蘇州督糧同知。道光六年，初行海運，以德淵董其役，章程皆出手定，以憂去。八年，服闋，擢常州知府，調江寧。

十年，宣宗以兩淮鹽法大壞，授陶澍爲兩江總督，命尙書王鼎、侍郎寶興赴江南會議改革。時議者多主罷官商鹽，歸場竈科稅，以德淵有心計，使與議。德淵具議數千言，略謂：「鹽歸場竈，其法有三：一曰歸竈丁按鏾起科，然其中有難行者三：一在竈丁之逋欠，一在鏾鏤之私煎，一在災祲之藉口；二曰歸場官給單收稅，難行者亦有三：一在額數之難定，一在稽查之難周，一在官吏之難恃；三曰歸場商認鏾納課，難行者亦有三：一在疲商之鑽充，一在殷戶之規避，一在垣外之私售。以上三法，共有九難。如就三者兼權之，則招商認鏾，猶爲此善於彼。苟得其人，或可講求盡善。顧事關圖始，果欲行之，則宜先定章程。淸竈僉商、改官易制諸事，非三年不能就緒。此三年中，額課未可長懸也，場鹽未可停售也，各岸食鹽未可久缺也。新舊接替之時，非熟思審處，何能變通盡利乎？向來捆鹽之夫，淮北永豐有萬餘人，淮南老虎頸不下數萬人，皆無賴游民以此爲事業。一旦失所，此數萬衆將安往？其患又不止私梟拒捕已也。」議上，陶澍深然之，乃與朝使定議，不歸場竈，仍用官商如故；惟奏罷鹽政，裁浮費，減窩價，凡積弊皆除之。薦德淵超擢兩淮鹽運使。

德淵精會計，又知人善任。諸滯岸商憚往運，改以官督辦，千里行鹽，稽覈價用，瑣屑悉當。每運恆有餘利，盡以充庫，無私取。兩淮本脂膏地，運使多以財結權貴及四方遊客，餘贍給寒畯，取聲譽，皆出商貲。德淵謹守筦鑰，失望者衆，言者時相攻訐，不顧也。在任五年，力崇節儉，妻子常衣布素，揚州華侈之俗爲之一變。尙書黃鉞子中民爲場大使，欲得美職，德淵曰：「美職以待有功，中民無功不可得。」堅不與。陶澍益賢之，薦其才可大用，以循良久在鹽官可惜，上亦嘉之，未及擢用而卒。

姚瑩，字石甫，安徽桐城人。嘉慶十三年進士，授福建平和知縣。調龍溪，俗健悍，械鬭仇殺無虛日。瑩擒巨惡立斃之，收豪猾爲用，予以自新。親巡問疾苦，使侵奪者各還舊業，誓解仇讐。擇强力者爲家長，約束族衆，籍壯丁爲鄉勇，逐捕盜賊，有犯，責家長縛送。械鬭平，盜賊亦戢，治行爲閩中第一。調臺灣，署海防同知、噶瑪蘭同知，坐事落職。尋以噶瑪蘭獲盜功，復官。父憂歸，服闋，改發江蘇，歷金壇、元和、武進。遷高郵知州，擢兩淮監掣同知，護鹽運使。先後疆吏趙愼畛、陶澍、林則徐皆薦其可大用。

道光十年，特擢臺灣道。及海疆戒嚴，瑩與總兵達洪阿預爲戰守計。達洪阿性剛，與同官鮮合，瑩推誠相接，一日謁謝曰：「武人不學，爲子所容久矣，自今聽子而行。」二十一年秋，英兵兩犯雞籠海口，明年正月，又犯大安港。瑩設方略，與達洪阿督兵連卻之，大有斬獲，收前所失寧波、廈門礮械甚多。敵搆奸民煽亂，海寇亦竊發，皆卽捕戮，一方屹然，詔嘉奬，加二品銜，予雲騎尉世職。

洎江寧議款求息事，遂有臺灣鎭道冒功之獄。故事，臺灣以懸隔海外，加兵備道按察使銜，得與鎭臣專奏事。鷄籠、大安之捷，飛章入告，總督怡良心不平。英兵留駐鼓浪嶼，前獲俘欲解內地，勢不能達，奏請便宜誅之，以絕內患，已報可，怡良仍令解省。瑩與達洪阿謀曰：「大府意欲市德，藉以退鼓浪嶼之兵。兵不可退，徒示弱，不如殺之！」怡良愈怒，諸帥並忌之。款議既成，交還敵俘，以妄殺被劾，逮問。瑩與達洪阿約，義不與俘虜質，卽自引咎。宣宗心知臺灣功，入獄六日，特旨以同知直隸州知州發往四川效用，至則復爲總督寶興所忌。會西藏兩呼圖克圖相爭，檄往平之。瑩謂：「夷人難以德化。失職下僚，孑身往，徒損國威。」不聽。及至乍雅，果不得要領而返。總督劾其畏難規避，責再往。事竣，補蓬州。在州二年，引疾歸。

文宗卽位，黜大學士穆彰阿，詔宣示中外，並及瑩與達洪阿被陷狀，於是復起用，授湖北武昌鹽法道，未行，擢廣西按察使，命參大學士賽尙阿軍事。時廣西寇漸熾，諸將不合，師久無功。瑩至，任爲翼長。大軍圍賊紫金山，瑩言流賊如水，必環攻以斷其逸，不聽，賊遂竄永安。又上書請斬僨事將，復不聽。永安城小，都統烏蘭泰軍西南，提督向榮軍東北，合滇、黔、楚、蜀兵四萬餘人，賊數千壁險死鬬。水竇者，永安東北之隘也，緣山徑可達桂林。瑩與烏蘭泰皆主擊水竇，絕賊外援，向榮不從，自由龍寮嶺進而敗，乃議開水竇一路縱賊逸，尾追擊之。瑩力辯其失，賽尙阿仍用向榮策，賊果突圍出犯桂林，烏蘭泰戰死，賽尙阿逮問。賊勢益熾，連陷興安、全州，犯湖南，遂不可制。瑩隨軍至湖南，巡撫張亮基奏署按察使，憂憤致疾，卒於官。

瑩師事從祖鼐，不好經生章句，務通大意，見諸施行。文章善持論，指陳時事利害，慷慨深切。所著東溟文集、奏稿、後湘詩集、東槎紀略、康輶紀行及雜著諸書，爲中復堂全集，行於世。

子濬昌，能繼家學。曾國藩以名家子留佐幕，官江西安福、湖北竹山知縣。工詩，有五瑞堂集。

論曰：林培厚救荒治河有實績，而以察吏招忌。李宗傳便宜平夷，功在邊方。王鳳生、俞德淵佐陶澍治淮鹽，尤濟時之才。姚瑩保巖疆，挫强敵，反遭讒譖，然朝廷未嘗不諒其忠勤，海內引領望其再用，亦不可謂不遇矣。

# 清史稿卷三百八十五

## 列傳一百七十二

杜受田 子翰　祁寯藻 子世長　翁心存　彭蘊章

杜受田，字芝農，山東濱州人。父堮，嘉慶六年進士，由翰林院編修累官禮部侍郎，重宴鹿鳴，加太子少保，卒贈太傅，謚文端。

受田，道光三年進士，會試第一，殿試二甲第一，選庶吉士，授編修。大考擢中允，遷洗馬，督山西學政。十五年，特召還京，直上書房，授文宗讀。四遷內閣學士，命專心授讀，毋庸到閣批本。十八年，擢工部侍郎，調戶部。二十四年，連擢左都御史、工部尚書，尋充上書房總師傅。文宗自六歲入學，受田朝夕納誨，必以正道，歷十餘年。至宣宗晚年，以文宗長且賢，欲付大業，猶未決。會校獵南苑，諸皇子皆從，恭親王奕訢獲禽最多，文宗未發一矢，問之，對曰：「時方春，鳥獸孳育，不忍傷生以干天和。」宣宗大悅，曰：「此眞帝者之言！」

立儲遂密定，受田輔導之力也。

三十年，文宗卽位，加太子太傅，兼署吏部尚書，調刑部尚書、協辦大學士。受田雖未入樞廷，國家大政及進退大臣，上必諮而後行。廣西軍事亟，受田數陳方略，薦林則徐、周天爵，先後起用。提督向榮老於軍事，以同列不和被謗，力陳輿論，數保全之。咸豐元年，調管禮部。二年，因河決豐北久未塞，山東、江北被災重，命偕福州將軍怡良往治賑務。疏言：「災廣民衆，賑恤不可緩，尤在得人。」薦山東布政使劉源灝、江寧布政使祁宿藻，皆持正有爲，責成專任；請截留江、廣漕米六十萬石分給兩省：詔並允行。

受田自侍文宗學，未嘗離左右，當陛辭，不覺感戀流涕。在途觸暑染疫，力疾治事，與源灝、宿藻等覈定施賑章程，疏陳而不言病，至淸江浦遽卒。遺疏念賊氛未靖，河患未平，尤以敬天法祖、勤政愛民、崇節儉、愼好惡、平賞罰爲言。文宗震悼，贈太師、大學士，入祀賢良祠，賜金五千兩治喪，遣近臣慰視其父堮，擢其子檢討翰爲庶子，孫三人並賜舉人。復特詔曰：「杜受田品端學粹，正色立朝，皇考深加倚重，特簡爲朕師傅。憶在書齋，凡所陳說，悉本唐、虞、三代聖聖相傳之旨，實能發明蘊奥，體用兼賅。朕卽位後，周諮時政利弊，民生疾苦，盡心獻替，啓沃良多！援嘉慶朝大學士朱珪故事，特諡文正。」謂其公忠正直，足當「正」字而無愧。柩至京，上親奠，撫棺哭甚哀，晉其父堮禮部尚書銜。明年，上臨雍講學，復詔褒受田曩日講貫之功，即家賜祭一壇。及柩歸，命恭親王奠醊，遣官到籍致祭，飾終之典，一時無與比。子翮，由翰林院編修累官戶部侍郎，督辦山東團練。

翰，字繼園。道光二十四年進士，選庶吉士，授檢討。咸豐三年，降。服闋，補庶子。文宗念受田舊勞，數月間迭擢工部侍郎，命在軍機大臣上行走，辦理京城巡防事宜。翰勇於任事，甚被倚任。十年，隨扈熱河，以勞賜花翎。上崩於行在，穆宗即位。御史董元醇疏請兩宮皇太后垂簾聽政，載垣、端華、肅順等持不可，翰附之，抗言甚力，遂黜元醇議。肅順曰：「君誠不愧杜文正之子也！」既而載垣等以竊奪政柄被罪，翰連坐，議革職戍新疆，詔原之，褫職，免其發遣。同治五年，卒。

祁寯藻，字春圃，山西壽陽人。父韻士，官戶部郎中，以事繫獄。寯藻方幼，隨侍讀書不輟，賦春草詩以見志。嘉慶十九年，成進士，選庶吉士，授編修。道光元年，直南書房。督湖南學政，累遷庶子。十年，以母病陳情歸養，宣宗不許，予假省親。逾年回京，補原官，遷侍講學士。尋復予假省母，不開缺。歷通政司副使、光祿寺卿、內閣學士。母憂歸，十六年，將屆服闋，預授兵部侍郎，督江蘇學政。歷戶部、吏部侍郎，留學政任，未滿，十九年，命偕侍郎黃爵滋視福建海防及禁烟事，連擢左都御史、兵部尚書。迭疏陳總督宜駐泉州治防務，改海口礮臺爲墩，查禁烟販，捕治漢奸，並禁漳、泉兩府行使夷錢，夾帶私鑄者治罪，嚴懲械鬬，並得旨允行。在閩半載，還經浙江，按台、溫兩府私種罌粟，劾罷台州知府潘盛；又劾溫州知府劉煜試行票鹽不善，被議，自呈枉屈，戍新疆。時鄧廷楨奏擊英吉利兵船於厦門走之，忌者謂其不實，命寯藻復往按，具陳戰勝狀。回京，仍直南書房。二十一年，調戶部，命爲軍機大臣。

二十六年，偕尚書文慶按長蘆鹽運使陳鑑挪撥鹽課，彌補加價，褫其職，歷任鹽政運司議譴有差。二十九年，以戶部尚書協辦大學士，命赴甘肅偕琦善按前任總督布彥泰清查舛誤，縱容家丁，下嚴議。回京，請便道省墓，途次聞宣宗崩，過里門不入。文宗卽位，拜體仁閣大學士，仍管戶部。寯藻自道光中論洋務與穆彰阿不合，至是文宗銳意圖治，罷穆彰阿，寯藻遂領樞務，開言路，起用舊臣，寯藻實左右之。

咸豐元年，調管工部，兼管戶部三庫事務。二年，復調戶部。廣西匪日熾，出湖南，遂不可制，湖北、江南數省先後淪陷。軍興財匱，議者試行鈔法，又鑄當百、當五百大錢，皆行之未久而滋弊。尚書肅順同掌戶部事，尚苛刻。又湘軍初起，肅順力言其可用，上嚮之，寯藻皆意與齟齬，屢稱病請罷，溫詔慰留。四年冬，復堅以爲請，乃允致仕。十年，英法聯軍犯天津，車駕將幸熱河，寯藻密疏切諫。又言關中形勝可建都，釐捐病民，北省尤宜急停，並報聞。

十一年，穆宗卽位，特詔起用。疏陳時政六事：曰保護聖躬以崇帝學；曰綏輯民心以清盜源；曰重守令以固民心；曰開制科以收人才；曰速剿山東、河南賊匪，嚴防山西、陝西要隘，以衞畿輔；曰敦崇節儉以培元氣。言甚切摯，並被嘉納，次第施行。命以大學士銜授禮部尙書。同治元年，穆宗入學，命直弘德殿，偕翁心存、倭仁、李鴻藻同授讀，摘錄經史二帙進呈。上讀大學畢，寯藻具疏推陳爲人君止於仁之義，略曰：「大學一書，皇上已成誦，凡制治保邦之道，用人行政之源，胥在於是。爲人君之道，止於仁而已。治國平天下兩章，言仁者六，終之以未有上好仁而下不好義。蓋仁者必以仁親爲寶，故能愛人，能惡人。不好仁，則好人之所惡，惡人之所好。仁者必以貪爲戒，故忠信以得之，不仁者則驕泰以失之矣。仁者以義爲利，不以利爲利，故以財發身，不仁者則以身發財，菑害並至矣。千古治亂之機，判於義利，而義利之判，則由於上之好仁不好仁也。如近日所講帝鑑圖說，下車泣罪，解網施恩，澤及枯骨等事，斯卽帝王仁心所見端也。若納諫求賢，尊儒遠佞，則仁親爲寶，能好能惡之說也。露臺罷工，裘馬卻獻，則以義爲利，不以利爲利之說也。帝鑑圖說講畢，請進講輿地，以會典諸圖簡明，易於指畫。又耕織圖及內府石刻宋馬遠豳風圖爲農桑衣食之原，皇上讀書之暇，隨時講求，庶知稼穡之艱難，懍守成之不易也。」

二年，上服除，寯藻偕倭仁、李鴻藻上疏曰：「皇上沖齡踐阼，智慧漸開。當此釋服之初，吉禮舉行，聖心之敬肆於此分，風會之轉移卽於此始，則玩好之漸可慮也，游觀之漸可慮也，興作之漸可慮也。嗜好之端一開，不惟分誦讀之心，海內之窺意旨者，且將從風而靡。安危治亂之機，其端甚微，所關甚鉅，可無愼乎？方今軍務未平，生民塗炭，正君臣交儆之時，非上下恬熙之日。伏願皇上恪遵慈訓，時時以憂勤惕厲爲心，以逸樂便安爲戒。凡內廷服御一切用項，稍涉浮靡，概從裁減；向例所有，不妨量爲撙節。如是，則外務之紛華不接於耳目，詩書之啓迪益斂夫心思，聖學日新，聖德日固，而去奢崇儉之風，自不令而行矣。」疏上，優詔褒答焉。

寯藻提倡樸學，延納寒素，士林歸之。疏言：「通經之學，義理與訓詁不可偏重。後學不察，以訓詁專屬漢儒，義理專屬宋儒，使畫分界限，學術日歧。」因舉素所知寒士端木埰、鄭珍、莫友芝、閻汝弼、王軒、楊寶臣，經明行修，堪資器使。又疏言：「軍興以來，不講吏治，請下中外大臣，保舉循吏及伏處潛修之士，以備任用。」自舉原任同知劉大紳、按察使李文耕、大順廣道劉煦，請宣付史館入循吏傳。又薦直隸知縣張光藻、陳崇砥、王蘭廣，山東知縣蔣慶第，山西知縣程豫、吳輝祖及江南優貢端木埰，山西舉人秦東來。並嘉納允行。屢以病乞休，三年，詔許致仕，食全俸。五年，卒，晉贈太保，祀賢良祠，命鍾郡王奕詥，謚文端。擢其子編修世長以侍讀用。

世長，字子禾。咸豐十年進士。年十三，侍父江蘇學政任，幕客俞正燮、張穆、苗夔諸人，並樸學通儒，世長濡染有素，尤篤守宋儒義理之說。同治九年，服闋，補侍讀。累遷內閣學士。光緒初，連督安徽、順天、浙江學政，清勤愛士，一守雋藻舊規。歷禮部、吏部侍郎，擢左都御史。十年，命偕尚書延煦勘山東河工，疏言：「非疏海口不能洩盛漲。修防以民埝爲第一層屏障，守民埝即以守大隄。巡撫陳士杰築修民埝多在大隄既決之後，殊爲失計。請乘時興修。」從之。迭疏陳時務，多持正議。十六年，遷工部尚書，兼管順天府尹。兩典會試，皆得士。世長清操自勵，累世官卿貳，家如寒素，時以稱焉。十八年，卒，優詔賜卹，謚文恪。賜其孫師曾員外郎，子友蒙主事。

翁心存，字二銘，江蘇常熟人。父咸封，官海州學正。知州唐仲冕見心存有異才，奇之，授之學。道光二年，成進士，選庶吉士，授編修。大考擢中允，督廣東學政。任滿，入直上書房，授惠郡王讀。尋督江西學政，累遷大理寺少卿。十七年，復直上書房，授六阿哥讀。逾年，以母老乞養。家居十年，終母喪。會子同書督貴州學政，陛辭，宣宗命傳諭促之來。二十九年，至京，仍入直，授八阿哥讀。補祭酒。歷內閣學士、工部侍郎，調戶部。江蘇巡撫請蘇州、松江、太倉漕米改徵折色，心存謂：「三屬額徵米一百十四萬餘石，一旦改折，慮京倉不敷支放，州縣假折色抑勒倍徵，便民適以累民。」主駁議，事乃寢。

咸豐元年，擢工部尚書。三年，江寧陷，心存疏陳兵事，請乘賊勢未定，飭向榮渡江，陳金綬進屯浦口，以上海水師溯流衝其前，江忠源、鄧紹良之師掩其後，四路進攻；增重兵守江、淮杜北竄；急清兗、豫、鳳、潁捻匪，毋令與粵寇合勢；並覈軍需，恤災黎；籌京倉積貯，整飭紀綱，以維根本。疏上，多被採用。又薦湖北按察使江忠源，請畀統帥重任，尋即擢為巡撫。調刑部，再調工部，兼管順天府尹。

粵匪北犯，心存疏言賊氛逼近，請扼河而守，畿南宜駐重兵，河南、山西、陝西各要隘併力堵截，速調駐熱河、綏遠之蒙古馬隊進口內衞京畿；京師九門嚴緝奸宄，運通倉存糧入城；並敕琦善、鄧紹良規復揚州、鎮江，為會剿江寧之計。又疏陳順天防務，畫分汛地，舉行團練；府屬各營舊隸總督管轄，請旨暫歸調遣。未幾，賊犯天津，僧格林沁率師進剿，命順天府設糧臺。心存請發內帑三十二萬兩、京倉米二千六百石以給軍食，添製軍需火藥。又偕團防大臣會議京城防守事宜，舉光祿寺卿宋晉、太僕寺卿王茂蔭綜理其事，並詔允行。

時議行鈔幣，心存疏言：「軍營搭放票鈔，諸多窒礙。鈔幣之法，施行當有次第，此時甫經頒發，並未試用，勢難驟用之軍營。」詔斥為阻撓，卽責籌次第施行之法，俾無阻滯。會言官論通州捕役勾結土匪行劫，命刑部侍郎文瑞鞫得實，心存以徇庇革職。

四年，起授吏部侍郎，調戶部，擢兵部尚書，調吏部。六年，疏陳江南軍事，略曰：「蘇、松、常、太三府一州，及浙之杭、嘉、湖三府，久爲賊所窺伺。今寧國先陷，逼近宜興，向榮近守丹陽，溧水、句容相繼失守，宜責向榮嚴扼丹陽，令張國樑率精兵駐宜興扼東壩，別簡水師駐太湖，庶蘇、常兩郡可保無事。又近有按畝捐輸，失政體，竭民財，請查明停止。」是年冬，兼翰林院掌院學士，以吏部尚書協辦大學士，尋調戶部。

八年，充上書房總師傅。英法聯軍北犯，天津戒嚴。心存疏請聖駕還宮，以定衆志，力言京師重地，不可駐外國領事；長江形勢不可失；綏芬邊地不可捐；兵費不可再償；傳教不可推廣；和議難成，宜速進剿。湖北巡撫胡林翼奏除漕務中飽之弊，請改徵折色。心存力贊其議；由部定章程五事，滿、漢兵糧折價支給，上下衙門一切陋規概行裁革焉。拜體仁閣大學士，管理戶部。與肅順同官不相能，屢乞病，不許。九年，復固請，乃予告去職。

十年，戶部迭興大獄，肅順主之，多所羅織。怡親王載垣等會鞫，謂司員忠麟、王熙震以短號鈔兌換長號，曾面啓心存，心存回奏部院事非一二人所能專政，斷無立談數語改舊章之理。載垣等遂請褫頂帶歸案訊質，文宗鑒其誣，僅以失察議處，免傳訊，議降五級，改俟補官，革職留任。復以五「宇」商號添支經費，心存駁令議減，未陳奏，司員卽列入奏銷，下嚴議，革職留任。是年秋，車駕將幸熱河，心存上疏切諫。

十一年，文宗崩於行在，梓宮還京，心存偕諸臣迎謁，特詔起用，以大學士銜管理工部。疏舉人材，詔嘉其不失以人事君之義。又疏言：「東南之民嚮義甚堅，各郡縣陷後，流亡渡江者，日夜思招練義勇，克復鄉里。請敕曾國藩擇能辦賊者馳赴通州東臺，收拾將散之人心，激勵方興之義旅，進擣蘇、常，退保下河。上海一隅賦稅所出，宜取江海關無窮之利，以供曾國藩有用之兵。」疏上，被嘉納。同治元年，入直弘德殿，偕祁寯藻等授穆宗讀。兩宮皇太后愼重師傅之選，倚畀彌篤。是年冬，寢疾，子安徽巡撫同書方緣事繫獄，詔暫釋侍疾。尋卒，優詔賜卹，稱其「品端學粹，守正不阿」，贈太保，入祀賢良祠，諡文端。賜其孫曾源進士，曾榮舉人，曾純、曾桂並以原官卽用，曾翰賜內閣中書。逾年，文宗實錄告成，以心存曾充監修總裁，賜祭一壇。子同書、同龢自有傳，同爵官湖北巡撫。

彭蘊章，字詠莪，江蘇長洲人，尚書啓豐曾孫。由舉人入貲爲內閣中書，充軍機章京。道光十五年，成進士，授工部主事，仍留直軍機處。累遷郎中，歷鴻臚寺少卿、光祿寺少卿、順天府丞、通政司副使、宗人府丞。督福建學政，遷左副都御史。二十八年，疏言：「漕船衞官需索旗丁日益增多，沿途委員及漕運衙門、倉場花戶皆有費，欲減旗丁幫費，宜探本窮源。又州縣辦漕，應令督撫察其潔己愛民者，每歲酌保一二員；辦理不善者，劾一二員。運漕官及坐糧廳如能潔己剔弊，准漕督、倉場保奏，不稱職者劾罷。」下部議行。擢工部侍郎，仍留學政任。咸豐元年，命在軍機大臣上行走。四年，調禮部，尋擢工部尚書。五年，協辦大學士。六年，拜文淵閣大學士，管理工部及戶部三庫事務，充上書房總師傅。

八年，京師旱，糧價踴貴，旗民生計益艱，蘊章奏請撥欵採米，允之。復疏言：「自改用大錢，城中米貴，疊荷加恩賑濟，又加米折，然民生疾苦未見轉機。臣聞兵丁所領止有實米二成，其餘折色定價，每石京錢四千至三千不等，大米一石市價京錢三十千。持此折價買米，不過升斗。民生之蹙，不獨在無銀，並在無米。本年海運多於上年，可將兵米酌量加增。又各營養育兵及鰥寡孤獨小口米不過四萬餘名，每名歲支一石六斗，擬請此項酌給米，毋庸折色。自前年以來，有提存部庫採買銀，又存四川、山東、山西、河南、陝西解京米價銀，共有四十七萬餘兩，堪以採買米石，加放兵米。又有河南停運節省運脚銀二萬兩，堪爲轉運之用。伏乞飭部採買，以資搭放，實於旗兵生計大有裨益。」疏入，下部議行。

蘊章久直樞廷，廉謹小心，每與會議，必持詳慎。鈔票、科場諸大獄，婉辭調護，與肅順等意忤。兩江總督何桂清素以才敏自負，蘊章誤信之，數於上前稱薦。十年，江寧大營潰，蘊章猶言桂清可恃。未幾，蘇、常相繼陷，桂清逮治。文宗以蘊章無知人鑒，眷注寖衰。適有足疾，扶掖入直，命毋庸在軍機大臣上行走，以示體恤。尋奏乞罷職，出都就醫。詔曰：「卿久任樞垣，備悉時事。現在軍務如有見及，並採訪輿論民情，隨時具疏交地方官大吏代遞。」蘊章密陳時務六則，報聞。十一年，病痊，署兵部尚書，尋兼署左都御史。同治元年，復以病乞休。未幾，卒，依大學士例賜卹，諡文敬。子祖賢，官至湖北巡撫。

論曰：文宗初政，杜受田以師傅最被信任，贊畫獨多。祁寯藻、彭蘊章皆久領樞務，翁心存數論軍事，久筦度支。三人者並與肅順不協，先後去位；同治初元，聯翩復起。寯藻、心存三朝耆碩，輔導沖主，一時清望所歸焉。

# 清史稿卷三百八十六

## 列傳一百七十三

### 文慶 文祥 寶鋆

文慶，字孔修，費莫氏，滿洲鑲紅旗人，兩廣總督永保之孫也。道光二年進士，選庶吉士，授編修。五遷至詹事。歷通政使、左副都御史、內閣學士。十二年，授禮部侍郎，兼副都統。十三年，總理孝慎皇后喪儀，會奏軍民薙髮及停止宴會期限疏中，誤引「百姓如喪考妣，四海遏密八音」語，下諸臣嚴議。宣宗以文慶翰林出身，隨聲附和，獨重譴，褫副都統，降三品頂戴。尋復之，歷吏部、戶部侍郎。十六年，偕尚書湯金釗赴陝西、四川按劾巡撫楊名颺、布政使李羲文，並下嚴議，尋復按名颺被訐事，褫其職。金釗留署陝西巡撫。文慶又按河南武陟知縣趙銘彝貪婪狀，劾褫職。調戶部侍郎。十七年，命在軍機大臣上學習行走，兼右翼總兵。命赴熱河，偕都統耆英按歷任總管虧短庫款，褫職追繳。十九年，以查辦熱河虧空案內擬罪未晰，召問，奏對失實，下部議，罷直軍機。二十年，典江南鄉試，以上下江中額有誤，又私攜湖南舉人熊少牧入闈閱卷，議褫職。

二十二年，予三等侍衞，充庫倫辦事大臣。二十三年，召授吏部侍郎、內務府大臣，連擢左都御史、兵部尚書。二十五年，命赴四川，偕總督、將軍按前任駐藏大臣孟保、鍾芳等濫提官物，劾罷之。二十七年，復命爲軍機大臣，解內務府事務。尋署陝甘總督，道經河南，命察賑務，劾玩誤之知縣四人。

二十八年，召授吏部尚書，兼步軍統領、內務府大臣，罷直軍機處、兼翰林院掌院學士。三十年，充內大臣。薛執中者，甘肅河州人，以符咒惑衆。至京師，藉術醫病，朝貴多與往來。遂妄議時政，談休咎，行蹤詭祕，爲巡城御史曹楙堅捕治，中外大臣牽連被譴者衆。文慶曾延治病，文宗斥其身爲步軍統領，不能立時捕究，有乖職守，褫職。咸豐元年，予五品頂戴，辦理昌陵工程。二年，起授內閣學士，尋擢戶部尚書，復爲內大臣、翰林院掌院學士。五年，復爲軍機大臣、協辦大學士。題孝靜皇后神主，加太子太保，拜文淵閣大學士，晉武英殿大學士，管理戶部，充上書房總師傅。

文慶醇謹持大體，宣宗、文宗知之深，屢躓屢起，眷倚不衰。時海內多故，粵匪猖熾，欽差大臣賽尚阿、訥爾經額先後以失律被譴。文慶言：「當重用漢臣，彼多從田間來，知民疾苦，熟諳情僞。豈若吾輩未出國門、懵然於大計者乎？」常密請破除滿、漢畛域之見，不拘資格以用人。曾國藩初任軍事，屢戰失利，忌者沮抑之。文慶獨言國藩負時望，能殺賊，終當建非常之功。曾與胡林翼同典試，深知其才略，屢密薦，由貴州道員一歲之間擢至湖北巡撫，凡所奏請，無不從者。又薦袁甲三、駱秉章之才，請久任勿他調，以覩厥成。在戶部，閻敬銘方爲主事，嘗採用其議，非所司者亦諮之。後卒得諸人力以戡定大難。端華、肅順漸進用事，皆敬憚其嚴正焉。

六年，卒。遺疏言各省督撫如慶端、福濟、崇恩、瑛棨等，皆不能勝任，不早罷，恐誤封疆。文宗深惜之，優詔賜卹，嘉其人品端粹，器量淵深，辦事精勤，通達治體，贈太保，賜金治喪。及親奠，見其遺孤幼穉，特詔加恩入祀賢良祠，命其子善聯俟及歲引見；弟文玉，以罪遣戍，卽釋回。予諡文端。善聯，官至福州將軍。

文祥，字博川，瓜爾佳氏，滿洲正紅旗人，世居盛京。道光二十五年進士，授工部主事，累遷郎中。咸豐六年，京察，記名道府，因親老，乞留京職。歷太僕寺少卿、詹事、內閣學士，署刑部侍郎。八年，命在軍機大臣上行走，授禮部侍郎，歷吏部、戶部、工部侍郎，兼副都統、左翼總兵。

十年，英法聯軍犯天津，僧格林沁密疏請幸熱河。文祥以搖動人心，有關大局，且塞外無險可扼，力持不可，偕廷臣言之，復請獨對；退偕同直侍郎匡源、杜翰具疏請罷所調車馬，明詔宣示中外。八月，敵氛益熾，車駕遽行，命文祥署步軍統領，司留守。從恭親王奕訢議和，出入敵營，於非分之求，侃侃直言，折之以理。尋以步軍統領難兼顧，疏辭，改署正藍旗護軍統領。十月，和議成，疏請回鑾，以定人心。偕恭親王等通籌全局，疏上善後事宜，於是設立總理各國事務衙門，恭親王領之，滿、漢大臣數人，文祥任事最專。

時和局甫定，髮、捻猶熾，兵疲餉竭，近畿空虛。文祥密疏請選練八旗兵丁，添置槍礮，於是始立神機營，尋命管理營務。又疏言僧格林沁兵力單薄，勝保所部新募未經行陣。旣恃僧格林沁保障畿輔，必得良將勁卒爲贊助，薦副都統富明阿、總兵成明隸其軍；又薦江西九江道沈葆楨、湖北候補知縣劉蓉堪大用。疏上，並嘉納焉。

十一年，文宗崩於熱河行在，穆宗卽位，肅順等專政，文祥請解樞務，不許。十月，回鑾，偕王大臣疏請兩宮皇太后垂簾聽政。同治元年，連擢左都御史、工部尚書，兼署兵部尚書，爲內務府大臣，兼都統。二年，管理藩院事務。東南軍事以次戡定，江蘇、浙江省城克復，議加恩樞臣，固辭。三年，江寧復，首逆就殲，捷至，加太子太保，予姪凱肇員外郎。四年，署戶部尚書，辭內務府大臣，允之。

是年秋，馬賊入喜峰口，命文祥率神機營兵防護東陵，督諸軍進剿，賊遁灤陽。疏陳：「地方官豢賊釀患，請除積弊，淸盜源。馬賊巢穴多在奉天昌圖廳八面城、熱河八溝哈達等處。請購線偵察，調兵掩捕，庶絕根株。」事定，回京。文宗奉安山陵，賜其子熙聯員外郎。尋以母病請假三月，回旗迎養。奉天馬賊方熾，命率神機營兵往剿，增調直隸洋槍隊出關，約東三盟蒙古王公由北路夾擊，破賊於錦州東井子。諜知賊將刦奉天獄，約期攻城，兼程馳援，賊退踞城東南，圍撫順；令總兵劉景芳夜擊破之，賊遁出邊。遣軍趨吉林，五年春，解長春廳圍，追賊至昌圖朝陽坡，分三路進擊，十數戰皆捷，擒斬三千餘。賊首馬傻子窮蹙乞降，磔之；留兵餉授將軍都興阿，俾淸餘孽。請蠲奉天地丁銀米，停鋪捐。回京，調吏部尚書。《文宗實錄》成，賜子熙治員外郎。

八年，丁母憂，特賜諭祭。百日假滿，病未出。天津教案起，力疾還朝。十年，以吏部尚書協辦大學士。十一年，拜體仁閣大學士。文祥自同治初年偕恭親王同心輔政，總理各國事務，以一身負其責。洋情譎幻，朝論紛紜，一以忠信持之，無諉卸。洎穆宗親政，臚陳歷年洋務情形，因應機宜甚備，冀有啓悟。旣而恭親王以阻圓明園工程忤旨斥罷，文祥涕泣，偕同列力諫，幾同譴。恭親王尋復職，而自屢遭挫折後，任事不能如初。文祥正色立朝，爲中外所嚴憚，朝局賴以維持，不致驟變。十三年，病久不癒，在告，會日本窺臺灣，强出籌戰守。疏請：「敕下戶部、內務府寬籌餉需，裁減浮用，停不急之工作，謀至急之海防，俾部臣、疆臣皆得專力圖維。皇上憂勤惕厲，斯內外臣工不敢蹈玩泄之習。否則狃以爲安，不思變計，恐中外解體，人心動搖，其患有不可勝言者。」言甚切至。

是年冬，穆宗崩，德宗繼統即位，晉武英殿大學士。以久病請罷，溫詔慰留，解諸兼職，專任軍機大臣及總理各國事務。時國家漸多故，文祥深憂之，密陳大計疏曰：「洋人爲患中國，愈久愈深，而其窺伺中國之間，亦愈熟愈密。從前屢戰屢和，迄無定局，因在事諸臣操縱未宜。及庚申定約，設立衙門專司其事，以至於今，未見決裂。就事論事，固當相機盡心辦理，而揣洋人之用心，求馭外之大本，則不係於此，所係者在人心而已矣。溯自嘉慶年間，洋人漸形强悍，始而海島，繼而口岸，再及內地，蓄力厲精習機器，以待中國之間，一逞其欲。道光年間，肆掠江、浙，自江寧換約以後，覬覦觀望。直至粵匪滋事，以爲中國有此犯上作亂之事，人心不一，得其間矣。於是其謀遂洩，闖入津門，雖經小挫，而其意愈堅，致有庚申之警。然其時勢局固危，民心未二，勤王之師雖非勁旅，而聞警偕來；奸細之徒雖被誘脅，而公憤同具，以是得受羈縻，成此和局。十餘年來，仰賴皇太后、皇上勵精圖治，宵旰勤勞，無間隙之可尋；在事諸臣始得遇事維持，未至啓釁，偶有干求，尚能往返爭持，不至太甚，非洋務之順手，及在事者折衝之力，皆我皇太后、皇上朝乾夕惕，事事期符民隱，人心固結，有以折外族之心，而杜未形之患也。然而各國火器技藝之講求益進，彼此相結之勢益固。使臣久駐京師，聞我一政之當則憂，一或不當則喜，其探測愈精。俄人逼於西疆，法人計占越南，緊接滇、粵，英人謀由印度入藏及蜀，蠢蠢欲動之勢，益不可遏。所伺者中國之間耳，所甚者中國大本之未搖，而人心之難違耳。說者謂各國性近犬羊，未知政治，然其國中偶有動作，必由其國主付上議院議之，所謂謀及卿士也；付下議院議之，所謂謀及庶人也。議之可行則行，否則止，事事必合乎民情而後決然行之。自治其國以此，其覬他國之廢興成敗亦以此。儻其國一切政治皆與民情相背，則各國始逞所欲爲，取之恐後矣。如土耳其、希臘等國，勢極弱小，而得以久存各大國之間者，其人心固也。强大如法國，而德國得以勝之者，以法王窮侈任性，負國債之多不可復計，雖日益額餉以要結兵心，而民心已去，始有以乘其間也。夫人必自侮而後人侮之，物必先自腐而後蟲生焉。理之所在，勢所必至。中國之有外國，猶人身之有疾病，病者必相證用藥，而培元氣爲尤要。外國無日不察我民心之向背，中國必求無事不愜於民心之是非。中國天澤分嚴，外國上議院、下議院之設，勢有難行，而義可采取。凡我用人行政，一舉一動，揆之至理，度之民情，非人心所共愜，則急止勿爲；事係人心所共快，則務期於成。崇節儉以裕帑需，遇事始能有備，納諫諍以開言路，下情藉以上通。總期人心永結，大本永固，當各外國環伺之時，而使之無一間可乘，庶彼謀不能卽遂，而在我亦堪自立。此爲目前猶可及之計，亦爲此時不能稍緩之圖。若待其間之旣開，而欲爲斡旋補苴之法，則和與戰俱不可恃。卽使仍可苟安，而大局已不堪復問，則何如預防其間之爲計也。咸豐六年王茂蔭奏陳夷務，謂：『海外諸國日起爭雄，自人視之，雖有中外之分，自天視之，殆無彼此之意。』引書言『皇天無親，惟德是輔』，及大學平天下章三言得失，首人心、次天命、而終以君心爲證。何其言之危且切歟！欲戢夷心，莫要於順民心，能順民心，斯足以承天心，固不待蓍蔡而昭然若睹耳。臣受恩最重，辦理洋務最久，實有見於洋人居心積慮之處，而現時尤爲迫切緊要之關。外國之求間在此，中國之彌間亦在此。在事諸臣，僅謀其末，我皇上實操其本。用敢直陳，伏乞俯鑒芻言，將此摺時置左右，力求端本之治，以迴隱患之萌。天下幸甚！」

先是，當臺灣事平，文祥卽偕恭親王議興海防，條上六事：曰練兵，曰簡器，曰造船，曰籌餉，曰用人，曰持久。各具條目，敕下中外大臣會議。至光緒二年，疆臣覆奏，將復下廷議。文祥已病不能出，自知且不起，乃密疏上曰：「馭外之端，爲國家第一要務。現籌自強之計，爲安危全局一大關鍵。臣衰病侵尋，心長智短，知不能永效犬馬以報主知。恐一旦塡溝壑，則平生欲言未言之隱，無以上達宸聽，下資會議，何以對陛下？此心耿耿，有非總理衙門原奏所能盡者，敢竭誠吐赤，爲我皇上敬陳之。夫敵國外患，無代無之，然未有如今日之局之奇、患之深、爲我敵者之多且狡也。果因此患而衡慮困心，自立不敗，原足作我精神，惺我心志，厲我志氣，所謂生於憂患者正在於此。至此而復因循泄沓；一聽諸數而莫爲之籌，卽偶一籌念而移時輒忘，或有名無實，大局將不堪設想，而其幾不待智者而決矣。從前夷患之熾，由於中外之情相隔，和戰之見無定，疆吏又遇事粉飾，其情形不能上達於朝廷。坐是三失，而其患遂日久日深，無所底止。泰西各國官商一氣，政教並行，各商船遠涉重洋，初至中華，處處受我侮抑，事事被我阻塞，其情鬱而不能不發者，勢也。繼而見中國官之阻之者可以通，抑之者可以伸，必不可破之格，或取勝於兵力之相迫而卒無不破，此中國之爲所輕而各國漸敢恣肆之機也。迨至立約通商已有成議，而在內無深知洋務之大臣，在外無究心撫馭之疆吏，一切奏牘之陳，類多敷衍諱飾。敵人方桀驁而稱爲恭順，洋情方怨毒而號爲懽忭，遂至激成事端，忽和忽戰；甚且彼省之和局甫成，此省之戰事又起，賠款朝給，捷書暮陳。乘遭風之船以爲勝仗，執送信之酋以爲擒渠，果至兩軍相交，仍復一敗不可收拾。於是夷情愈驕，約款愈肆，中外大臣皆視辦理洋務爲畏途，而庚申釁起，幾至無可措手。自設立總理衙門，其事始有責成，情形漸能熟悉，在事諸臣亦無敢推諉。然其事非在事諸臣之事，而國家切要之事也。旣爲國家切要之事，則凡爲大淸臣子者，無人不應一心謀畫，以維大局。況和局之本在自强，自强之要在武備，亦非總理衙門所能操其權盡其用也。使武備果有實際，則於外族要求之端，持之易力，在彼有顧忌，覦覬亦可潛消，事不盡屬總理衙門，而無事不息息相關也。乃十數年來，遇有重大之端，安危呼吸之際，事外諸臣以袖手爲得計；事甫就緒，異議復生，或轉託於成事不說；不問事之難易情形若何，一歸咎於任事之人。是從前之誤以無專責而仔肩乏人，今日之事又以有專屬而藉口有自。設在事諸臣亦同存此心，爭相諉謝，必至如唐臣杜甫詩中所謂『獨使至尊憂社稷』矣。夫能戰始能守，能守始能和，宜人人知之。今日之敵，非得其所長，斷難與抗，稍識時務者，亦詎勿知？乃至緊要關鍵，意見頓相背，往往陳義甚高，鄙洋務爲不足言，抑或苟安爲計，覺和局之深可恃。是以歷來練兵、造船、習器、天文、算學諸事，每興一議而阻之者多，卽就一事而爲之者非其實。至於無成，則不咎其阻撓之故，而責創議之人；甚至局外紛紛論說，以國家經營自立之計，而指爲敷衍洋人。所見之誤，竟至於此！今日本擾臺之役業經議結，日本尚非法、英、俄、美之比，此事本屬無名之師，已幾幾震動全局，費盡筆爭舌戰，始就範圍。若泰西強大各國環而相伺，得中國一無理之端，藉爲名義，搆兵而來，更不知如何要挾，如何挽回？言念及此，眞有食不下咽者，則自強之計尙可須臾緩哉？此總理衙門奏請飭令會議諸條，實爲緊要關繫，不可不及早切實籌辦者也。今計各疆吏遵旨籌議，指日將依限上陳，如飭下廷議，非向來會議事件可比，應由各王大臣期定數日，詳細籌商，將事之本末始終，一律貫澈，利害之輕重，條議之行止，辦法切實，折中定見，無蹈從前會議故習。如今日議之行之，而異日不能同心堅持，則不如不辦。如事雖議行，而名是實非，徒爲開銷帑需，增益各省人員差使名目，亦不如不辦。度勢揆時，料敵審己，實有萬萬不能不辦之勢，亦實有萬萬不可再誤之機。一誤卽不能復更，不辦卽不堪設想。總理衙門摺內所謂『必須上下一心，內外一心，局中局外一心，且歷久永遠一心』，卽此意也。而大本所在，尤望我皇上切念而健行之。總理衙門承辦之事，能否維持，全視實力之能否深恃。必確有可戰可守之實，庶可握不戰之勝。惟我皇上念茲在茲，則在事諸臣之苦心，自能上邀宸鑒。凡百臣工亦人人有求知此事共籌此事之心，其才識智力必有百倍於臣者。否則支持旣難，變更不免，變而復合，痛心之端，必且百倍今日，非臣之所忍言矣。」疏上，未幾卒。溫詔賜卹，稱其「清正持躬，精詳謀國，忠純亮直，誠懇公明，爲國家股肱心膂之臣」，贈太傅，予騎都尉世職，入祀賢良祠，賜銀三千兩治喪，遣貝勒載澂奠醊，諡文忠，歸葬盛京，命將軍崇實往賜祭。十五年，皇太后歸政，追念前勞，賜祭一壇。

文祥忠勤，爲中興樞臣之冠。淸操絕人，家如寒素。謀國深遠，當新疆軍事漸定，與俄國議交還伊犂，大學士左宗棠引以自任，文祥力主之，奏請專任。文祥旣歿，後乃遣侍郎崇厚赴俄國，爲所迫脅，擅允條款，朝論譁然。譴罪崇厚，易以曾紀澤往，久之乃定議，幸免大釁。法越事起，和戰屢更，以海防疏，不能大創敵，遷就結局。及興海軍，未能竭全力以成之，卒挫於日本。皆如文祥所慮，而朝局數變，日以多事矣。子熙治，以員外郎襲騎都尉世職。

寶鋆，字佩蘅，索綽絡氏，滿洲鑲白旗人，世居吉林。道光十八年進士，授禮部主事，擢中允。三遷侍讀學士。咸豐二年，粵匪竄兩湖，寶鋆疏請鄰近諸省力行堅壁清野之策。四年，命往三音諾顏部賜奠，謝絕餽贐，外藩敬之。擢內閣學士。五年，遷禮部侍郎，兼正紅旗蒙古副都統，調戶部。八年，典浙江鄉試，以廣額加中官生一名，坐違制，鐫一級留任，文宗諭「寶鋆素以果敢自命，亦同瞻徇」，特嚴斥焉。

十年，命赴天津驗收海運漕糧，復赴通州察視，迭疏請定杜弊章程，並劾監督貽誤，如所請行。任總管內務府大臣，署理戶部三庫事務，會辦京城巡防。時英法聯軍內犯，車駕幸熱河，既至，命提庫帑二十萬兩修葺行宮。寶鋆以國用方亟，持不可。上怒，欲加嚴譴，會所管三山被掠，詔切責，降五品頂戴。踰月後，以巡防勞勩，復之，兼鑲紅旗護軍統領，復兼署正紅旗漢軍都統、左翼前鋒統領。十一年，文宗崩於行在。十月，穆宗回京，命在軍機大臣上行走，並充總理各國事務大臣。

同治元年，擢戶部尚書。二年，奏劾壽莊公主府首領太監張玉蒼出言無狀，嚴旨逮訊，玉蒼治如律。三年，命大臣輪班進講治平寶鑑，寶鋆與焉。江寧克復，以翊贊功，加太子少保，賜花翎。四年，命佩帶內務府印鑰。尋以樞務事繁，請解內務府大臣職，允之。自設立總理各國事務衙門，始求通知外國語言文字，置同文館，肄習西學，廷臣每以為非。六年，都察院代奏職員楊廷熙上書請撤同文館，語涉恭親王及寶鋆等專擅挾持，於是寶鋆偕恭親王請罷直候查辦，溫詔慰留，勉以不避嫌怨，勿因浮言推諉。七年，直東捻匪肅清，加軍功二級。十一年，調吏部。穆宗大婚禮成，加太子太保。十二年，兼翰林院掌院學士，以吏部尚書協辦大學士。尋調兵部，拜體仁閣大學士，管理吏部。光緒三年，晉武英殿大學士。四年，回疆肅清，被優敍。

寶鋆自同治初年預樞務，偕文祥和衷翊贊，通達政體，知人讓善，恭親王資其襄助，至是朝列漸分門戶。文祥既歿，議論益紛，編修何金壽因旱災劾樞臣不職，請加訓責，詔斥恭親王、寶鋆等目擊時艱，毫無補救，嚴議革職，加恩改留任。五年，以題穆宗神主，加太子太傅，復以實錄告成，推恩其子景灃晉秩郎中，姪景星賜舉人。七年，庶子陳寶琛以星變陳言，專劾寶鋆，請倣漢災異策免三公故事，立予罷斥。詔曰：「寶鋆在軍機大臣上行走有年，尚無過失。陳寶琛謂其畏難巧卸，瞻徇情面，亦不能確有所指。惟既有此奏，自平時與王大臣等議事未能和衷共濟，致啓人言。該大學士受恩深重，精力尚健，自當恪矢公忠，勉圖報稱，務宜殫精竭慮，力戒因循積習，用副委任。」

十年三月，軍機大臣自恭親王以下同日斥罷，詔：「寶鋆入直最久，責備宜嚴，姑念年老，特錄前勞，全其末路，以原品休致。」十二年，皇太后懿旨加恩，改以大學士致仕，賞食半俸。寶鋆退休後，時偕恭親王居西山游覽唱和。年逾八十，恩賚猶及。十七年，卒。遺疏入，詔褒其「忠清亮直，練達老成」，贈太保，祀賢良祠，擢子景澧四品京堂，賜孫蔭桓舉人，遣貝勒載瀅奠醊，飾終之典，視在位無所減，謚文靖。子景澧，官至廣州將軍，卒，謚誠慎。孫蔭桓，光緒二十四年進士，歷官國子監司業，改乾清門頭等侍衞。

論曰：咸、同之間，內憂外患，岌岌不可終日。文慶倡言重用漢臣，俾曾國藩、胡林翼等得展經猷，以建中興之業，其功甚偉。文祥、寶鋆襄贊恭親王，和輯邦交，削平寇亂。文祥尤力任艱鉅，公而忘私，爲中外所倚賴，而朝議未一，猶不能盡其規略；晚年密陳大計，於數十年馭外得失，洞如觀火，一代興亡之龜鑑也。寶鋆明達同之，貞毅不及，遂無以鎭紛囂而持國是。如文祥者，洵社稷臣哉！

# 清史稿卷三百八十七

## 列傳一百七十四

宗室肅順　穆蔭 匡源　焦祐瀛　陳孚恩

宗室肅順，字雨亭，鄭親王烏爾恭阿第六子也。道光中，考封三等輔國將軍，授委散秩大臣、奉宸苑卿。文宗卽位，擢內閣學士，兼副都統、護軍統領、鑾儀使。以其敢任事，漸嚮用。咸豐四年，授御前侍衞，遷工部侍郎，歷禮部、戶部。

七年，擢左都御史、理藩院尚書，兼都統。時寇亂方熾，外患日深，文宗憂勤，要政多下廷議。肅順恃恩眷，其兄鄭親王端華及怡親王載垣相爲附和，擠排異己，廷臣咸側目。八年，調禮部尚書，仍管理藩院事，又調戶部。會英法聯軍犯天津，起前大學士耆英隨欽差大臣桂良、花沙納往議約。耆英不候旨回京，下獄議罪，擬絞監候，肅順獨具疏請立予正法，上雖斥其言過當，卽賜耆英自盡。大學士柏葰典順天鄉試，以縱容家人靳祥舞弊，命肅順會同刑部鞫訊，讞大辟，上念柏葰舊臣，獄情可原，欲寬之；肅順力爭，遂命斬。戶部因軍興財匱，行鈔，置寶鈔處，行大錢，置官錢總局，分領其事。又設官號，招商佐出納，號「乾」字者四，「宇」字者五。鈔幣大錢無信用，以法令强行之，官民交累，徒滋弊竇。肅順察寶鈔處所列「宇」字五號欠款與官錢總局存檔不符，奏請究治，得朦混狀，褫司員台斐音等職，與商人併論罪，籍沒者數十家。又劾官票所官吏交通，褫關防員外郎景雯等職，籍沒官吏亦數十家。大學士祁寯藻、翁心存皆因與意見不合，齮齕不安於位而去，心存且幾被重罪。肅順日益驕橫，睥睨一切，而喜延攬名流，朝士如郭嵩燾、尹耕雲及舉人王闓運、高心夔輩，皆出入其門，采取言論，密以上陳。於剿匪主用湘軍，曾國藩、胡林翼每有陳奏，多得報可，長江上游以次收復。左宗棠爲官文所劾，賴其調護免罪，且破格擢用。文宗之信任久而益專。

自八年桂良等在天津與各國議和，廷議於「遣使入京」一條堅不欲行，迄未換約。九年，乃有大沽之戰，敵却退。十年，英法聯軍又來犯，僧格林沁拒戰屢失利，復遣桂良等議和。敵軍近逼通州，乃改命怡親王載垣、尚書穆蔭往議，誘擒英官巴夏禮置之獄，而我軍屢敗之餘不能戰，車駕倉猝幸熱河，廷臣爭之不可。事多出肅順所贊畫，遂扈從。洎敵軍入京師，恭親王留京主和議，議既定，敵軍漸退。留京王大臣頜請回鑾，肅順謂敵情叵測，力阻而罷。

肅順先已授御前大臣、內務府大臣，至是以戶部尙書協辦大學士，署領侍衞內大臣，行在事一以委之。

十一年七月，上疾大漸，召肅順及御前大臣載垣、端華、景壽，軍機大臣穆蔭、匡源、杜翰、焦祐瀛入見，受顧命，上已不能御硃筆，諸臣承寫焉。穆宗卽位，肅順等以贊襄政務多專擅，御史董元醇疏請皇太后垂簾聽政。肅順等梗其議，擬旨駁斥，非兩宮意，抑不下，載垣、端華等負氣不視事。相持逾日，卒如所擬，又屢阻回鑾。恭親王至行在，乃密定計。九月，車駕還京，至卽宣示肅順、載垣、端華等不法狀，下王大臣議罪。肅順方護文宗梓宮在途，命睿親王仁壽、醇郡王奕譞往逮，遇諸密雲，夜就行館捕之，咆哮不服，械繫。下宗人府獄，見載垣、端華已先在，叱曰：「早從吾言，何至今日？」載垣咎肅順曰：「吾罪皆聽汝言成之也！」獻上，罪皆凌遲。詔謂：「擅政阻皇太后垂簾，三人同罪，而肅順擅坐御位，進內廷出入自由，擅用行宮御用器物，傳收應用物件，抗違不遵，並自請分見兩宮皇太后，詞氣抑揚，意在搆釁，其悖逆狂謬，較載垣、端華罪尤重。」賜載垣、端華自盡，斬肅順於市。

肅順攬權立威，數興大獄，輿論久不平；奏減八旗俸餉，尤府怨。就刑時，道旁觀者爭擲瓦礫，都人稱快。肅順旣伏法，詔逮所與交結之內監杜雙奎、袁添喜等置重典；其被威脅者，概免株連。耆英子慶錫呈訴其父爲肅順所陷，請昭雪，詔以耆英罪當死，肅順奏過當，文宗已斥之，特錮肅順子不得入仕以示戒。

穆蔭，字清軒，托和絡氏，滿洲正白旗人。官學生，考授內閣中書，充軍機章京，遷侍讀。咸豐元年，命以五品京堂候補，在軍機大臣上學習行走。尋除國子監祭酒，故事，非科甲不與斯職，部臣執奏，特旨仍授之。歷光祿寺卿、內閣學士，兼副都統。三年，粵匪擾河南、直隸，京師戒嚴，命偕僧格林沁、花沙納、達洪阿辦理京旗各營巡防事宜。遷禮部侍郎，署左翼總兵，尋調刑部。八年，擢理藩院尚書，兼都統，調兵部。

十年，命偕怡親王載垣赴通州，與英法聯軍議和，解桂良等欽差大臣關防授之。議不諧，命擒諸酋，獲巴夏禮送京。敵軍益逼，詔斥穆蔭等辦理不善，撤回，扈從熱河。丁父憂，予假十四日，命俟回京補行持服。

十一年，文宗崩，偕肅順等同受顧命，贊襄政務。十月，肅順、載垣、端華等伏法，穆蔭與匡源、杜翰、焦祐瀛並罷直軍機，議罪。及議上，詔曰：「穆蔭等於載垣等竊奪政柄，不能力爭，均屬辜恩溺職。穆蔭在軍機大臣上行走最久，班次在前，情節尤重。王大臣等擬請將穆蔭革職發往新疆効力贖罪，咎有應得。惟以載垣等兇燄方張，受其箝制，均有難與爭衡之勢，其不能振作，尚有可原，著即革職，加恩改發軍臺効力贖罪。匡源、杜翰、焦祐瀛皆革職，免其遺戍。」穆蔭詣戍，同治三年，論贖歸，歿於家。杜翰，附其父受田傳。

匡源，字鶴泉，山東膠州人。道光二十年進士，選庶吉士，授編修，累官吏部侍郎。咸豐八年，入直軍機，謙退無所建白。罷官後，清貧，主講濟南濼源書院以終。

焦祐瀛，字桂樵，直隸天津人。道光十九年舉人，考授內閣中書，充軍機章京。累遷光祿寺少卿。咸豐十年，命赴天津靜海諸縣治團練，召回從幸熱河，命在軍機大臣上學習行走，遷太僕寺卿。祐瀛尤諂事肅順等，諸詔旨多出其手，為時所指目，故同敗。

陳孚恩，字子鶴，江西新城人。道光五年拔貢，授吏部七品小京官，升主事，充軍機章京。累遷郎中。大學士穆彰阿領樞務，深倚之，歷太僕寺少卿、通政司副使、太僕寺卿，皆留直。遷大理寺卿、左副都御史，兼署順天府尹、工部侍郎，擢倉場侍郎。二十七年，調署兵部侍郎，在軍機大臣上行走。偕侍郎柏葰赴山東按事，劾巡撫崇恩庫款虧缺、捕務廢弛，罷之。暫署山東巡撫。授刑部侍郎，回京面陳在署任不受公費，詔嘉之，特加頭品頂帶、紫禁城騎馬，賜匾額曰「清正良臣」，皆異數。二十九年，偕侍郎福濟赴山西按巡撫王兆琛貪婪事，得實，褫兆琛職，逮京治罪。調工部，署刑部尚書，尋實授。三十年，宣宗崩，遺命罷配郊祔廟，下王大臣議。文宗召對，孚恩與怡親王載垣等爭論於上前，載垣等以失儀自劾，詔原其小節，予薄譴，而斥孚恩乖謬，降三級留任。孚恩尋以母老乞養回籍，允之。咸豐元年，命在籍幫辦團練。三年，九江陷，巡撫張芾出督師，孚恩與司道守省城，旣而賊由安徽回竄上游，命偕芾籌防。賊犯南昌，孚恩偕芾固守，江忠源援師至，力戰，相持九十餘日，賊始引去。以守城功，賜花翎。七年，母喪畢，到京未有除授。八年，御史錢桂森疏言：「孚恩才練識明，在外數年，多所閱歷，儻仍入直樞廷，或使治洋務，必能有濟。」詔斥朋比，罷桂森言職，回原衙門。久之，命孚恩以頭品頂戴署兵部侍郎，又署禮部尚書，授兵部尚書。會鞫順天鄉試關節獄，牽涉其子景彥，自請嚴議，並迴避，得旨，褫景彥職，除涉景彥者仍責會訊，僅議失察降一級，准抵銷。尋兼署刑部、戶部尚書，調授吏部尚書。

初，孚恩以議禮忤載垣、端華、肅順等，及再起，乃暱附諸人冀固位。肅順等旣敗，少詹事許彭壽疏請治黨援，論形迹最著莫如孚恩，最密莫如侍郎劉崑、黃宗漢，平日所薦舉者，則有侍郎成琦、太僕寺少卿德克津太、候補京堂富績等，於是諸臣盡黜。詔謂：「孚恩當大行皇帝行幸熱河，命諸臣議可否，孚恩有『竊負而逃，遵海濱而處』之語，意在迎合載垣等。大行皇帝上賓，留京諸大臣中獨召孚恩一人赴行在，足證爲載垣等心腹。革職，永不敍用。」時廷臣議郊壇配位，孚恩言：「前議宣宗配位時，大行皇帝有定爲三祖六宗之諭，出於大學士杜受田所擬，非大行皇帝意。」王大臣等用其言，仍請文宗配祀。許彭壽復引據文宗御製詩有「以後無須變更」之句，請下廷臣再議，議不配祀。詔斥孚恩謬妄，又以籍肅順家得孚恩私書，有暗昧不明語，乃逮孚恩下獄，籍其家，追繳宣宗賜額，遣戍新疆。

居數年，伊犁被兵，將軍常清等奏孚恩籌餉治軍有勞，命免戍，留助理兵餉。同治五年，伊犁陷，孚恩及妾黃、子景和、媳徐、孫小連同殉難。事聞，但卹其家屬，孚恩不與焉。

論曰：文宗厭廷臣習於因循，乏匡濟之略，而肅順以宗潢疏屬，特見倚用，治事嚴刻。其尤負謗者，殺耆英、柏葰及戶部諸獄，以執法論，諸人罪固應得，第持之者不免有私嫌於其間耳。其贊畫軍事，所見實出在廷諸臣上，削平寇亂，於此肇基，功不可沒也。自庚申議和後，恭親王爲中外所繫望，肅順等不圖和衷共濟，而數阻返蹕。文宗既崩，冀怙權位於一時，以此罹罪。赫赫爰書，其能逭乎？穆蔭諸人或以愿謹取容，或以附和希進，終皆不免於斥逐。如陳孚恩者，鄙夫患失，反覆靡常，淪絕域而不返，宜哉。

# 清史稿卷三百八十八

## 列傳一百七十五

桂良　瑞麟 子懷塔布　官文　文煜

桂良，字燕山，瓜爾佳氏，滿洲正紅旗人，閩浙總督玉德子。入貲爲禮部主事，晉員外郎。出爲四川順慶知府，調成都。歷建昌道，河南按察使，四川、廣東、江西布政使。道光十四年，擢河南巡撫。嘉慶中，林清、李文成等以八卦教倡亂，旣誅，而汲縣潞州屯墳塔猶祀其神曰「無生老母」，習教者猶衆。御史黃爵滋以爲言，命桂良察治，毀其墳廟，廉得河南境內無生廟三十九所，並毀之；地方官失察，譴黜有差。十九年，擢湖廣總督，調閩浙，又調雲貴。二十年，兼署雲南巡撫。滇省多盜，奏定緝捕章程；又請迤南、迤西、迤東各標營官兵責成巡道就近稽察。時貴州諸苗蠢動，鎭遠、黎平、都勻、古州苗尤悍，州縣不能制，疏請遴勁兵專主勦捕。二十五年，入覲，留京，署兵部尙書，兼正白旗漢軍都統。尋出爲熱河都統。二十八年，召來京，以其女妻皇六子奕訢，授鑲紅旗漢軍都統。

咸豐元年，署吏部尚書，出爲福州將軍。二年，召授兵部尚書。三年，粵匪陷江寧，京師戒嚴。桂良疏請各城門稽查增派八旗章京兵丁，補葺城上兵房，從之。未幾，粵匪竄河北，直隸總督訥爾經額出省防剿，命桂良駐保定爲後路聲援，兼防西路要隘。望都、唐縣土匪起，捕誅之。是年秋，賊由山西犯畿南，訥爾經額師潰於臨洺關，隆平、柏鄉相繼陷。訥爾經額褫職逮治，授桂良直隸總督，詔責偕都統勝保速籌防剿。布政使張集馨出兵遷延，劾罷之。賊竄正定、定州、深州、河間、天津，勢剽甚，於是桂良率提督張殿元守保定，科爾沁郡王僧格林沁統大兵駐通州衞京師，勝保督師進剿。四年，大捷於獨流鎮，賊走踞阜城，又走連鎮，僧格林沁、勝保會攻，賊分竄山東，勝保追擊之。桂良遣張殿元赴武邑防堵，劾散秩大臣穆輅、健銳營翼長雙僖縱兵傷官擾民，議譴。

秋，英吉利、美利堅兩國兵船至大沽。時賊氛未靖，詔戒張皇，命桂良相機辦理。尋以前任鹽政崇綸歸調遣，令赴天津會議。英酋咆哈要索十六條，欲遣官駐京及踐廣州入城之約，中外官平禮接見，通商稅則變通舊約；美酋麥蓮則僅言通商一端。崇綸等嚴拒其駐京，餘事令赴廣東聽總督查辦。屢議無要領，咆哈等尋去。五年，僧格林沁連大破賊，賊首林鳳祥、李開芳先後就擒伏誅，畿輔肅清。七年，召拜東閣大學士，管理刑部，兼正藍旗蒙古都統。

八年春，英、法、俄、美四國聯軍北犯，燬大沽礮臺，泊天津城下，聲言將犯京師。倉猝援軍未集，命桂良偕尚書花沙納往議。敵情猖肆，要求益多：以遣官駐京、內江通商、內地游行、兵費賠償後，始交還廣東省城。四事廷議不允。復起故大學士耆英同與議，英人尤不悅，拒之，耆英以擅回京獲罪。桂良等議久不決，廷臣多主戰，實不足恃，而敵日以進兵爲恐嚇。俄、美兩國調停其間，卒徇所請定議，而通商稅則俟於上海詳定之。

五月，簽約退兵，遂命桂良偕花沙納赴上海，武備院卿明善、刑部員外郎段承實副之，會同兩江總督何桂清議稅則。文宗憤和約之成出於不得已，或獻策許全免入口稅以市惠，冀改易駐京諸條，密授桂良等機宜。八月，至上海，晉文華殿大學士，授內大臣。桂清力言免稅之不可，改約之難成，桂良亦贊其議，上甚怒，必責其補救一二端，而各國因廣東民團仍與爲難，且出示僞載諭旨，堅欲罷兩廣總督黃宗漢，停撤民團。桂良等疏聞，乃解宗漢通商大臣，改授桂清。桂良等噤不敢言罷駐京諸事，先議稅則。

十二月，英使額羅金遽率兵船赴廣東，遂罷議。九年，回京，僅美利堅一國遵換通商之約，英軍復犯大沽，僧格林沁預設備，兵至，擊退之。十年，英法聯軍大舉來犯，我師失利。七月，復命桂良赴天津議和，要增兵費，入京換約，嚴詔拒絕。敵陷天津，進逼京師，上幸熱河，恭親王奕訢留守主撫議，桂良與焉。九月，於禮部換約，視八年原議益增條款，事具邦交志。尋命督辦各國通商事務。十一年，穆宗卽位，回京，命在軍機大臣上行走。同治元年，卒，優卹，贈太傅，祀賢良祠，謚文端。

瑞麟，字澄泉，葉赫那喇氏，滿洲正藍旗人。由文生充太常寺讀祝官，補贊禮郎。道光二十七年，祫祭太廟，讀祝洪亮，宣宗嘉之，賜五品頂戴、花翎。二十八年，超擢太常寺少卿，又擢內閣學士，兼管太常寺。三十年，擢禮部侍郎。咸豐元年，兼鑲藍旗滿洲副都統、正黃旗護軍統領。三年，調戶部，命在軍機大臣上行走。時粵匪竄畿輔，踞靜海縣及獨流鎭，命瑞麟率兵從僧格林沁防勦，會攻獨流，克之。靜海賊竄陷阜城，又分竄連鎭及山東高唐州，瑞麟合擊，屢有擒斬。五年，克連鎭，賊首林鳳祥就擒，加都統銜，賜號巴達琅阿巴圖魯，授西安將軍。未幾，擢禮部尚書，兼鑲白旗蒙古都統。

八年，英兵犯天津，命馳赴楊村籌防。洎撫議定，敵退。文宗知和不可恃，亟治海防，命瑞麟赴天津修築大沽礮臺。尋署直隸總督，增建雙港礮臺，調福建霆船戰船，增募水師。僧格林沁移師天津，分駐要隘。瑞麟回京，調戶部尚書，拜文淵閣大學士，兼管禮部鴻臚寺、太常寺。九年，管理戶部。十年，充殿試讀卷官，授內大臣。六月，英法聯軍復犯天津，命率京兵萬人守通州。僧格林沁屢戰失利，敵軍進通州，瑞麟偕勝保禦之八里橋，左右夾擊，勝保傷礮墜馬，軍潰，敵遂逼京師。瑞麟迎戰安定門外，敗績，褫職。車駕幸熱河，命扈從行在。是年冬，和議成，予侍郎銜，隨僧格林沁剿山東捻匪。攻鉅野羊山集賊巢，失利，馬蹶被傷，退軍濟寧，復褫職，召回京。十一年，授鑲黃旗漢軍都統，管神機營事。

同治元年，出爲熱河都統，疏請招佃圍邊荒地八千頃充練餉，允之。二年，調廣州將軍。四年，兼署兩廣總督。信宜、化州土匪起，遣兵平之。粵匪汪海洋由福建竄廣東大埔，遣副將方耀擊走之。入閩會剿，復詔安、平和。賊復竄廣東境，連敗之於長樂、鎭平。時賊蹤往來於福建、廣東、江西界上，瑞麟偕左宗棠疏請三省會剿。詔提督鮑超由江西來援，四面環攻。十二月，殲僞偕王譚體元於黃沙壩，擒首逆汪海洋，誅之，餘賊肅淸。捷聞，優詔嘉奬。

五年，實授兩廣總督。廣東素多盜，伏莽時起。時巡撫蔣益澧號知兵，瑞麟部將方耀、鄭紹忠皆能戰，先後破斬五坑客匪，曹沖、赤溪及新安、東莞諸匪，潮州、瓊州洋盜、土匪。九年，兼署巡撫。十年，復拜文淵閣大學士，仍留總督任。十三年，卒，詔嘉前勞，贈太保，祀賢良祠，謚文莊。

子懷塔布，由廕生授刑部主事，晉員外郎。以父卹典擢四品京堂，累遷禮部尙書，充內務府大臣。光緒二十四年，主事王照上書言事，久之始代奏，坐違旨抑格，褫職。未幾，皇太后訓政，起授左都御史，復充內務府大臣，遷理藩院尚書。二十六年，卒，贈太子少保，謚恪勤。

官文，字秀峰，王佳氏，滿洲正白旗人，先隸內務府正白旗漢軍。由拜唐阿補藍翎侍衞，累擢頭等侍衞。道光二十一年，出爲廣州漢軍副都統，調荊州右翼副都統。粵匪旣陷漢陽，將犯荊州。咸豐三年，將軍台湧駐防德安，命官文專統荊州防兵。四年，擢荊州將軍。賊陷安陸、荊門、宜昌。時荊州兵多調赴武昌，分屯要隘，城中兵僅二千。監利又陷，官文遣軍復之；連復宜昌、石首、華容，於是荊州稍安，而武昌被圍急，官文遣將沿漢下援。

六月，武昌復失守，命官文統籌全局，規復武漢。因疏言：「賊情詭譎，軍情隨時變幻。武漢之賊一日不盡，荊州不得安枕。賊踞漢陽，倚江爲險，絕我糧道，阻我援軍。今欲復武昌，必先攻漢陽，奪賊所恃之險，而後武昌可圖也。總兵雙保自潛江進剿，兵力過單。臣已令羅遵殿以戰船百艘自仙桃鎭、蔡店逕趨漢陽，與撫臣楊霈分道夾攻；又檄總兵福炘往助雙保，知縣吳振鏞進復沔陽以通餉道。惟賊踞岳州，南北援軍均受牽制，尤應先剿岳州之賊。曾國藩方統礮船駐湘陰，塔齊布之師已入岳州境，臣已促其速進，分兵阻江路。

復派同知銜李光榮等率川勇防調絃口，張子銘防監利尺八口，都司宗維清沿江接應。荊州僅賸旗兵分守要隘，隨時接應，庶幾可進可退，不致有顧此失彼之虞。」疏入，報聞。尋曾國藩克岳州，賊艘悉出大江，官文遣涼州副都統魁玉、總兵楊昌泗赴螺山防江，殲賊甚多。八月，武昌、漢陽相繼復，論功被優敍。

五年，總督楊霈師潰德安，漢陽、漢口復陷，德安、隨州繼之，詔褫霈職，授官文湖廣總督。師次安陸，疏言：「賊自隨州退踞德安，兇鋒疊挫。惟天門、京山道路四通，儻竄襄河，勾連仙桃鎮以下股匪，不獨荊襄在在堪虞，上游各處均可北竄。現遣兵一由天門、皁市進剿，一往京山防守，臣駐安陸爲兩路應援，咨固原提督孔廣順伺隙進取，署提臣訥欽爲後應。」俟欽差大臣西淩阿入楚，即統兵從襄河兩岸水陸並進，由漢川攻漢陽。」秋，西淩阿戰德安失利，乃命官文代爲欽差大臣，馳援德安。賊棄城走，躡追之，直擣漢陽。十二月，督兵薄西門橋，迭敗賊於龜山、尾湖隄、五顯廟，破賊卡，燬東西土城。六年，賊造浮橋從西門分隊來犯，擊却之。分兵河口斷其糧道，令副都統都興阿攻圍風焚積聚，賊勢漸蹙。秋，破漢陽城外賊營，連戰皆捷。巡撫胡林翼規復武昌。十一月，約同日水陸大舉，分攻武、漢，官文督軍分路進，水師擊漢陽東門，破五顯廟賊卡，李孟羣又敗龜山援賊，王國才、楊昌泗由西門攻入，遂復漢陽，俘僞將軍等五百餘人。林翼亦復武昌，詔嘉獎，賜花翎。

七年，偕林翼疏言：「湖北爲長江上游要害，武漢尤九省通衢，自來東南有事必爭之地。三次失陷，力攻兩載而後克之。目前相機防剿，不令賊乘間上竄，蹈從前覆轍。業派李續賓由南岸，都興阿、孔廣順、王國才由北岸，楊載福率水師由江路分道進剿。現北岸黃州至黃梅，南岸武昌至興國，均已肅清，崇、通一帶搜捕殆盡；李續賓抵九江，與曾國藩會合進攻；楊載福燬城外賊營；惟小池口賊壘未拔，派鮑超助攻。安徽之英山、太湖、宿松、望江接壤湖北，皆爲賊藪，有窺伺上犯之心。飭王國才駐黃梅之大河鋪、界嶺巖，孔廣順駐蘄水之孔隴驛，巴揚阿率馬隊爲各路應援，以固楚北門戶。道士洑水闊溜急，田家鎮兩山對峙，水師皆難久駐，酌留各營游巡江面，足備鎮馭。通籌大局，我軍已據水陸上游，實蓄破竹建瓴之勢。所慮江西七府未平，武昌尚有肘腋之患。賊若由通城、崇陽、興國竄逼武昌，反出江西各軍之上，自當固守武昌，以爲後路根本。相機籌畫，節節進取，仍步步嚴防，庶軍情無返顧掣肘之虞，轉餉有源源不竭之利。」疏入，報聞。

初，官文由荊州將軍調總督，凡上游荊、宜、襄、鄖諸郡兵事餉事悉主之。林翼以巡撫駐金口，凡下游武、漢、黃、德諸郡兵事餉事悉主之。南北軍各領分地，徵兵調餉，每有違言。武昌既復，林翼威望日起，官文自知不及，思假以爲重，林翼益推誠相結納，於是吏治、財政、軍事悉聽林翼主持，官文畫諾而已。不數年，足食足兵，東南大局，隱然以湖北爲之樞。

八年四月，復九江，論功，加太子少保。皖賊陷麻城、黃安，圍蘄州，先後破走之。七月，胡林翼丁母憂，官文疏請留林翼治軍，改爲署理，從之。命官文暫行兼署巡撫，尋以湖廣總督協辦大學士。李續賓戰歿三河，皖、鄂震動。官文分兵扼蘄州、廣濟、麻城諸隘，固守九江、彭澤，水師嚴防江面，人心始定。九年，賊竄湖南，圍寶慶，檄荆宜施道李續宜赴援，大破之，寶慶圍解。十二月，復太湖，被優敍。十一年，拜文淵閣大學士，仍留總督任。時大軍圍安慶急，陳玉成、李秀成先後分兵犯湖北境，冀掣動局勢，遣將迭破之，所陷諸郡縣皆復。八月，克安慶，加太子太保。是年，胡林翼病歿，嚴樹森代之。

降捻苗沛霖踞安徽壽州，詔疆臣議剿撫之策。官文疏陳沛霖包藏禍心，罪大惡極，請伸天討。同治元年，遣副將周鳳山等剿捻於河南信陽、羅山，敗之；又破黃梅捻巢，收復十餘寨。晉文華殿大學士。髮、捻合擾楚、豫之交，勢甚熾。荆州將軍多隆阿方督師赴陝西，官文以楚兵不敷分布，奏調回援。九月，多隆阿至，屢戰皆捷，襄河以北賊皆遠遁。三年，劾巡撫嚴樹森把持剛愎，黜之。六月，克復江寧，曾國藩奏捷，推官文列名疏首。詔嘉官文徵兵籌餉，推賢讓能，接濟東征，不分畛域，錫封一等伯爵，號果威，世襲罔替，升入正白旗滿洲，賜雙眼花翎。蓋褒其能與胡林翼和衷卒成大功也。

四年，僧格林沁剿捻戰歿於山東，詔追論前年髮、捻擾湖北，官文不能就地殲除，僅驅出境，以致蔓延益熾，下嚴議，降三級調用，改革職留任，褫宮銜、花翎。五年，偕曾國藩奏設長江水師，如議行。湖北巡撫曾國荃劾官文貪庸驕蹇，命尚書緜森、侍郎譚廷襄往按，坐動用捐款，議革職，詔念前勞，原其尚非貪汚欺罔，優與保全，解總督，仍留大學士、伯爵，罰伯俸十年。召還京，管理刑部，兼正白旗蒙古都統。尋出署直隸總督。

七年，捻匪張總愚由西路竄擾畿輔，下嚴議。尋李鴻章、左宗棠等入援，七月，捻匪平，復宮銜、花翎。八年，回京，管理戶部三庫，授內大臣。十年，卒，優詔賜卹，贈太保，賜金治喪，遣惠郡王奕醰，祀賢良祠，謚文恭。尋以疆臣請合祀湖北胡林翼專祠。

當官文之在湖北，事事聽林翼所爲，惟馭下不嚴，用財不節，林翼憂之。閻敬銘方佐治餉，一日林翼與言，恐誤疆事。敬銘曰：「公誤矣！本朝不輕以漢大臣專兵柄。今滿、漢並用，而聲績炳著者多屬漢人，此聖明大公刬除畛域之效。然湖北居天下要衝，朝廷寧肯不以親信大臣臨之？夫督撫相劾，無論未必勝，卽勝，能保後來者必賢耶？且繼者或厲清操，勤庶務，而不明遠略，未必不顓己自是，豈甘事事讓人？官文心無成見，兼隸旗籍，每有大事，正可借其言以伸所請。其失僅在私費奢豪，誠於事有濟，歲糜十萬金供之，未爲失計。至一二私人，可容，容之；不可，則以事劾去之。彼意氣素平，必無忤也。」林翼大悟。及林翼歿，督撫不相能，官文劾嚴樹森去之；而曾國荃又劾官文去之。官文晚節建樹不能如曩時，然林翼非官文之虛己推誠，亦無以成大功，世故兩賢之。

孫興恩，襲伯爵。

文煜，字星巖，費莫氏，滿洲正藍旗人。由官學生授太常寺庫使，累遷刑部郎中。出爲直隸霸昌道、四川按察使。咸豐三年，遷江寧布政使。時江寧已陷賊，文煜從琦善江北大營。四年，琦善歿於揚州，所部練勇及江北糧臺事宜，命文煜接辦。五年春，粵匪由瓜洲東竄沙頭港，文煜遣勇擊之，賊由對岸紮簰爭渡，偕水師以大礮合擊，賊退瓜洲。文煜以沙頭港爲裏下河門戶，賊所必爭，築土城礮臺，疏請添募練勇守禦，從之。既而賊踞揚州，窺裏下河，文煜擊之於萬安橋，大有斬獲，賊勢乃挫。七年，調江蘇布政使，治江南大營糧臺。以支給撙節，爲軍中所不便，提督和春劾其拘泥，命來京候另簡用。尋授直隸布政使。

九年，英兵犯大沽，爲僧格林沁擊退。戰後將議撫，命文煜從總督恆福赴北塘相機辦理。尋擢山東巡撫。捻匪圍曹縣，分黨擾安陵，檄曹州鎮總兵郝上庠合師內外夾擊，解曹州圍，安陵賊亦退。十年，捻匪又竄單縣，分擾嶧縣得勝牐，遣將擊走之。英法聯軍踞烟臺，文煜遣兵扼利津，自駐濰縣韓亭以防陸路北犯。尋敵船北駛犯北塘，文煜分軍入衞，駐通州，自率衆赴濟寧剿捻匪。

十一年，署直隸總督，尋實授。時和議既成，穆宗回鑾，畿輔馬賊四起，久未淨絕，屢詔責文煜搜捕。同治元年，坐山東降賊張錫珠等擾畿南督勦不力，褫職，戍軍臺。二年，僧格林沁奏調赴營差遣，尋授鑲黃旗蒙古副都統。三年，命赴甘肅慶陽督辦糧臺，以病請解職回旗。七年，起授正藍旗漢軍都統，尋出爲福州將軍。十年，兼署閩浙總督。十三年，日本兵船窺伺臺灣，偕總督李鶴年、船政大臣疏陳防務。光緒三年，入覲，留京授內大臣、鑲白旗漢軍都統、左都御史，擢刑部尚書。七年，協辦大學士。九年，充總管內務府大臣。十年，拜武英殿大學士，以病乞罷。尋卒，贈太子少保，謚文達。兩江總督曾國荃等奏文煜咸豐中孤軍捍賊，保全裏下河，請於揚州建專祠，允之。子志顏，理藩院侍郎。

論曰：桂良以帝室葭莩，與聞軍國，數膺議和之使，無所折衝。瑞麟從僧格林沁勦賊防夷，曾著勞勩。文煜亦處兵間，無功可錄。官文雖無過人之才，推賢讓能，奠安江漢，與曾國藩、胡林翼和衷規畫，竟完戡定之功。茅土同膺，旂常並煥，豈諸人所可並語哉？

# 清史稿卷三百八十九

## 列傳一百七十六

柏葰　麟魁　瑞常　全慶

柏葰，原名松葰，字靜濤，巴魯特氏，蒙古正藍旗人。道光六年進士，選庶吉士，授編修。累遷內閣學士，兼正紅旗漢軍副都統。十八年，出爲盛京工部侍郎，調刑部，兼管奉天府尹。二十年，召授刑部侍郎，調吏部，又調戶部。二十三年，充諭祭朝鮮正使，例有餽贐，奏卻之。二十五年，充總管內務府大臣。二十六年，典江南鄉試。疏言：「徵漕大戶短欠，取償小戶，劣紳挾制官吏，大戶包攬小戶，畸輕畸重，旗丁需索，加增津貼諸弊，請嚴禁。」如議行。尋偕倉場侍郎陳孚恩盤查山東藩庫，劾布政使王篤濫用幕友及地方官縱盜，巡撫崇恩以下議譴有差。二十八年，擢左都御史。三十年，遷兵部尚書，授內大臣。尋調吏部，管理三庫，兼翰林院掌院學士。咸豐三年，命偕侍郎善燾赴盛京按協領塔芬布輕聽謠言，調兵護宅，幾至激變，得實，論遣戍。將軍奕興坐袒護，革任。尋以前在鑲白旗蒙古都統任揀選承襲有誤，罷內務府大臣，降授左副都御史。未幾，出爲馬蘭鎭總兵。五年，擢熱河都統，搜捕山匪。疏言：「熱河將惰兵疲，州縣不諳吏治。行使大錢，民皆罷市。礦匪占踞山場，委員侵蝕商款。」詔嚴切查辦。召授戶部尙書，兼正黃旗漢軍都統。六年，命在軍機大臣上行走，兼翰林院掌院學士。尋以戶部尙書協辦大學士。八年，典順天鄉試，拜文淵閣大學士。

柏葰素持正，自登樞府，與載垣、端華、肅順等不協。會御史孟傳金疏劾本科士論未孚，命覆勘試卷，應議者五十卷，文宗震怒，褫柏葰等職，命載垣等會鞫，得柏葰聽信家人靳祥言，取中羅鴻繹情事，靳祥斃於獄。九年，讞上，上猶有矜全之意，爲肅順等所持。乃召見王大臣等諭曰：「科場爲掄才大典，交通舞弊，定例綦嚴。自來典試諸臣，從無敢以身試法者。不意柏葰以一品大員，辜恩藐法，至於如是！柏葰身任大臣，且係科甲進士出身，豈不知科場定例？竟以家人干請，輒卽撤換試卷。若使靳祥尙在，加以夾訊，何難盡情吐露？既有成憲可循，卽不爲已甚，就所供各節，情雖可原，法難寬宥，言念及此，不禁垂淚！」柏葰遂伏法。

十一年，穆宗卽位，肅順等既敗，御史任兆堅疏請昭雪，下禮、刑兩部詳議，議上，詔曰：「柏葰聽受囑託，罪無可辭。惟載垣、端華、肅順等因律無僅關囑託明文，比賄買關節之例，擬以斬決。由載垣等平日與柏葰挾有私讐，欲因擅作威福，竟以牽連蒙混之詞，致羅重辟。皇考聖諭有『不禁垂淚』之語，仰見不爲已甚之心。今兩宮皇太后政令維新，事事務從寬大平允。柏葰不能謂無罪，該御史措詞失當。念柏葰受恩兩朝，內廷行走多年，平日勤愼，雖已置重典，當推皇考法外之仁。」於是錄其子候選員外郎鍾濂賜四品卿銜，以六部郎中遇缺卽選。鍾濂後官盛京兵部侍郎。

麟魁，字梅谷，索綽羅氏，滿洲鑲白旗人。道光六年二甲一名進士，選庶吉士，散館改刑部主事，遷中允。歷庶子、侍講學士、詹事、通政使、左副都御史。十七年，出爲盛京刑部侍郎。十八年，召授刑部侍郎，兼鑲紅旗漢軍副都統。二十年，署倉場侍郎。命偕侍郎吳其濬赴湖北按事，劾總督周天爵酷刑，罷之，其濬留署總督。麟魁復往江西鞫鬧漕京控之獄，及江蘇邳州知州賈輝山被劾濫用非刑等事，並治如律。調戶部，又調吏部，充總管內務府大臣。二十二年，出署山東巡撫。英兵犯江南，疏陳登州突出黃、渤，三面環海，敵兵船礮堅利，計難與爭，請移兵扼陸路險要。尋偕侍郎王植赴湖南鞫獄，並勘湖南、江蘇、山東水災，奏請蠲緩，如所請行。二十三年，擢禮部尚書，管理太常寺、鴻臚寺。河決中牟，命偕尚書廖鴻荃往督工，東西兩壩成而屢蟄，褫職，予七品頂戴，仍留工，以料缺水增請緩，復褫頂戴。召還，予三等侍衞，充葉爾羌參贊大臣，調烏里雅蘇臺參贊大臣。

二十七年，召授禮部侍郎，調刑部。二十八年，復授禮部尚書，兼翰林院掌院學士。以前在山東收受陋規，降三級調用，予副都統銜，充烏什辦事大臣。咸豐元年，疏陳時事，略曰：「廣西逆匪，勞師糜餉。其始不過星星之火，當時牧令苟安畏事，諱盜不言；久之蔕固蔓延，養成巨患。請飭封疆大吏嚴查地方，如有教匪、土匪聚衆以及搶劫，隨時查拏，視緝捕之勤惰以爲勸懲。近開捐例，實朝廷萬不得已之舉，各省清查，屢經申令。宜飭部臣按時詳覈徵解多寡，實行賞罰章程，俾生愧奮。否則名託清查，事仍敷衍，國儲不裕，官紀益荒，甚非朝廷澄清吏治之意。」奏入，下所司議行。授察哈爾副都統，召爲戶部侍郎。

二年，命在軍機大臣上行走，擢工部尚書。三年，調禮部，充總管內務府大臣，罷直軍機，調刑部。八年，復調禮部，補內大臣。十年，因謝恩摺失檢，降授刑部侍郎。是年秋，車駕幸熱河，命署右翼總兵，充巡防大臣。英法兵入京師，麟魁部勒僚屬，戒都人守望相助，令家人閉戶厝薪，曰：「事急卽燔！」自宿於巡防廨中，相持數月。和議成，赴行在，籲請回鑾，爲載垣、端華、肅順等所阻。十一年，遷左都御史，兼正白旗蒙古都統，尋授兵部尚書。同治元年，協辦大學士。時方奉命偕尚書沈兆霖赴甘肅按事，至蘭州，數日遽卒，詔依大學士例賜卹，賜其子恩壽舉人，謚文端。恩壽，同治十三年進士，官至陝西巡撫。

瑞常，字芝生，石爾德特氏，蒙古鑲紅旗人，杭州駐防。道光十二年進士，選庶吉士，授編修。大考二等，六遷至少詹事。二十四年，連擢光祿寺卿、內閣學士。二十五年，遷兵部侍郎，兼鑲紅旗漢軍副都統。二十九年，充册封朝鮮正使。調吏部，歷兼左、右翼總兵。咸豐元年，典江南鄉試，就勘徐州豐北河決，疏陳災情、賑務、漕務，請飭地方官嚴防匪徒蠢擾，報聞。定郡王載銓管步軍統領，越次題升主事，瑞常力爭不得。尋解左翼總兵職。七年，擢左都御史。八年，遷理藩院尚書，兼正藍旗漢軍都統，署步軍統領，調刑部尚書。十年，寶源局監督張仁政因侵蝕畏罪自盡，命瑞常偕尚書沈兆霖按之，得前任監督奎麟、瑞琇贓私狀，並論大辟，追贓後遣戍。文宗幸熱河，留京辦事，督防巡防。十一年，調工部，又調戶部。

同治元年，以吏部尚書協辦大學士。皇太后命南書房、上書房翰林纂輯史事以昭法戒，書成，賜名治平寶鑑，遴擇大臣輪班進講，瑞常與焉。四年，充總管內務府大臣。時陝西巡撫劉蓉騤起膺疆寄，為編修蔡壽祺所劾，蓉自陳辯，疏中引及胡林翼密薦之詞，又倚任布政使林壽圖，為人所忌。言官遂劾壽圖湎酒廢事，舉劾不公，並訐蓉漏洩之罪，於是命瑞常偕尚書羅惇衍往按之，疏白其無罪，惟坐壽圖演戲及蓉陳奏失當，並予薄譴。定陵奉安禮成，題神主，加太子少保。歷工部、刑部尚書，兼翰林院掌院學士，管理戶部三庫。六年，赴天津驗收漕糧，復命盤查北新倉，得虧米六萬餘石狀，論所司罪如律。十年，拜文淵閣大學士，管理刑部。

瑞常歷事三朝，端謹無過，累司文柄，時稱耆碩。十一年，卒，贈太保，祀賢良祠，謚文端。子文暉，官至盛京禮部侍郎。

全慶，字小汀，葉赫納喇氏，滿洲正白旗人，尚書那淸安子。道光九年進士，選庶吉士，授編修，累遷侍講。大考二等，擢侍讀學士。歷少詹事、詹事、大理寺卿。以誤班鐫級。二十一年，予頭等侍衞，充古城領隊大臣，調喀喇沙爾辦事大臣。召還，未行，會回疆興墾，伊犂將軍布彥泰疏留全慶偕林則徐往勘。二十五年，至葉爾羌，疏言：「和爾罕地膏腴，哈拉木札什水渠可資灌漑。又巴爾楚克爲回疆扼要之地，道光十二年已奏開墾屯田，未種者尚多，應先儘安插民戶，俾成重鎭。」詔如所請行。先是，全慶疏陳喀喇沙爾環城荒地，及庫爾勒、北山根，可墾田萬餘畝，命辦事大臣常淸籌辦。至是復偕則徐詳勘，疏言：「庫爾勒應於此大渠南岸接開中渠，引入新墾之地，分開支渠二。其北山根展寬開都河龍口，別開大渠，與舊渠並行；再分支渠四，別開退水渠一。」又疏言：「伊拉里克在吐魯番托克遜軍臺西，地平土潤，土人謂之『板土戈壁』。其西爲『沙石戈壁』，有大小阿拉渾兩水，匯爲一河。此次引水自西而東，鑿成大渠，復多開支渠以資灌溉。伊拉里克西南沿山爲蒙古出入之路，墾地在滿卡南附近，東西兩面，以『人壽年豐』四字分號，各設正副戶長一，鄉約四，擇誠實農民充之，承領耕種。又吐魯番爲南北樞紐，應安置內地民戶，戶領地五十畝，農田以水利爲首務。此次開渠，自龍口至黑山頭，地勢高低，碎石夾沙，渠身易淤，酌定經久修治章程。」並如所請行。自是回疆南路凡墾田六十餘萬畝。

回京，擢內閣學士，兼正紅旗漢軍副都統。歷刑部、吏部、戶部、倉場侍郎。咸豐四年，擢工部尚書，兼正紅旗漢軍都統。七年，調兵部。九年，命赴天津驗收漕糧。時英兵犯大沽，僧格林沁擊却之。全慶疏陳兵事，略謂：「敵軍戰敗之後，不進不退，心實叵測。竊恐別有舉動，未必從此就撫而去。我之精銳，盡萃大沽，旁無應援，後無擁護。雙港之旅，已調前敵；津門之備，但資土練；北塘一帶，又頗空虛。應請速簡重臣，發勁旅，嚴近畿海口之備，爲僧格林沁之援，令廣東義勇擣香港以牽其援兵，登州水師合旅順以截其歸路，然後國威可振，撫局可成。」疏入，被嘉納。調吏部尚書。

十年，授內大臣，兼翰林院掌院學士。十一年，充總管內務府大臣。同治元年，追論大學士柏葰科場之獄原讞未允，全慶坐附和定讞，鐫四級，降授大理寺卿。歷內閣學士、工部侍郎、左都御史。五年，授禮部尚書，調刑部。十一年，協辦大學士，兼翰林院掌院學士。十二年，典順天鄉試，以中式舉人徐景春試卷疵謬，鐫二級去職。

全慶敭歷清要，累掌文衡，更閱四朝，雖屢黜，尋卽錄用。光緒元年，授內閣學士。復歷禮部侍郎、左都御史、刑部尚書、協辦大學士。五年，鄉舉重逢，加太子少保。六年，拜體仁閣大學士。七年，致仕，食全俸。八年，卒，晉贈太子太保，祀賢良祠，謚文恪。

論曰：自道光以來，科場請託，習爲故常，寒門才士，爲之抑遏。柏葰立朝正直，且所不免，其罹大辟也，出於肅順等之搆陷。然自此司文衡者懍懍畏法，科場淸肅，歷三十年，至光緒中始漸弛，弊竇復滋，終未至如前此之甚者，實文宗用重典之效，足以挽回風氣也。麟魁、瑞常、全慶皆起家文學，洊陟綸扉，其建白猶有可紀焉。

# 清史稿卷三百九十

## 列傳一百七十七

賈楨　周祖培　朱鳳標　單懋謙

賈楨，字筠堂，山東黃縣人。父允升，乾隆六十年進士，由檢討歷官兵部侍郎。楨，道光六年一甲二名進士，授編修。十三年，大考一等，擢侍講。十六年，入直上書房，授皇六子讀。累擢侍講學士。十九年，大考翰詹，命免試。歷少詹事、內閣學士。二十一年，遷工部侍郎，調戶部。二十七年，連擢左都御史、禮部尚書，調吏部。咸豐二年，協辦大學士。三年，疏請山東籌辦團練，從之。題孝和睿皇后神主禮成，加太子太保。充上書房總師傅，兼管順天府尹。四年，兼翰林院掌院學士。順天府書吏范鶴等與戶部井田科銀庫書吏交結營私，以鈔票抵庫銀。楨察舉其弊，讞定，譴失察諸官有差。楨以發覺察議，拜體仁閣大學士，管理戶部。五年，兼管工部，晉武英殿大學士。

六年，丁母憂，命暫開缺，給假六月回籍治喪，假滿來京。楨疏言：「臣兄弟五人，諸昆疊故，臣幸僅存。今不能爲母守制，是臣母有子而如無子，臣何以爲子？」力求終制。時御史鄒焌杰亦疏請准其開缺守制，詔允之。八年，服闋，以大學士銜補吏部尚書，仍充上書房總師傅。尋復授體仁閣大學士，管理兵部，兼翰林院掌院學士。十年，充京城團防大臣。是年秋，英法聯軍犯京師，車駕幸熱河，命楨留守，日危坐天安門，阻外軍不令入。及與會議，慷慨不屈。十一年，復晉武英殿大學士，以病請開缺，不許。

穆宗回鑾，偕大學士周祖培，尚書沈兆霖、趙光上疏曰：「我朝從無皇太后垂簾聽政之典。前因御史董元醇條奏，特降諭旨甚明，臣等復有何異詞。惟是權不可下移，移則日替；禮不可稍踰，踰則弊生。皇上沖齡踐阼，欽奉先帝遺命，派怡親王載垣等八人贊襄政務。兩月以來，用人行政，皆經該王大臣擬定諭旨，每日明發，均用御賞同道堂圖章，共見共聞，內外咸相欽奉。惟臣等詳愼思之，似非久遠萬全之策，不能謂日後之決無流弊。尋繹贊襄之義，乃佐助而非主持。若事無鉅細，皆由該王大臣先行定議，是名爲佐助而實則主持。日久相沿，中外能無疑慮？爲今日計，正宜皇太后親操出治威權，庶臣工有所禀承，命令有所咨決，不居垂簾之虛名，而收聽政之實效。準法前朝，憲章近代，不難折衷至當。伏查漢和熹鄧皇后、順烈梁皇后，晉康獻褚皇后，遼睿智蕭皇后皆以太后臨朝，史册稱美。至如宋之章獻劉皇后，有今世任姒之稱，宣仁高太后有女中堯舜之譽。明穆宗皇后，神宗嫡母，上尊號曰仁聖皇太后；穆宗貴妃，神宗生母，上尊號曰慈聖皇太后，惟時神宗十歲，政事皆由兩宮抉擇，命大臣施行，亦未嘗居垂簾之名也。我皇上天亶聰明，不數年即可親政，而此數年間，外而寇難未平，內而洋人偪處，何以拯時艱？何以飭法紀？端以固結人心最爲緊要。倘大權無所專屬，以致人心惶惑，是則大可憂者。請敕下廷臣會議皇太后召見臣工禮節，及一切辦事章程，或仍循向來軍機大臣承旨舊制；量爲變通，條列請旨酌定，以示遵守。」疏入，命廷臣集議允行。

同治元年，安徽降賊苗沛霖謀分兵：一由清江，一渡潁而西，聲稱赴陝西勝保軍營助剿，實有異圖。楨上疏言：「苗沛霖窮而就撫，仍復擁兵觀望，反覆無常。所部素無紀律，倘長驅入陝，何異引狼入室？由潁趨豫，尙爲道所必經，繞道清江，則去之愈遠，意存窺伺。西犯山左，則北路門戶大開，固爲腹心之患；東犯裏下河，淮、揚通海，在在可虞。請飭下勝保嚴阻。」又疏言：「皖省軍情緊急，署撫臣李續宜回籍葬親，請勿拘百日定制，迅飭回任，以固疆圉。」並嘉納之。三年，文宗實錄、聖訓告成，以監修勞，賜花翎。六年，楨年七十，賜壽，恩禮甚渥。尋以病乞休，不許。七年，乃允致仕，食全俸，仍充團練大臣。十三年，卒，詔稱其「持躬端謹，學問優長」，依大學士例賜卹，晉贈太保，入祀賢良祠，謚文端。子致恩，官至浙江布政使。

周祖培，字芝臺，河南商城人。父鉞，嘉慶六年進士，歷官鴻臚寺少卿。祖培，嘉慶二十四年進士，選庶吉士，授編修。五遷至侍講學士。道光十七年，督陝甘學政。歷侍讀學士、詹事、內閣學士。二十三年，擢禮部侍郎，調工部，又調刑部。二十六年，偕尚書賽尙阿查勘江南江防善後事宜，校閱江蘇、安徽、江西營伍。三十年，文宗卽位，疏言：「我朝立政之要，用人之法，備載列聖實錄，請隨時披閱。利害所關，今昔同轍，容有昔之所利不盡利於今者，未有昔之所害不爲害於今者；容有昔所欲除之害至今猶未盡除者，未有昔所應防之害至今轉可不防者。惟皇上成法在胸，以應幾務，庶利害瞭如指掌，而興廢可決於一心。」並請責成大吏，力戒欺飾，考察屬吏；其徇隱庇護者，經言官彈劾，卽嚴懲督撫，整頓營伍，責令捕盜，勿任推諉。疏入，被嘉納，特詔飭行。咸豐元年，擢刑部尙書。二年，疏言：「戶部籌餉二十餘條，所議之款，緩不濟急。請照道光二十一年河南河工、城工捐輸章程，變通辦理。」又謂：「按戶派捐，先斂怨於民。請飭各督撫確查巨富之家，勸諭激發忠愛，力圖報効。」從之。

三年，要犯劉秋貴死於獄，承審官未得實情，祖培坐降三級調用，授左副都御史。疏言：「賊匪滋事以來，屢諭各省辦團練，築寨浚壕，仿嘉慶年間堅壁清野之法，行無實效，賊竄突靡定，各州縣毫無豫備，賊至卽潰。請嚴飭督撫，責成賢能有司，會紳速辦；有怠玩從事，反滋擾累者，予參處。」從之。歷工部、吏部侍郎。四年，遷擢左都御史、兵部尚書，兼管順天府尹。六年，宣宗實錄、聖訓成，加太子太保，調吏部。

八年，會辦五城團防，以吏部尚書協辦大學士，兼署戶部。九年，調戶部，兼署吏部。京師戒嚴，疏陳團防章程六條：曰查戶口以別良莠，勸保衞以聯衆志，任官紳以專責成，協營汛以聯臂指，設水會以備不虞，增幫辦以資助理。車駕幸熱河，命留京辦事，拜體仁閣大學士，管理戶部。十一年，文宗崩，命總理喪儀，兼辦定陵平安峪工程。及穆宗奉兩宮回鑾，祖培疏言怡親王載垣等擬定「祺祥」年號，意義重複，請更正，詔嘉其關心典禮。又言近畿各處抗糧拒捕成風，由於州縣不得其人，諭各督撫秉公遴選，毋稍徇隱。同治元年，調管刑部。四年，山陵告成，賜花翎。五年，文宗實錄、聖訓成，賜其子文龠員外郎，文令舉人。六年，卒，年七十五，優卹，謚文勤。

朱鳳標，字桐軒，浙江蕭山人。道光十二年一甲二名進士，授編修。十九年，大考二等，賜文綺，直上書房。尋督湖北學政。歷司業、侍講、庶子、侍講學士、侍讀學士。二十五年，授皇七子讀。連擢內閣學士、兵部侍郎，調戶部。二十八年，命赴天津驗收漕糧。尋偕大學士耆英查辦山東鹽務，疏劾歷任巡撫、運司收受程儀節壽，論譴有差。又言：「山東鹽政疲敝甚於他省，若求裕課暢銷，惟除弊、緝私最爲先務。會議變通成法，請先課後鹽以重帑項。」下部議行。又查運庫出借銀七萬餘兩，責賠繳；藩庫積存減平及扣還軍需行裝等款三十萬兩，撥解部庫；通省倉庫正雜未完銀四十一萬兩，缺穀三十七萬石，命限八個月彌補。咸豐元年，擢左都御史，歷署工部、刑部、戶部尚書。

三年，粵匪陷江寧，復陷揚州，漕督楊殿邦退保淮安，廷議調山西、陝西兵七千赴援。鳳標與尚書文慶，侍郎全慶、王慶雲合疏，言：「淮安賊所必爭，萬一賊衆渡河，則河南、山東民情震動，撲滅愈難。請命山東巡撫李僡親往淮安扼賊北竄，並請敕直隸總督迅派布政使張集馨率兵扼要駐守，以爲京師屏蔽。」疏入，如所請行。五月，賊陷河南歸德，鳳標與大學士賈楨、尚書翁心存等條擬防剿六事，多被采擇。未幾，悍賊林鳳祥等竄畿輔，復偕楨、心存等奏陳預籌守城事宜。疏入，報聞。四年，授刑部尚書。六年，宣宗實錄、聖訓告成，加太子少保。尋調兵部，復調戶部。

八年，典順天鄉試，因中式舉人平齡硃墨不符，爲言官論劾，與大獄，大學士柏葰論大辟，鳳標亦解任聽勘。文宗原其無私，從寬坐失察革職。逾數月，命以翰林院侍講學士銜，仍直上書房，授醇郡王讀如故。歷大理寺少卿、通政使、左副都御史，署刑部侍郎。隨扈熱河，復擢兵部尚書。十一年，護送文宗梓宮回京，追錄扈從勞，加二級。調吏部，充上書房總師傅。同治七年，以吏部尚書協辦大學士，兼翰林院掌院學士。未幾，拜體仁閣大學士，管理吏部。十一年，以病乞休，命以大學士致仕，食全俸。十二年，卒於家，贈太子太保，諡文端。子其煊，工部郎中，官至山東布政使。

單懋謙，字地山，湖北襄陽人。道光十二年進士，選庶吉士，授編修。十七年，入直南書房。十九年，大考二等，以贊善陞用。尋授司業，遷洗馬。二十年，督廣東學政，歷侍讀、庶子。以病歸，父喪服闋，請終母養。咸豐三年，粵匪擾湖北，懋謙方居母憂，命在籍治團練。六年，回京，仍直南書房，補原官。七年，督江西學政，歷侍讀學士、少詹事、內閣學士、工部侍郎，均留學政任。十一年，巡撫毓科、布政使慶廉爲言官論劾，命懋謙按之，疏言：「毓科非應變之才，適當賊擾，省防尤重。本境兵勇不敷調遣，辦理未能悉合機宜。現雖全境肅清，善後急宜妥辦，籌備浙防，接濟皖餉，大局攸關，恐未能措理裕如。慶廉現未到任，無事蹟可考，未敢妄陳。」疏入，報聞。任滿，回京，充實錄館副總裁。同治二年，調吏部，擢左都御史。三年，偕大學士瑞常等進講治平寶鑑，授工部尚書。

四年，命赴盛京偕侍郎志和等承修太廟、昭陵工程。時奉天馬賊猖獗，命慼謙就近查察，劾將軍玉明、府尹德椿，下部議處。回京，疏陳馬賊難防，請籌兵餉出邊會剿，以弭盜源。又請飭奉天所屬各州縣查勘市鎮鄉村應修堡寨之處，勸民作速興築，擇錄嘉慶年間龔景瀚所著堅壁清野議刊發各州縣，令遵照團練守禦之法，量爲辦理。疏入，均得旨議行。六年，管戶部三庫事務。七年，調吏部。十年，管國子監事務。十一年，以吏部尚書協辦大學士，尋拜文淵閣大學士，兼管兵部。十三年，因久病請解職回籍，允之。光緒五年，卒於家，詔依例賜卹，有「學問優長，持躬端謹」之褒。贈太子太保，諡文恪。

論曰：自咸豐初軍事起，四郊多壘，廟堂旰食。京師舉辦團防，閣部重臣領之，賈楨、周祖培、朱鳳標皆預其事。其時用人猶循舊格，揆席多由資進。至穆宗踐阼，底定東南，漢閣臣多取勳望，六官中大拜者尠，惟單懋謙獨由正卿入閣，時以爲榮遇焉。

# 清史稿卷三百九十一

## 列傳一百七十八

倭仁　李棠階　吳廷棟

倭仁，字艮峯，烏齊格里氏，蒙古正紅旗人，河南駐防。道光九年進士，選庶吉士，授編修。歷中允、侍講、侍讀、庶子、侍講學士、侍讀學士。二十二年，擢詹事。二十四年，遷大理寺卿。文宗卽位，應詔陳言，略曰：「行政莫先於用人，用人莫先於君子小人之辨。夫君子小人藏於心術者難知，發於事蹟者易見。大抵君子訥拙，小人佞巧；君子澹定，小人躁競；君子愛惜人才，小人排擠異類；君子圖遠大，以國家元氣爲先，小人計目前，以聚斂刻薄爲務。剛正不撓、無所阿嚮者，君子也；依違兩可、工於趨避者，小人也。諫諍匡弼、進憂危之議，動人主之警心者，君子也；喜言氣數、不畏天變，長人君之逸志者，小人也。公私邪正，相反如此。皇上天亶聰明，孰賢孰否，必能洞知。第恐一人之心思耳目，揣摩者衆，混淆者多，幾微莫辨，情僞滋紛，愛憎稍涉偏私，取舍必至失當。知人則哲，豈有他術，在皇上好學勤求，使聖志益明，聖德日固而已。宋程顥云，『古者人君必有誦訓箴諫之臣』。請命老成之儒，講論道義，又擇天下賢俊，陪侍法從。我朝康熙間，熊賜履上疏，亦以『延訪眞儒』爲說。二臣所言，皆修養身心之要，用人行政之源也。天下治亂繫宰相，君德成就責講筵。惟君德成就而後輔弼得人，輔弼得人而後天下可治。」疏入，上稱其切直，因諭大小臣工進言以倭仁爲法。未幾，禮部侍郎曾國藩奏用人三策，上復憶倭仁言，手詔同褒勉焉。

尋予副都統銜，充葉爾羌幫辦大臣。大理寺少卿田雨公疏言倭仁用違其才，上曰：「邊疆要任，非投閒置散也。若以外任皆左遷，豈國家文武兼資、內外並重之意乎？」咸豐二年，倭仁復上敬陳治本一疏，上謂其意在責難陳善，尙無不合，惟僅泛語治道，因戒以留心邊務，勿託空言。候補道何桂珍上封事，言倭仁秉性忠貞，見理明決，生平言行不負所學，請任以艱鉅，未許。三年，倭仁劾葉爾羌回部郡王阿奇木伯克愛瑪特攤派路費及護衞索贓等罪，詔斥未經確訊，率行參奏，下部議，降三級調用。

四年，侍郎王茂蔭等請命會同籌辦京師團練，上以軍務非所長，寢其議。尋命以侍講候補入直上書房，授惇郡王讀。五年，擢侍講學士。歷光祿寺卿、盛京禮部侍郎。七年，調戶部，管奉天府尹事，劾罷盛京副都統增慶、兵部侍郎富呢雅杭阿。及頒詔中外，命充朝鮮正使。召回京，授都察院左都御史。同治元年，擢工部尚書。兩宮皇太后以倭仁老成端謹，學問優長，命授穆宗讀。倭仁輯古帝王事蹟，及古今名臣奏議，附說進之，賜名啓心金鑑，置弘德殿資講肄。倭仁素嚴正，穆宗尤敬憚焉。

尋兼翰林院掌院學士，調工部尚書、協辦大學士。疏言：「河南自咸豐三年以後，粵、捻焚掠，蓋藏已空，州縣誅求仍復無厭。朝廷不能盡擇州縣，則必愼擇督撫。督撫不取之屬員，則屬員自無可挾以爲恣睢之地。今日河南積習，祇曰民刁詐，不曰官貪庸；祇狃於愚民之抗官，不思所以致抗之由。惟在朝廷愼察大吏，力挽積習，寇亂之源，庶幾可弭。」是年秋，拜文淵閣大學士，疏劾新授廣東巡撫黃贊湯貪詐，解其職。

六年，同文館議考選正途五品以下京外官入館肄習天文算學，聘西人爲教習。倭仁謂根本之圖，在人心不在技藝，尤以西人教習爲不可；且謂必習天文算學，應求中國能精其法者，上疏請罷議。於是詔倭仁保薦，別設一館，卽由倭仁督率講求。復奏意中並無其人，不敢妄保。尋命在總理各國事務衙門行走。倭仁屢疏懇辭，不允；因稱疾篤，乞休，命解兼職，仍在弘德殿行走。八年，疏言大婚典禮宜崇節儉，及武英殿災，復偕徐桐、翁同龢疏請勤修聖德，停罷一切工程，以弭災變，並嘉納之。十年，晉文華殿大學士，以疾再乞休。尋卒，贈太保，入祀賢良祠，謚文端。光緒八年，河南巡撫李鶴年奏建專祠於開封，允之。

初，曾國藩官京師，與倭仁、李棠階、吳廷棟、何桂珍、竇垿講求宋儒之學。其後國藩出平大難，爲中興名臣冠；倭仁作帝師，正色不阿；棠階、廷棟亦卓然有以自見焉。倭仁著有遺書十三卷。子福咸，江蘇鹽法道，署安徽徽寧池太廣道，咸豐十年，殉難寧國，贈太僕寺卿，騎都尉世職；福裕，奉天府府尹。從子福潤，安徽巡撫。光緒二十六年，外國兵入京師，闔家死焉。

李棠階，字文園，河南河內人。道光二年進士，選庶吉士，授編修。五遷至侍讀。二十二年，督廣東學政，擢太常寺少卿。會巡撫黃恩彤奏請予鄉試年老武生職銜，嚴旨責譴，棠階亦因違例送考，議降三級調用，遂引疾家居。文宗卽位，復日講，曾國藩薦棠階醇正堪備講官，召來京。既而日講中輟，棠階以病未赴。

咸豐三年，粵匪北犯，河北土寇蜂起，用尚書周祖培薦，命治河北團練。棠階聯絡村鎭，名曰「友助社」。賊踞溫縣東河灘柳林，四出焚掠，棠階督團練擊之，村民未習戰，且無火器，殺賊數十人，卒不敵。會山東巡撫李僡率兵至，賊引去。賊自渡黃河，始知民間有備，稍稍牽綴。洎河北肅清，敍勞，加四品卿銜，賜花翎。

同治元年，詔起用舊臣，棠階應召至。上疏言：「用人行政，惟在治心。治心之要，莫先克己。請於師保匡弼之餘，豫杜左右近習之漸。暇時進講通鑑、大學衍義諸書，以收物格意誠之效。」又言：「紀綱之飭，在於嚴明賞罰。凡朝廷通諭諸事，務飭疆臣實力奉行，庶中外情志可通，而禍亂可弭。」兩宮嘉納焉。授大理寺卿。先是兩江總督何桂清僨事逮治，部讞從重擬斬決，廷臣有右之者，言部臣有意畸重，仍從本律監候。棠階疏謂桂清貽誤封疆罪大，不當輕比，非公論。後桂清卒伏法。連擢禮部侍郎、左都御史，署戶部尚書。召對，言：「治天下惟在安民，安民必先察吏。今日之盜賊，卽昔日之良民，皆地方有司貪虐激之成變。爲今日平亂計，非輕徭薄賦不能治本。然非擇大吏，則守令不得其人，亦終不能收令行禁止之效。」因極言河南亂事，及諸行省利病甚悉。命爲軍機大臣，具疏力辭，弗許。二年，授工部尚書。

三年，江寧克復，論功，加太子少保。大憝既平，上諭中外臣工以兢業交勉。棠階語恭親王及同直諸大臣，謂當設誠致行，久而不懈，勿徒以空言相文飾，王深然之。翼日召對，王反復陳君臣交儆之義，棠階與同僚繼言之，兩宮改容嘉納。尋調禮部尚書。太后命南書房、上書房諸臣纂輯前史事蹟，賜名治平寶鑑，命諸大臣進講。棠階因講漢文帝卻千里馬事，反復推言人主不宜有所嗜好，以啓窺伺之端。自是每進講必原本經義，極論史事，歸於責難陳善。四年，恭親王被劾退出軍機，棠階謂王有定難功，時方多故，不當輕棄親賢，入對，力言王非有心之失。會惇、醇兩王亦奏言奕訢不可遽罷，乃復命入直。僧格林沁戰歿曹州，棠階以朝廷賞多罰少，疆臣每存藐玩，上疏極言其弊，於是有申飭直省督撫之諭。棠階自入直樞廷，軍書旁午，一事稍有未安，輒憂形於色。積勞致疾，十一月，卒，年六十八。上震悼，遣貝勒載治奠醊，賜金治喪，贈太子太保，謚文清。

棠階初入翰林，卽潛心理學，嘗手鈔湯斌遺書以自勗。會通程、朱、陸、王學說，無所偏主，要以克己復禮、身體實行爲歸。日記自省，畢生不懈。家故貧，旣貴，儉約無改。嘗曰：「憂患者生之門。吾終身不敢忘忍饑待米時也！」

吳廷棟，字竹如，安徽霍山人。道光五年拔貢，授刑部七品小京官，洊遷郎中。廷棟少好宋儒之學，入官益植節厲行，蹇蹇自靖。咸豐二年，京察一等。時侍郎書元兼崇文門副監督，獲販私釀者三十六人，承審者以漏稅擬滿杖。已而覆訊得書元家人詐贓狀，部臣據以入奏。文宗疑書元孤立，降旨切責，會廷棟召對，上詢是獄。廷棟從容敷奏，且詳陳治道之要，言利之害，君子小人之辨，上首肯，獄竟得解。因詢廷棟讀何書，廷棟以程、朱對。上曰：「學程、朱者每多迂拘。」對曰：「此不善學之過。程、朱以明德爲體，新民爲用，天下未有有體而無用者。皇上讀書窮理，以裕知人之識；清心寡欲，以養坐照之明。寤寐求賢，內外得人，天下何憂不治？」上韙之。

尋出爲直隸河間知府。粵匪北犯畿輔，廷棟練民兵巡防，民倚以爲固。內閣學士勝保督師至河間，責供張甚急，知縣王炷迫於應付，自刎不殊。廷棟詣大營陳其事，勝保矍然，飭部下聽命。連擢永定河道、直隸按察使。以河間京師門戶，廷棟善守禦，得民心，仍留知府任。四年，軍事定，乃之按察使任。六年，遷山東布政使。時部臣奏請畿內賦稅兼收大錢鈔票各三成，上下交病，總督譚廷襄不敢言。會廷棟入覲，面奏：「大錢鈔票實不流通。立法必先便於民方可行，必先信於民方能久。今條科太多，朝夕更改，國家先不能自信，何以取信於民？」上首肯者再。既而廷襄入朝，遂奏罷前議。山東吏治久窳，廷棟獎廉懲貪。方議海口立局收貨捐，持不可。八年，坐奏銷遲誤，降補直隸按察使。十一年，復調山東。同治二年，入爲大理寺卿，尋擢刑部侍郎。

三年，江南平，廷棟上疏，略曰：「萬方之治亂在朝政，百工之敬肆視君心。事不貴文，貴其實；下不從令，從所好。夫治亂決於敬肆，敬肆根於喜懼。自古功成志遂，人主喜心一生而驕心已伏，宦寺有乘其喜而貢諂媚者矣，左右有乘其喜而肆蒙蔽者矣，容悅之臣有因此而工諛佞者矣，屏逐之奸有因此而巧夤緣者矣。諂媚貢則柄暗竊，蒙蔽肆則權下移，諛佞工則主志惑，夤緣巧則宵小升。於是受蠱惑，塞聰明，遠老成，惡忠鯁。從前戒懼之念，一喜敗之；此後侈縱之行，一喜開之。方且矜予智，樂莫違，遑獨斷，快從欲，一人肆於上，羣小扇於下，流毒蒼生，貽禍社稷，稽諸史册，後先一轍。推原其端，祇一念由喜入驕而已。軍興以來，十數省億萬生靈慘遭鋒鏑，卽倡亂之奸民，何一非朝廷赤子？大兵所加，盡被誅夷。皇太后、皇上體上天好生之心，必有哀矜不忍喜者。況旗兵乏食，根本空虛，新疆缺餉，邊陲搖動。兼之强鄰偪處，邪教肆行，豈惟不可喜，而實屬可懼。假使萬幾之餘，或有一念之肆，臣工效之，視彰癉爲故事，輕告戒爲具文，積習相沿，工爲粉飾，將仍成爲叢脞怠荒之局矣。是非堅定刻苦，持之以恆，積數十年恭儉憂勤，有未易培國脈復元氣者。夫上行必下效，內治則外安，而其道莫大於敬，其幾必始於懼。懼天命無常，則不敢恃天；懼民喦可畏，則不敢玩民。懼者敬之始，敬者懼之終。大智愈明，神武愈彰，紹祖宗富有之大業，開子孫無疆之丕基，是皆由皇心之懼始而敬成也。易曰：『危者使平，易者使傾，懼以終始，其要無咎。』詩曰：『敬之敬之，天維顯思！』可弗以爲永鑒歟？」疏上，優詔嘉納，命存其疏於弘德殿以備省覽。皇太后召對時，諭曰：「皇帝沖齡踐阼，國家大事，汝宜直言無隱，以無負先帝知遇。」廷棟感激出涕。五年，以衰病乞休，許之，歸寓江寧。十二年，卒，年八十有一。遺疏入，詔褒其廉靜自持，賜卹如例。直隸、山東皆祀名宦祠。

廷棟學以不欺爲本。官臬司時，畿輔連有逆倫獄，總督慮一月頻入奏干上怒，廷棟曰：「此吾儕不能教化之過，待罪不暇，敢欺飾耶？」及去官，僑居清貧，不受餽遺。著有拙修集十卷。

論曰：倭仁晚爲兩宮所敬禮，際會中興，輔導沖主，兢兢於君心敬肆之間，當時舉朝嚴憚，風氣賴以維持。惟未達世變，於自強要政，鄙夷不屑言，後轉爲異論者所藉口。李棠階、吳廷棟正色立朝，不負所學，翕然笙磬同音，而棠階尤平實持大體，可謂體用兼備矣。